はじめに

　本書は、人事・労務部門の担当者を主な読者と想定して、雇用・労働情勢や重要な労働法制の概要と改正の動向、人事・労務全般に関する基本事項等について、最新の情報を交え、わかりやすく簡潔に整理している。

　2023年版では、労働基準法、障害者雇用促進法等の法令改正のほか、リスキリングを含むリカレント教育など人材育成に関する実務上の留意点、働き手のエンゲージメント向上のための施策、人的資本経営の開示等、最新の動向を解説している。全7章の構成は、以下のとおりである。

　第Ⅰ章「労働市場の動向・雇用情勢・労働時間と賃金の概況」では、労働力人口の推移や労働市場を取り巻く環境変化、性別や年齢、国籍等の多様化が進む雇用の状況、労働時間と賃金の推移等、わが国労働市場の特徴や雇用情勢を概観する基礎データを紹介している。

　第Ⅱ章「労働法制」では、労働基準法、労働契約法、高年齢者雇用安定法、障害者雇用促進法、パートタイム・有期雇用労働法、労働者派遣法、育児・介護休業法等、実務上押さえておくべき労働法制の概要や留意点をまとめている。

　第Ⅲ章「人事・労務管理」では、採用や人事評価、出向・転籍、懲戒、解雇等を行う際の留意点や賃金制度の仕組み等のほか、円滑な労働移動等最近の人事・労務管理上の重要テーマについて説明している。

　第Ⅳ章「労使関係」では、日本の労使関係の変遷や、春季労使交渉の最近の動向等について説明している。

　第Ⅴ章「労働・社会保険」では、社会保障制度の概要や、実務上知っておきたいポイントを整理している。

　第Ⅵ章「国際労働関係」では、わが国企業の海外事業の動向や国際労働機関であるILOの特徴、国際労働基準の概要、労働分野のビジネスと人権等を紹介している。

　第Ⅶ章「主な労働統計・参考資料」では、経済・労働に関する主な統計データを掲載するとともに、労働統計の活用方法についても詳しく紹介しているほか、企業内での労働時間改革や処遇制度の見直しの際に参考となる資料の原文を掲載している。

　初任担当者はもちろん、人事・労務に関心を持たれた方々が基本的事項を理解・確認するための参考として、本書をご活用いただければ幸いである。

2023年7月

一般社団法人 日本経済団体連合会事務局

目　次

I　労働市場の動向・雇用情勢・労働時間と賃金の概況

II　労働法制

III　人事・労務管理

IV　労使関係

V　労働・社会保険

VI　国際労働関係

VII　主な労働統計・参考資料

Ⅰ　労働市場の動向・雇用情勢・労働時間と賃金の概況

Ⅱ　労働法制

Ⅲ　人事・労務管理

Ⅳ　労使関係

Ⅴ　労働・社会保険

Ⅵ　国際労働関係

Ⅶ　主な労働統計・参考資料

I

労働市場の動向・雇用情勢・労働時間と賃金の概況

人口減少・高齢化の進行

わが国の人口の推移

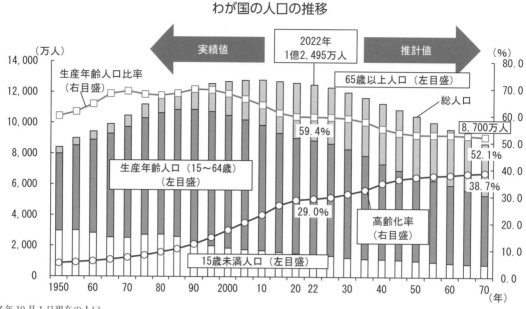

注：各年10月1日現在の人口。
2020年までは「国勢調査」、2022年は「人口推計」、2025年以降は「日本の将来推計人口（令和5年推計）」の出生中位・死亡中位推計（合計特殊出生率は2020年の実績値1.33から2070年には1.36へ推移すると仮定、平均寿命は2020年実績の男性81.58年・女性87.72年から2070年には男性85.89年・女性91.94年に伸長すると仮定）による。
出典：総務省「国勢調査」、同「人口推計」、国立社会保障・人口問題研究所「日本の将来推計人口（令和5年推計）」

▶ 深刻な人口減少・高齢化

　わが国の総人口は2008年の1億2,808万人がピークとなり、2011年以降、12年連続で減少し、2022年は1億2,495万人となった。生産年齢人口比率（15〜64歳の割合）は1992年の69.8%をピークに低下し続け、2022年は59.4%と過去最低だった前年と同率となった。一方、高齢化率（65歳以上の割合）は一貫して上昇が続き、2022年には29.0%（前年比0.1ポイント増）と過去最高となった。

　国立社会保障・人口問題研究所「日本の将来推計人口（令和5年推計）」の出生中位・死亡中位推計によると、今後も人口減少、少子・高齢化が進行することが見込まれる。総人口は2056年に1億人を割り、2070年には8,700万人（2022年比3,795万人減）になる見通しである。2070年の生産年齢人口比率は52.1%（同7.3ポイント減）に低下し、高齢化率は38.7%（同9.7ポイント増）まで上昇すると見込まれている。

▶ コロナ禍による影響

　厚生労働省「人口動態統計」によると、2022年の合計特殊出生率（1人の女性が一生の間に産む子どもの数に相当）は1.26と、前年の1.30から低下したほか、2022年の婚姻件数は50万4,878組と、コロナ前の2019年（59万9,007組）に比べ大きく減少している。コロナ禍が人々の生活・行動に影響を与え、少子化、人口減少のペースを加速させることが懸念される。

　人口減少は、労働力供給の低下や国内需要の縮小を通じて、経済成長の制約要因となるほか、社会保障制度の持続可能性などにも影響を与える。仕事と育児の両立支援、保育の受け皿整備など、子育て環境の充実に社会全体で取り組むことが求められる。

Ｉ-2　労働市場の概況

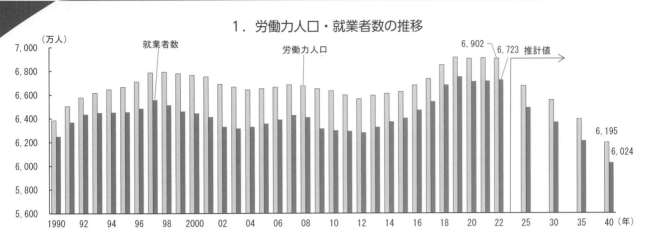

1．労働力人口・就業者数の推移

2．産業別就業者数（2022 年平均、単位：万人）

	卸売業、小売業	製造業	医療、福祉	建設業	サービス業（他に分類されないもの）	宿泊業、飲食サービス業	運輸業、郵便業	教育、学習支援業	情報通信業	学術研究、専門・技術サービス業	生活関連サービス業、娯楽業	その他
就業者数（構成比）	1,044 (15.5%)	1,044 (15.5%)	908 (13.5%)	479 (7.1%)	463 (6.9%)	381 (5.7%)	351 (5.2%)	349 (5.2%)	272 (4.0%)	254 (3.8%)	225 (3.3%)	953 (14.2%)
対前年増減	−25	−1	+17	−6	+11	+10	−1	+1	+14	0	−2	−8

注：1．2022 年までの実績値は総務省「労働力調査」による。2025 年以降は労働政策研究・研修機構による推計値（成長実現・労働参加進展シナリオ）。
　　2．「その他」は、「鉱業、採石業、砂利採取業」「電気・ガス・熱供給・水道業」「金融業、保険業」「不動産業、物品賃貸業」「複合サービス事業」「農業、林業」「漁業」「公務」および「分類不能の産業」からなる。
出典：1．総務省「労働力調査」、（独）労働政策研究・研修機構「労働力需給の推計─労働力需給モデル（2018 年度版）による将来推計─」
　　　2．総務省「労働力調査」

▶ 近年の労働市場の動向

　わが国の労働力人口（就業者と完全失業者の合計）は、少子・高齢化などを背景に 1999 年から減少傾向にあったが、2013 年以降は、景気回復や女性、高齢者の労働参加の進展などにより増加していた。コロナ禍による雇用情勢の悪化などに伴い、2020 年は 8 年ぶりに減少した後、横ばいの動きが続き、2022 年は前年比 5 万人減の 6,902 万人となった。内訳は 15～64 歳男性が 3,256 万人（前年比 22 万人減）、15～64 歳女性が 2,718 万人（同 15 万人増）、65 歳以上男女が 927 万人（同 1 万人増）となっている。労働力人口率（15 歳以上人口に占める労働力人口の割合）は前年に比べ 0.4％ポイント上昇し、62.5％となった。

　2022 年の就業者数は、全体では前年比 10 万人増の 6,723 万人となった。産業別には、「医療、福祉」「情報通信業」が増加を続けているほか、2020 年から減少の続いた「宿泊業、飲食サービス業」は増加に転じた。産業別の構成比をみると、「卸売業、小売業」「製造業」の割合が最も高く、次いで「その他」「医療、福祉」が続く。就業者のうち、雇用者（会社等に雇われている人など）の数は、前年比 25 万人増の 6,041 万人となった。

▶ 労働市場の中長期の見通し

　労働政策研究・研修機構の 2019 年時点の推計によると、経済成長と若者、女性、高齢者等の労働参加が進展する場合でも、少子・高齢化の進行により、2040 年には労働力人口は 6,195 万人、就業者数は 6,024 万人に減少する見通しである。今後約 20 年間で労働力供給が約 1 割減少することが見込まれる中、多様な人材の労働参加の一層の促進や、働き方改革の推進による生産性の向上などが重要な課題となっている。

I-3　失業率・求人倍率

1．完全失業率および求人倍率の推移

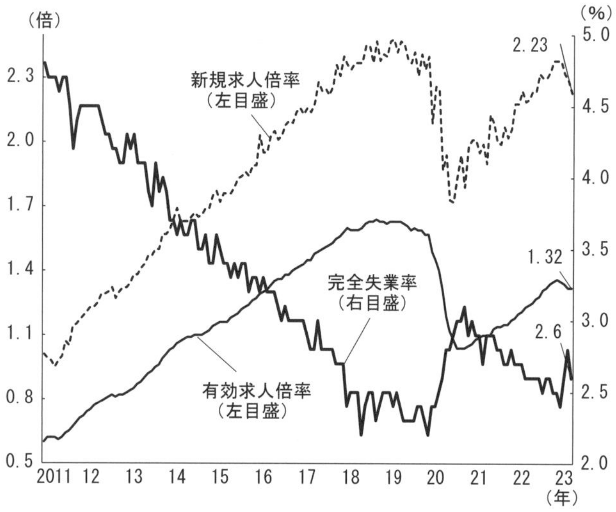

2．企業の雇用人員の過不足感

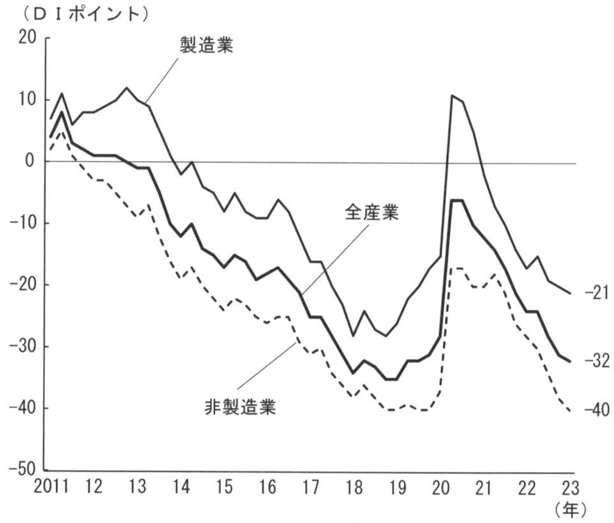

注：1．季節調整値。最終の数値は2023年4月。
出典：1．総務省「労働力調査」、厚生労働省「職業安定業務統計（一般職業紹介状況）」
　　　2．日本銀行「全国企業短期経済観測調査（短観）」

わが国の雇用情勢と新型コロナウイルス感染症の影響

少子・高齢化に伴い労働力人口が長期的な減少傾向にある中、景気回復に伴って企業の労働需要が増加しており、わが国の労働需給は引き締まった状態が続いてきた。総務省「労働力調査」によると、労働力人口に占める完全失業者（働く意思と能力を持ち、求職活動を行っていながら、就業の機会を得られない者）の割合を示す完全失業率は、2019年12月の2.2%を底に、新型コロナウイルス感染症の感染拡大による企業活動の停滞や業績の悪化を背景に、2020年10月には3.1%まで上昇したが、2023年４月時点で2.6%となっている。

公共職業安定所（ハローワーク）における求人、求職、就職の状況（新規学卒者を除く）を集計している厚生労働省「職業安定業務統計（一般職業紹介状況）」によると、有効求人倍率（月間有効求職者数に対する月間有効求人数の割合）は2009年８月の0.42倍（過去最低水準）以降、景気回復に伴って改善を続け、2019年は1.6倍前後で推移していた。その後、新型コロナウイルス感染症の影響により急速に悪化したが、2023年４月には1.32倍まで持ち直している。新規求人倍率（新規求職申込件数に対する新規求人数の割合）も同様の傾向にあり、2020年６月には1.72倍まで低下したが、2023年４月には2.23倍まで回復している。

日本銀行「全国企業短期経済観測調査（短観）」によると、雇用人員の過不足感を示す雇用判断ＤＩ（雇用人員が「過剰」と答えた企業割合から「不足」を差し引いた指数）によると、2019年まで製造業・非製造業ともに-20を下回るほど人手不足感が強まっていたが、新型コロナウイルス感染症の影響で2020年はその傾向は反転し、製造業では一時プラスに転じる場面もあった。2023年３月調査では、全産業でマイナスとなっており、人手不足感が継続して強まっている。

雇用形態別労働者数の推移

注：いわゆる正社員以外の雇用形態で働く労働者を「有期雇用等労働者」と記載する。
出典：総務省「労働力調査」

▶ 正規雇用労働者数が8年連続の増加

　総務省「労働力調査」によると、2022年平均のわが国全体の労働者数（役員を除く）は5,689万人であった。このうち正規雇用労働者数は前年比1万人増の3,588万人で、8年連続の増加となった。年齢階級別では、65歳以上の正規雇用労働者数が125万人となり、労働力調査（詳細集計）が開始された2002年の58万人と比べ、前年に引き続き2倍超の水準となっている。性別でみると、女性の正規雇用労働者数は前年比16万人増の1,249万人で、2002年以降で最多となった。

▶ 若年層の有期雇用等労働者から正規雇用への転換状況

　勤務地や職種等を限定した正規雇用を導入する企業が増加していること等を背景に、有期雇用労働やパートタイム労働（以下、有期雇用等労働）から正規雇用への転換が進んでいたが、近年はその動向に変化がみられる。同調査によると、15～34歳の年齢階級で、過去3年間の離職者のうち有期雇用等労働から正規雇用に転換した者の数（正規転換者数）は、2022年に36万人となった。正規雇用から有期雇用等労働に転換した者（有期雇用等労働転換者数）も同じく36万人であり、統計が存在する2012年以降、正規転換者数が有期雇用等労働転換者数を上回ってきていたが、両者の数字が初めて並んだ。

　なお、「労働力調査」では、正規雇用以外の雇用形態を総称して「非正規」と呼称しているところであるが、多様な働き方が広がる中、各企業では、雇用区分に応じて「スタッフ社員」「パートナー社員」など、企業内の一体感の醸成や対象となる労働者のモチベーションを考慮した呼称が用いられている。

1．有期雇用等労働者数の内訳（2022年）

合計：2,101万人

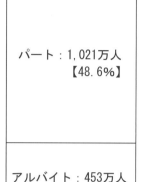

パート：1,021万人【48.6%】

アルバイト：453万人【21.6%】

契約社員：283万人【13.5%】

派遣社員：141万人【7.1%】

嘱託：112万人【5.3%】

その他：83万人【4.0%】

2．年齢階級別有期雇用等労働者数（2022年）

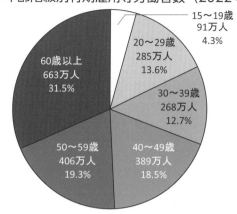

15～19歳 91万人 4.3%
20～29歳 285万人 13.6%
30～39歳 268万人 12.7%
40～49歳 389万人 18.5%
50～59歳 406万人 19.3%
60歳以上 663万人 31.5%

3．有期雇用等労働者を選択した理由（2022年）

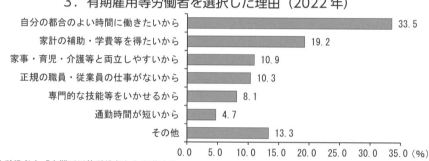

自分の都合のよい時間に働きたいから	33.5
家計の補助・学費等を得たいから	19.2
家事・育児・介護等と両立しやすいから	10.9
正規の職員・従業員の仕事がないから	10.3
専門的な技能等をいかせるから	8.1
通勤時間が短いから	4.7
その他	13.3

注：いわゆる正社員以外の雇用形態で働く労働者を「有期雇用等労働者」と記載する。
出典：1．2．3．総務省「労働力調査」

▶ 有期雇用等労働者数は3年ぶりに増加

　総務省「労働力調査」によると、2022年平均の有期雇用等労働者は3年ぶりに増加し、2,101万人となった（前年比26万人増）。雇用者数全体に占める割合は36.9%で前年から0.2ポイント上昇した。有期雇用等労働者数の内訳をみると、パートが1,021万人（48.6%）で最も多く、アルバイト453万人（21.6%）、契約社員283万人（13.5%）、派遣社員141万人（7.1%）、嘱託112万人（5.3%）の順となっている。

　年齢別では、60歳以上が663万人（前年比17万人増）と多く、有期雇用等労働者全体の31.5%を占めている。高年齢者雇用安定法の改正により、70歳までの就業確保が事業主の努力義務となったことなどもあり、有期雇用等労働者である高齢者の数は引き続き増加するものと思われる。

▶ 有期雇用等労働者を選択した理由

　有期雇用等労働者を選択した理由は、「自分の都合のよい時間に働きたいから」（33.5%）が最も多く、「家計の補助・学費等を得たいから」（19.2%）が続いている。自身の生活や家計の状況に合わせて、勤務時間や日数を柔軟に設定しやすい働き方を積極的に選択している者が多いことがうかがえる。「正規の職員・従業員の仕事がない」という理由で有期雇用等労働者を選択した者は前年比6万人減の210万人で、9年連続で減少しており（2013年に比べ131万人減）、有期雇用等労働者全体の10.3%となっている。

1．女性の就業率

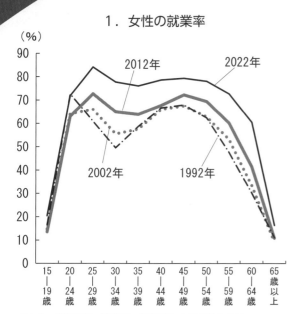

2．主要先進国における就業者・管理職に占める女性比率

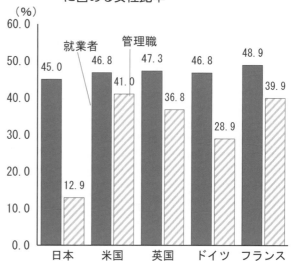

注：1．非農林業。就業率＝就業者数／15歳以上人口。
　　2．日本、米国、ドイツ、フランスは2022年、英国は2019年の数値。
出典：1．総務省「労働力調査」
　　　2．総務省「労働力調査」、ＩＬＯ「ILOSTAT Database」

▶ 女性の就業率上昇に伴う「M字カーブ」の変化と管理職登用の状況

　総務省「労働力調査」によると、2022年平均の女性の就業者数は、前年に比べて約22万人増加して3,024万人となり、就業率は53.0％と過去最高となった。特に、15～64歳の就業率は、2020年に一度低下したものの、女性の就業意欲の高まりや就業促進を図る法制度の整備などを背景に増加傾向にあり、2022年は過去最高の72.4％を記録した。

　女性は、結婚・出産を機に離職し、子育てが一段落した後に再び労働市場に参入することが多いことから、年齢階級別の就業率は「M字カーブ」を描く特徴があったが、近年はその形状が変化している。男女雇用機会均等法や育児・介護休業法の制定・改正に加えて、企業における育児・介護休業制度や短時間勤務制度等の両立支援策の法定を上回る拡充、従業員が積極的に制度を活用できる職場環境づくりの醸成などにより、30歳代に認められるM字「底部」の上方シフトの傾向が続いており、台形に近づいている。

　他方で、「労働力調査」によると、2022年の管理職に占める女性の割合は12.9％で、3割から4割程度である主要先進国と比較すると水準に大きな差がある。理由としては、仕事と育児・介護の両立は一定程度進んでいるものの、出産・育児等に伴うキャリアの中断や性別による家事・育児の役割分担意識の存在が挙げられる。水準引上げには、女性に対する固定的な役割分担意識を改め、女性活躍を促す職場環境整備とキャリア形成支援が課題となる。

▶ コロナ禍が女性の雇用に与えた影響

　コロナ禍において大きな影響を受けている飲食・宿泊業などのサービス業では、女性の有期雇用等労働者の割合が高いことから、2020年4月以降、男性に比べて女性の就業者数に大きなマイナスの影響が表れていた。2022年度の就業者数については回復傾向がみられるが、女性の回復は男性よりも鈍い。

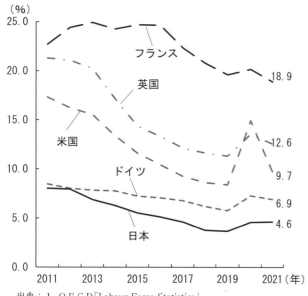

1．主要先進国の若年失業率の推移

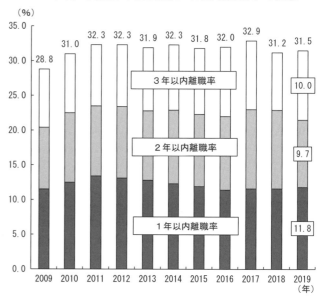

2．大学卒業者の就職後3年以内離職率の推移

出典：1．ОЕСＤ「Labour Force Statistics」
　　　2．厚生労働省「新規学卒者の離職状況」（2022年10月）

▶ 主要先進国における若年者の失業率の悪化

　主要先進国の多くは、若年者（15～24歳）の高い失業率に悩んでおり、2020年には、新型コロナウイルス感染症の拡大を受け、水準が軒並み悪化した。2021年は経済活動の正常化等に伴い、若年失業率は各国で改善傾向にあるものの、ОЕСＤ「Labour Force Statistics」によると、例えば、フランスの若年失業率は、依然として、20%弱の厳しい水準にある。また、英国と米国においても、比較的高い水準が続いている。従来から低水準で推移している日本（4.6%）とドイツ（6.9%）においても、最低値だったコロナ前（2019年）の水準には回復していない。各国が若年者失業を抑制するための取組みを継続することが望まれる。

▶ 若年者の早期離職率

　わが国の若年者の早期離職率は高い水準で推移している。厚生労働省の調査によれば、大学卒業者の就職後の3年以内の離職率は1995年に30%を上回って以降、2009年を除くすべての年で30%台となっている。また、規模が小さいほど、就職後3年以内の離職率が高い傾向がみられる。

　こうした若年者における早期離職率の高さは、他の世代に比べて労働移動が生じている結果とも捉えられる。例えば、総務省の労働力調査によると、2022年における15歳～24歳の転職者比率は9.2%と、同時期の全体平均（4.5%）と比較して、2倍以上の水準となっている。他方、若年者の仕事やキャリアに対する考え方、就労観が多様化していることに企業が十分に対応できていないことが早期の離職に繋がっている可能性も否定できない。企業は、採用方法の多様化やキャリア形成・リカレント教育等の支援、柔軟な勤務制度の設定・拡充等を通じて、Z世代など多様な就業意識・価値観をもった若年者から選ばれる組織・職場づくりを行っていくことが求められる。

高齢者雇用

1．高齢者の就業率

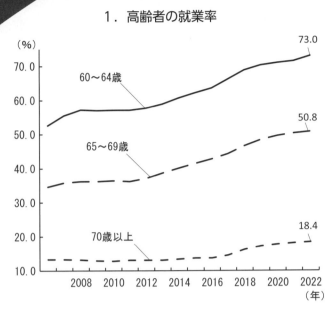

2．65歳までの高年齢者雇用確保措置への対応状況

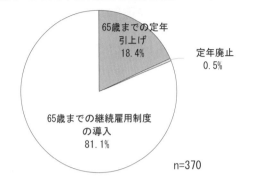

3．70歳までの高年齢者就業確保措置への対応状況

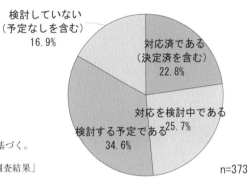

注：1．2011年の数値は補完的に推計した値（2015年国勢調査基準）に基づく。
出典：1．総務省「労働力調査」
　　　2．3．経団連「2022年人事・労務に関するトップ・マネジメント調査結果」

▶ 高齢者の労働参加の状況

　総務省「労働力調査」によると、60歳以上の高齢者の就業率は上昇傾向にある。年齢階層別にみると、60〜64歳では73.0%（2022年）と4年連続で7割を上回っており、65〜69歳も2021年に5割を超えている。70歳以上は、60歳代と比べると低位（18.4%）ではあるものの、少しずつ上昇している。

　高年齢者雇用安定法（高齢法）は、70歳までの就業確保措置を努力義務としており、高齢者の労働参加はさらに進展していくことが見込まれる。

▶ 企業における高齢者雇用の状況

　経団連の調査によると、65歳までの雇用確保措置への対応状況は、「定年廃止」が0.5%、「65歳までの定年引上げ」が18.4%となっており、「65歳までの継続雇用制度の導入」が81.1%で回答の大勢を占めている。なお、「継続雇用制度の導入」企業に対して、「65歳までの定年引上げ」あるいは「定年廃止」の導入予定を聞いたところ、「あり」は約2割（19.9%）となっている。

　また、高齢法で努力義務とされている、70歳までの就業確保措置（55頁参照）への対応状況は、「対応済」（22.8%）と「対応を検討中」（25.7%）を合わせると約5割となっている（48.5%）。その中で具体的な措置内容（複数回答可）としては、「70歳までの継続雇用制度の導入（自社・グループ）」が90.3%を占めており、次点の「業務委託契約を導入する制度」（19.4%）を大きく引き離す状況となっている。

1. 雇用されている障害者数と障害者実雇用率の推移

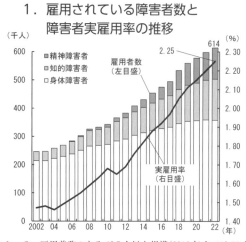

2. 法定雇用率達成企業割合の推移

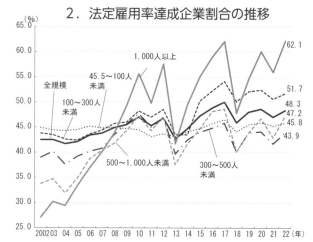

注：1. 2. 雇用義務のある43.5人以上規模（2012年までは56人以上規模、2013年～17年までは50人以上規模、2018年～20年までは45.5人以上規模）の企業の集計。実雇用率とは、障害の程度や所定内労働時間の長短を考慮した障害者の雇用率。制度改正（2010年：短時間労働者の参入や除外率の引下げなど、2018年：障害者雇用義務の対象として精神障害者が加わる）により、2018年以降と2011年～17年、2010年までの数値は単純には比較できない。また、43.5～100人未満の雇用率について、2012年までは56～100人未満、2013年～17年までは50～100人未満、2018年～2020年までは45.5～100人未満の数値。

出典：1. 2. 厚生労働省「障害者雇用状況報告」

▶ 障害者雇用の現状

　厚生労働省「障害者雇用状況報告」によると、2022年6月1日現在、民間企業（43.5人以上規模）に雇用されている障害者数は約61.4万人、実雇用率は2.25%と、いずれも過去最高を更新した。特に精神障害者は、雇用者数が11.0万人（前年比11.9%増）となり、近年は高い伸び率での増加傾向が顕著である。一方で、法定雇用率達成企業の割合は48.3%と、前年から1.3ポイント上昇したが、2020年の48.6%には及ばなかった。企業の規模別では、実雇用率、法定雇用率の達成割合の双方とも、すべての規模の区分で前年より増加している。

　国の機関や地方公共団体は、2018年以降、障害者雇用数の不適切計上の問題への対応として、障害者の採用を積極的に進めている。国の44機関のすべてで法定雇用率を達成するなど、公的機関における障害者雇用は進展している。民間企業の採用に与える影響については、今後も注視する必要がある。

▶ 法定雇用率の引上げと今後の取組み

　2024年4月より民間企業における法定雇用率が2.5%となり、対象となる事業主の範囲は40.0人以上に拡大されることが決まっている。障害者雇用のさらなる促進に取り組むことが求められる中、企業の障害者雇用の現場では、身体障害者の高齢化や精神障害者の早期離職などの従来の課題に加え、業務のデジタル化の進展などにより、障害のある社員が担っている業務のあり方の見直しも課題となっている。今後は、多様な障害特性を考慮した上で、新たな業務の創出やテレワークの活用等によってさらなる雇用機会の拡大を進めていく必要がある。

　また、厚生労働省の労働政策審議会が2022年6月にとりまとめた意見書では、「今後は、障害者雇用の数に加えて、（中略）障害者雇用の質を向上させることが求められる」旨の記載があり、今後の障害者雇用施策においては、雇用者数ではなく、質の向上を重視していく必要性が強調されている。

1．在留資格別外国人労働者数の推移

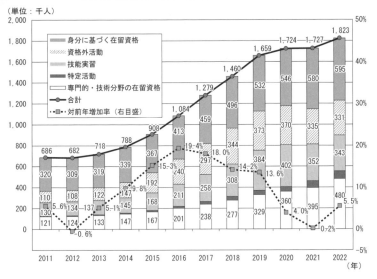

2．事業所規模別外国人雇用事業所の割合

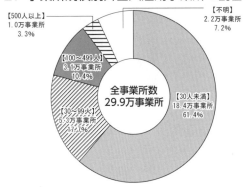

3．国籍別外国人労働者数の割合

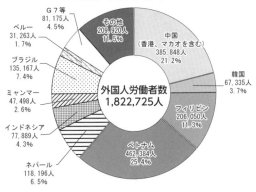

注：3．外国人労働者数の内訳はほかに「不明」が42人含まれる。
出典：1．2．3．厚生労働省「外国人雇用状況の届出状況」（2022年）

▶ 外国人労働者数、外国人を雇用する事業所数ともに過去最高を更新

　厚生労働省「外国人雇用状況の届出状況」によると、2022年10月末現在の外国人労働者数は182.2万人（前年比9.6万人、5.5%増）、外国人を雇用する事業所数は29.9万事業所（同1.4万事業所、4.8%増）となり、いずれも9年連続で過去最高を更新した。

　新型コロナウイルス感染症の影響により鈍化していた外国人労働者数の対前年増加率は、水際措置の段階的な緩和等を受け、回復をみせている。

　在留資格別にみると、「永住者」や「日本人の配偶者」を含む「身分に基づく在留資格」（59.5万人、構成比32.7%）が最も多く、「専門的・技術的分野の在留資格」（48.0万人、同26.3%）、「技能実習」（34.3万人、同18.8%）、「留学」を含む「資格外活動」（33.1万人、同18.2%）と続いている。国籍別には、ベトナムが46.2万人（構成比25.4%）で最も多く、中国38.6万人（同21.2%）、フィリピン20.6万人（同11.3%）と続いている。

▶ 中小企業での外国人雇用が特に増加

　外国人を雇用する事業所数をみると、規模別では「30人未満」（18.4万事業所、構成比61.4%）が最も多く、事業所数の対前年増加率も最も大きくなっている（前年比5.4%増）。また、外国人労働者数も、「30人未満」の事業所が65.2万人、構成比35.8%と最も多い。

　外国人雇用の増加に伴い、企業には、就労環境の改善を図り、適切な雇用・労働条件の確保を一層進めていくことが求められる。

I-10　賃金と労働分配率

1．2022年の賃金水準（月平均）

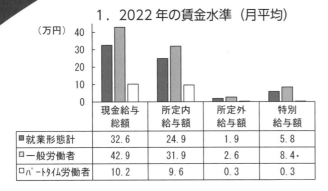

	現金給与総額	所定内給与額	所定外給与額	特別給与額
■就業形態計	32.6	24.9	1.9	5.8
□一般労働者	42.9	31.9	2.6	8.4・
□パートタイム労働者	10.2	9.6	0.3	0.3

2．賃金水準の推移（現金給与総額、就業形態計）

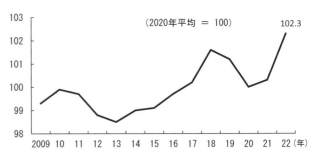

3．労働分配率の推移

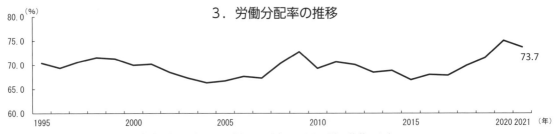

注： 1．事業所規模5人以上の調査産業計。特別給与額は、賞与・一時金などを月平均に換算したもの。
　　 2．事業所規模5人以上の調査産業計。
　　 3．労働分配率＝雇用者報酬÷国民所得（要素費用表示）。
出典： 1．2．厚生労働省「毎月勤労統計調査」　　3．内閣府「国民経済計算年次推計」

▶ 賃金水準は上昇

　厚生労働省「毎月勤労統計調査」によると、所定内給与と所定外給与、賞与・一時金等の特別給与を合計した「現金給与総額」の2022年平均月額（事業所規模5人以上、常用労働者1人当たり）は、一般労働者42.9万円（前年比2.3％増）、パートタイム労働者10.2万円（同2.6％増）、就業形態計では32.6万円（同2.0％増）となった。現金給与総額（就業形態計）の内訳をみると、定期給与額（所定内給与と所定外給与の合計）は26.7万円（前年比1.4％増）、賞与・一時金等の特別給与額は5.8万円（同4.6％増）といずれも増加した。

　賃金水準は、2008年9月のリーマン・ショックによる世界同時不況の影響で低下傾向にあったが、2013年からは、景気回復に伴う収益改善や人手不足などを背景に、多くの企業がベースアップの実施や高水準の賞与・一時金の支給などの賃金引上げを継続してきた。2020年は、コロナ禍に伴う企業収益の悪化により、賃金水準に下押し圧力がかかっていたが、2022年には経済活動の再開や高い物価上昇率を背景に、コロナ禍前の2019年を上回る水準まで上昇した。

▶ マクロベースの労働分配率は景気と逆相関

　労働分配率とは、事業活動によって得られた付加価値額に占める人件費の割合を示す指標である。マクロベースの労働分配率をみる場合、内閣府「国民経済計算」を用い、雇用者報酬を国民所得で除して求める方法がある。日本では、不景気にあっても企業が雇用維持に努めるため、分子の人件費（雇用者報酬）は安定的に推移する一方、分母の付加価値額（国民所得）は景気によって変動することから、結果的に労働分配率は景気と逆相関の関係となる。2015年は上昇基調にあったが、足もとではわずかに低下し、2021年は73.7％となった。

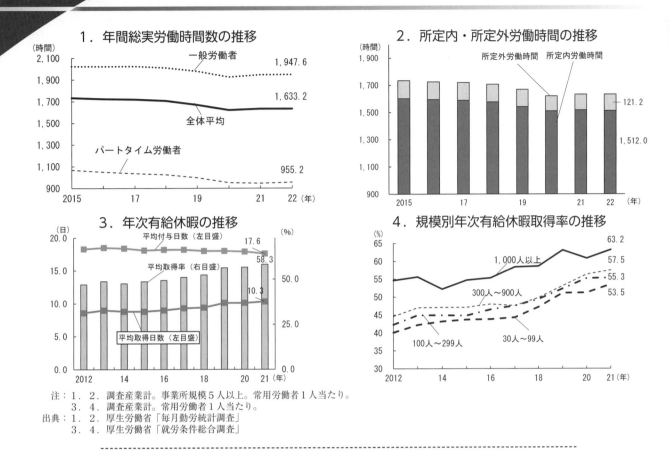

1．年間総実労働時間数の推移

2．所定内・所定外労働時間の推移

3．年次有給休暇の推移

4．規模別年次有給休暇取得率の推移

注：1．2．調査産業計。事業所規模5人以上。常用労働者1人当たり。
　　3．4．調査産業計。常用労働者1人当たり。
出典：1．2．厚生労働省「毎月勤労統計調査」
　　　3．4．厚生労働省「就労条件総合調査」

▶ 年間総実労働時間は減少傾向から横ばいに

　厚生労働省「毎月勤労統計調査」によると、わが国の年間総実労働時間は、1980年代後半までは2,100時間前後で推移していたが、週40時間制への移行や週休2日制の普及などにより大幅に減少した。近年は、パートタイム労働者の増加等を背景に全体平均は漸減傾向にあり、2020年にコロナ禍の影響等を受けて1,621時間で底を打った後、足もとにかけてほぼ横ばいで推移している。

　2022年の総実労働時間は1,633時間で、前年から増減なしとなり、4年連続で1,700時間を下回った。一般労働者については1,948時間（対前年比2時間増）と4年連続で2,000時間を下回った。内訳をみると、所定内労働時間は1,512時間（対前年比5時間減）、所定外労働時間は121時間（対前年比5時間増）であった。2020年4月からは、改正労働基準法による時間外労働の上限規制が中小企業にも導入されており、より効率的な働き方へと見直しを図っていくことが求められている（21頁参照）。

▶ 年次有給休暇の取得日数および取得率は引き続き上昇傾向

　厚生労働省「就労条件総合調査」によると、2021年の年次有給休暇（年休）の平均取得日数は10.3日、取得率は58.3％と1984年以降過去最高となった。取得率の推移を企業規模別に見ると、中小企業において改善傾向にある。2019年4月の改正労働基準法により、年休を年10日以上付与されている労働者について、5日を使用者が取得させることが義務付けられたことなどが影響していると考えられる（25頁参照）。

I-12　労働生産性

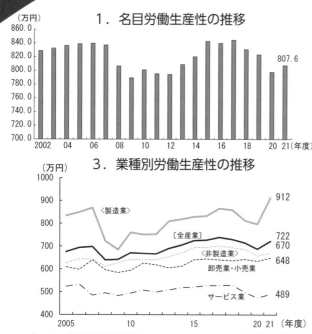

1．名目労働生産性の推移
（万円）

3．業種別労働生産性の推移
（万円）

〈製造業〉 912
〔全産業〕 722
670
〈非製造業〉
卸売業・小売業 648
サービス業 489

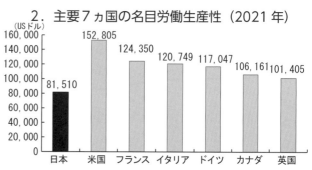

2．主要7ヵ国の名目労働生産性（2021年）
（USドル）

日本	米国	フランス	イタリア	ドイツ	カナダ	英国
81,510	152,805	124,350	120,749	117,047	106,161	101,405

4．業種別・規模別労働生産性（2021年度）
（万円）

資本金	全規模	10億円以上	1億円以上10億円未満	1億円未満
全産業	722	1,366	784	527
製造業	912	1,460	931	542
非製造業	670	1,305	745	524
卸売業・小売業	648	930	820	545
サービス業	489	1,208	513	385

注：1．購買力平価換算GDPベース。　3．4．全産業と非製造業は「金融業・保険業」を除く。サービス業は「宿泊業、飲食サービス業」「生活関連サービス業、娯楽業」「学術研究、専門・技術サービス業」「医療、福祉業」「教育、学習支援業」「職業紹介・労働者派遣業」「その他のサービス業」。
出典：1．（公財）日本生産性本部「日本の労働生産性の動向2022」　2．（公財）日本生産性本部「労働生産性の国際比較2022年版」
　　　3．4．財務省「法人企業統計調査」

▶ 労働生産性とは

　労働生産性は、労働投入量1単位（労働者1人もしくは労働者1時間）当たりの成果（付加価値額あるいは生産量）を指標化したもので、技術進歩や経営効率の改善、労働者の能力向上等によって高まる。国レベルの労働生産性は、ＧＤＰ（付加価値額）を就業者数で除して求め、国際比較では購買力平価に換算した数値を用いることが一般的である。

　労働生産性には、「物的労働生産性」と「付加価値労働生産性」の2種類がある。「物的労働生産性」は、産出量を生産量や販売金額としておいたものであり、労働者がどの程度効率良く物やサービスを生産しているのかを見る場合等に用いる。一方、「付加価値労働生産性」は、産出量としてサービスや製品など新たに産出された付加価値を単位としておいたものであり、労働者がどれだけ付加価値の高い仕事をしているかを見ることが可能である。

▶ 2021年度の名目労働生産性は約808万円

　わが国の1人当たり名目労働生産性は、2017年度以降漸減傾向にあったが、2021年度は前年度比1.2％増の約808万円となった。国際比較では、主要先進7ヵ国の中で最も低く、ＯＥＣＤ加盟国においても38ヵ国中29位と低水準に留まっている。国内の状況を業種別に見ると、製造業と非製造業に開きがあり、特にサービス業が伸び悩んでいる。規模別では、資本金10億円以上の大企業と1億円未満の中小企業の生産性の差が顕著となっている。

　今後、企業は、生産性の飛躍的な向上を実現するため、デジタル技術を積極的に活用しながら、労働投入量（労働時間などのインプット）の効率化を進めるとともに、イノベーションを創出し、付加価値（アウトプット）の増大や多様化に取り組んでいくことが重要である。

II
労働法制

労働法制の体系

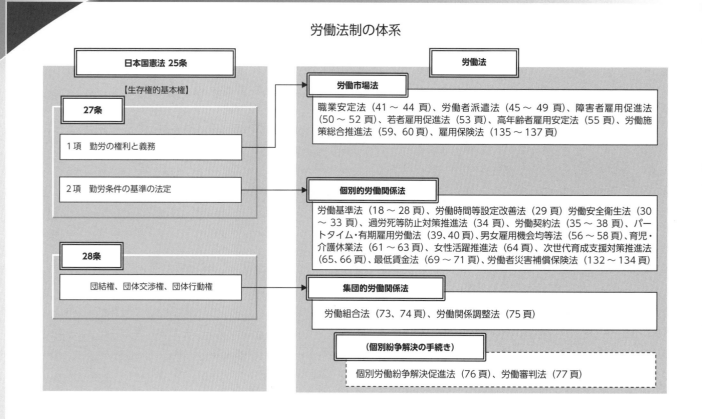

日本の労働法制の特色の１つは、憲法にその基本的原則や権利が明文化されていることである。憲法25条１項には、「すべて国民は、健康で文化的な最低限度の生活を営む権利を有する」との基本理念が示され、27・28条には生存権的基本権の一種としての労働関係が規定されている。

▶ 勤労の権利と義務（憲法27条）

憲法27条１項では、すべての国民が勤労の権利を有し、義務を負うことが定められている。勤労の権利は、①労働者が自己の能力と適性を活かした労働の機会を得られるように労働市場を整える、②労働の機会を得られない労働者に対し生活を保障する、という積極的政策義務を国に課し、これに基づき労働施策総合推進法、職業安定法、雇用保険法などの労働市場法が整備されている。

27条２項では、賃金、就業時間、休息その他の勤労条件に関する基準は、法律で定めることとされており、これが使用者と個別労働者の関係を規律する個別的労働関係法の根拠となっている。具体的には、労働基準法、労働安全衛生法、労働契約法、男女雇用機会均等法、育児・介護休業法、最低賃金法などがある。

▶ 労働三権（憲法28条）

28条では、勤労者の団結する権利、団体交渉をする権利、その他の団体行動をする権利（いわゆる労働三権）が保障されており、集団的労働関係法である労働組合法と労働関係調整法が定められる根拠となっている。

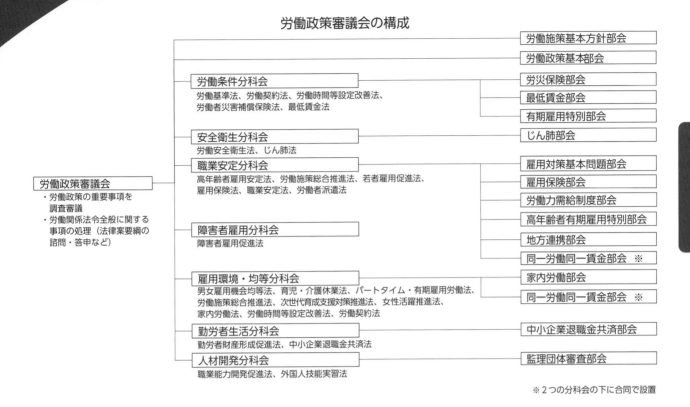

労働政策審議会の構成

※２つの分科会の下に合同で設置

三者構成の労働政策審議会

　雇用・労働に関するルールを安定的に運用するためには、労働の現場を熟知した当事者である労使が決定に関与することが不可欠である。国際労働機関（ＩＬＯ、141頁参照）の諸条約においても、雇用政策について、労使同数参加の審議会を通じて政策決定を行うべき旨が規定されるなど、数多くの分野で、公労使三者構成の原則をとるように規定されている。そこで、わが国の労働分野における法律の制定や改正などにあたっては、厚生労働大臣が任命する公益・労働者・使用者の代表各10名の委員で構成される労働政策審議会（労政審）における諮問・答申の手続きが必要とされている。

　労政審では、労働政策に関する重要事項は厚生労働大臣、じん肺に関する予防や健康管理その他に関する重要事項は厚生労働大臣または経済産業大臣からの諮問に応じて調査審議を行い、厚生労働大臣または関係行政機関に対し意見を述べる。労政審の下には、７の分科会と16の部会が設置されており、それぞれの所掌事務について調査審議が行われている。

法改正までの流れ

　労働関係法令の制定・改正は、①労政審での審議、制定・改正方針を示した報告の答申もしくは建議、②報告に沿って厚生労働大臣が作成した法律案要綱の労政審への諮問、③法律案要綱に関する労政審での審議、厚生労働大臣への答申、④政府による法案の作成、国会提出というプロセスが一般的である。

労働基準法の概要

○第1章【総則】
　労働条件の原則、労働条件の決定、均等待遇、
　男女同一賃金の原則、強制労働の禁止等

○第6章【年少者】
　最低年齢、未成年者の労働契約、深夜業等
○第6章の2【妊産婦等】
　危険有害業務の就業制限、産前産後、育児時間等

○第2章【労働契約】
　契約期間等、労働条件の明示、前借金相殺の禁止、
　解雇制限、解雇予告等

○第7章【技能者の養成】
　徒弟の弊害排除、職業訓練に関する特例等

○第3章【賃金】
　賃金の支払、非常時払、休業手当、最低賃金
　[⇒最低賃金法（69～71頁）]、出来高払制の保障給等

○第8章【災害補償】
　療養補償、休業補償、障害補償等

○第4章
　【労働時間、休憩、休日及び年次有給休暇】
　労働時間、変形労働時間、休憩、休日、時間外及び
　休日の労働、割増賃金等

○第9章【就業規則】
　作成及び届出の義務、作成の手続き、
　制裁規定の制限、法令及び労働協約との関係等

○第10章【寄宿舎】

○第11章【監督機関】
　労働基準監督官の権限等

○第5章【安全及び衛生】
　[⇒労働安全衛生法（30～33頁）]

○第12章【雑則】　　　○第13章【罰則】

　労働基準法（労基法）は、労働者が人たるに値する生活を営むため、労働条件に関する最低の基準を定め（1条2項）、労働者と使用者が対等な立場で決定すべきこと（2条1項）等を規定している。また、これら労基法の履行を促す仕組みとして、行政機関による監督・指導や罰則（117～121条）などについて定めている。

▶ 均等待遇、男女同一賃金、強制労働の禁止

　第1章（総則）では、労働者の国籍、信条または社会的身分を理由として、賃金、労働時間その他の労働条件について差別的に取り扱うこと（3条）、女性であることを理由として、賃金について男性と差別的に取り扱うこと（4条）、暴行、脅迫等によって、労働者の意思に反して労働を強制させること（5条）を禁止する旨を定めている。

▶ 労働条件明示義務、賃金支払いの5原則、罰則

　第2章（労働契約）では、労働契約の締結の際、労働者に対して賃金、労働時間その他の労働条件を明示しなければならないこと（15条、※2024年4月から就業場所・業務の変更の範囲等が追加）や、解雇制限（19条）、解雇の予告（20条）などを定めている。

　第3章（賃金）では、賃金の支払いについて、①通貨払い、②直接払い、③全額払い、④毎月1回以上払い、⑤一定期日払いの5原則を置き、労働者を保護している（24条）。さらに、非常時の賃金の前払い（25条）、使用者の責に帰すべき事由による休業の場合の手当の支払い（26条）、出来高払制を利用する場合の一定額の賃金の保障（27条）がある。

　第13章（罰則）では、各規定に違反した場合や労働基準監督官に虚偽陳述をした場合等の罰則を規定するとともに、違反の内容に応じて懲役刑または罰金刑を定めている。

就業規則への記載事項

1．絶対的必要記載事項

（1）労働時間関係
・始業および終業の時刻、休憩時間、休日、休暇ならびに労働者を二組以上に分けて交替に就業させる場合においては就業時転換に関する事項
（2）賃金関係
・賃金の決定、計算および支払いの方法、賃金の締め切りおよび支払いの時期ならびに昇給に関する事項
（3）退職関係
・退職に関する事項（解雇の事由を含む）

2．相対的必要記載事項

（1）退職手当関係
・適用労働者の範囲、退職手当の決定、計算および支払いの方法ならびに退職手当の支払いの時期に関する事項
（2）臨時の賃金・最低賃金額関係
・臨時の賃金等（退職手当を除く）および最低賃金額に関する事項
（3）費用負担関係
・労働者に食費、作業用品その他の負担をさせることに関する事項
（4）安全衛生関係　　　　　　　　　**（5）職業訓練関係**
・安全および衛生に関する事項　　　　　・職業訓練に関する事項
（6）災害補償・業務外の傷病扶助関係　**（7）表彰・制裁関係**
・災害補償および業務外の傷病扶助に関する事項　・表彰、制裁の種類および程度に関する事項
（8）その他
・事業場の労働者すべてに適用されるルールに関する事項

就業規則とは、就業上、社員が守るべき規律および労働条件を定めた規則の総称であり労働基準法（労基法）第9章ではその作成手続きや内容等について定めている。

▶ 就業規則の作成手続き

就業規則は、常時10人以上の労働者を使用する使用者に作成義務があり、作成後や変更の場合には、所轄の労働基準監督署長に届け出る必要がある（89条）。原則として、企業単位ではなく事業場単位で作成しなければならない。届出にあたっては、労働者の過半数で組織する労働組合がある場合はその労働組合、ない場合は労働者の過半数を代表する者の意見を聴取し、書面（意見書）を添付しなければならない（90条）。この場合の過半数代表とは、①労基法41条2号が規定する監督または管理の地位にある者でないこと、②就業規則の作成もしくは変更の際に、使用者から意見を聴取される者を選出することを明らかにして実施する投票等の方法により選出された者であること、のいずれにも該当する者としている（労基法施行規則6条の2）。

▶ 記載事項と内容

就業規則には、労働時間、賃金、退職等の必ず記載しなければならない事項（絶対的必要記載事項）と、ルールを定める場合に記載が必要な事項（相対的必要記載事項）がある。

就業規則は、法令および労働協約に反してはならない（92条）。また就業規則を下回る労働条件を個別の労働契約で定めた場合、その部分は無効となり、無効となった部分は就業規則の定める内容となる（93条、労働契約法12条）。作成した就業規則は、労働者への書面による交付、職場の見やすい場所への常時掲示または備え付け、電子媒体により常時確認できるようにする等の方法により、労働者に周知させる必要がある（106条1項）。

労働時間、休憩時間、休日に関する規定

[原則基準]

労働時間【32条】
・1日8時間以下
・1週40時間以下

⬇ 例外的な規定

変形労働制／フレックスタイム制／事業場外労働のみなし労働時間制／裁量労働制（詳細は26、27頁）

休憩時間【34条】
・1日の労働時間6時間を超える場合に少なくとも45分以上
・1日の労働時間8時間を超える場合に少なくとも60分以上

法定休日【35条】
・1週1日または4週4日
・休日は暦日

※労使協定の締結により、労働時間の延長や、休日の労働が認められる例外規定あり（21頁）

[適用除外]【41条】

41条では、一定の要件を満たす以下の労働者について、労働時間・休憩時間・休日に関する規定を適用しないことを定めている。

（1）農業・畜産業・水産業に従事する者

（2）管理監督者（詳細は28頁）

（3）監視・断続的労働従事者

（4）高度プロフェッショナル制度適用者（詳細は27頁）

労働基準法（労基法）第4章は、労働時間、休憩時間、休日および年次有給休暇について原則的な基準を規定し、その上で様々な例外規定を設けている。

▶ 労働時間・休憩時間・休日の原則と例外

使用者は、労働者の健康を確保するため、労働時間を適切に管理し、労基法の労働時間、休日、深夜業などに関する規定を確実に履行する責務がある。

労働時間について、使用者は原則として、労働者に1日について8時間、1週間について40時間を超えて労働させてはならない（32条）。ただし、労使協定の締結による労働時間の延長や休日の労働が認められる例外規定がある（36条、次頁参照）。

休憩時間については、1日の労働時間が6時間を超える場合は少なくとも45分、8時間を超える場合は少なくとも1時間の休憩時間を労働時間の途中に一斉に与えることとし（例外規定あり）、利用目的を制限することは禁止されている（34条）。

休日は、暦日の1日とし、午前0時から午後12時までとされている（例外規定あり）。また、使用者は、毎週少なくとも1回、もしくは4週間を通じて4日以上の休日を与えなければならない（35条）。週休日は日曜日である必要はなく、1週1回の休日が与えられていれば、祝日法が定める「国民の祝日」を労働日とすることも可能である。

これら労働時間などに関する規定は、農業・畜産業・水産業従事者、管理監督者、監視・断続的労働従事者、高度プロフェッショナル制度適用者については、適用が除外される（41条）。

また、2019年4月に施行された改正労働安全衛生法では、使用者が管理監督者を含むすべての労働者の労働時間を客観的で適切な方法で把握することの義務規定が盛り込まれた（30頁参照）。

時間外労働の限度時間のイメージ

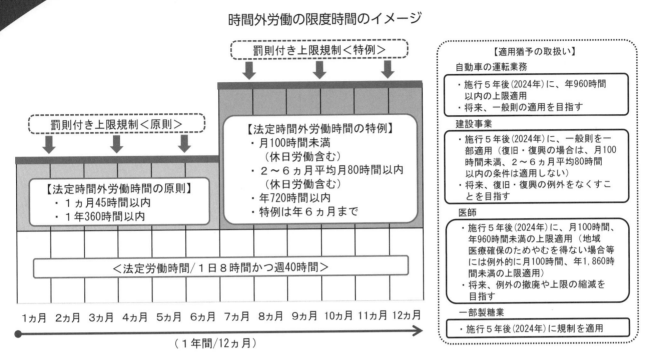

注：上記はイメージであり、年の前半に＜原則＞、後半に＜特例＞の運用を求められるものではない。
出典：厚生労働省「時間外労働の上限規制　わかりやすい解説」をもとに経団連事務局にて作成

使用者が労働者に労働時間の延長や休日労働を例外的に命じることができるのは、①事業場における労使の時間外・休日労働協定（いわゆる36協定）を締結する場合（36条）、②災害その他避けることのできない事由によって臨時の必要がある場合（33条）である。②33条は、例えば、自然災害等により被害を受けた電気・ガス・水道等のライフラインや、道路交通の早期復旧のための対応、サーバー攻撃によるシステムダウンへの対応等が考えられる。

▶ 罰則付きの時間外労働の限度時間

36協定は、使用者が、労働者の過半数で組織する労働組合がある場合はその労働組合、ない場合は労働者の過半数を代表する者と労使協定を締結し、労働基準監督署長に届け出なくてはならない。「労働者の過半数」の労働者には、36協定の適用がない管理監督者や時間外・休日労働のないアルバイトなども含まれるため、実務上留意を要する。33条の場合、労働基準監督署長の許可（ないし事後の届出）が必要である。

36協定の時間外労働時間は、2019年4月（中小企業は2020年4月）施行の改正労働基準法により、月45時間・年360時間の限度時間が罰則付きで規定された。通常予見することのできない業務量の大幅な増加等に伴う臨時的な事情がある場合は、特別条項付き協定を締結することで限度時間を超える労働時間を定めることができるが、過重労働等防止の観点から、特別条項付き協定を締結しても超えることができない限度が規定されている。具体的には、時間外労働について①単月100時間未満、②2〜6ヵ月平均80時間未満、③年720時間、④月45時間を超える特例は年6回までの、4つである（①②については休日労働も含む）。なお、自動車運転業務、建設事業、医師、一部製糖業については、2024年4月から適用される。また、研究開発業務と管理監督者は適用が除外される。

労働基準法（5）割増賃金

1．割増賃金率

割増賃金が発生するケース	割増率
1日8時間超、週40時間超	25％以上
月60時間を超える時間外労働	50％以上
深夜労働（22時〜5時）	25％以上
休日労働（法定休日）	35％以上
時間外＋深夜	50％以上
60時間超＋深夜	75％以上
休日＋深夜	60％以上

2．割増賃金率のイメージ
（例：月間の時間外労働が76時間のケース）

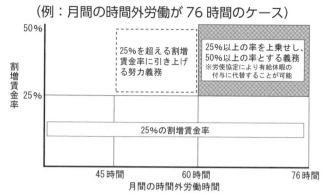

3．労働基準法37条3項に基づく代替休暇の取得期間のイメージ

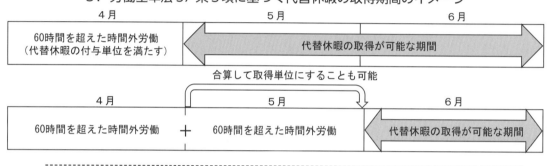

▮ 割増賃金の支払い

　使用者は、労働者に法定時間外労働（以下、時間外労働）、休日労働、深夜労働（22時から5時まで）をさせた場合、1時間当たりの賃金額に、当該時間とそれぞれの割増賃金率を乗じて算出される割増賃金を支払わなければならない（37条）。なお、家族手当、通勤手当、別居手当、子女教育手当、住宅手当、臨時に支払われた賃金、1ヵ月を超える期間ごとに支払われる賃金は、一律で支給される場合を除き、割増賃金の算定基礎から除外される。

　このうち、月60時間を超える時間外労働に対しては、50％以上の割増賃金率で計算した割増賃金の支払い義務が規定されている。この規定は、中小企業においてその適用が猶予されていたが、2023年4月からは中小企業にも適用されている。

　また、労使協定の締結により、月60時間超の割増賃金（25％以上の上乗せ部分）の支払いに代えて有給休暇を付与することもできる。例えば、月76時間の時間外労働を行った場合、60時間との差である16時間分の割増賃金の支払いに代えて、16時間×25％（上乗せ部分）＝4時間分の代替休暇（有給）を付与できる（別途、16時間×25％の割増賃金の支払いは必要）。代替休暇は、時間外労働が60時間を超えた月の末日の翌日から2ヵ月以内に労働者が取得する必要がある。

▮ 実務上の留意点

　「月60時間」の計算は、時間外労働が対象であり、休日労働はこの計算に含まない。例えば週休2日制の場合、法定休日に行う労働は休日労働であり計算に含まないが、法定でない休日（法定外休日）に行う労働は、時間外労働であり計算に含まれる。

Ⅱ-3 労働基準法(6)賃金のデジタル払い

賃金のデジタル払いに関する主なポイント

1. 労働者の同意
賃金のデジタル払いに当たり、使用者は労働者の同意を得ることが必要

2. 指定資金移動業者の口座への資金移動
賃金支払い先となるのは、厚生労働大臣が指定する資金移動業者の口座への資金移動

【主な指定要件】
① 破産等により資金移動業者の債務の履行が困難となったときに、労働者に対して負担する債務を速やかに労働者に保証する仕組みを有している
② 口座残高上限額を100万円以下に設定
または100万円を超えた場合でも速やかに100万円以下にするための措置を講じている
③ 労働者に対して負担する債務について、当該労働者の意に反する不正な為替取引その他の当該労働者の責めに帰すことができない理由により当該労働者に損失が生じたときに、当該損失を補償する仕組みを有している
④ ATMを利用すること等により口座への資金移動に係る額（1円単位）の受取りができ、かつ、少なくとも毎月1回は手数料を負担することなく受取りができる
また、口座への資金移動が1円単位でできる

3. 労使協定の締結
過半数組合や過半数労働者と、以下の事項について労使協定を締結することが必要
① 対象労働者の範囲
② 対象となる賃金の範囲とその金額
③ 取扱指定資金移動業者の範囲
④ 実施開始時期

出典：厚生労働省資料をもとに経団連事務局にて作成

労働基準法24条1項は、賃金の通貨払い（18頁参照）を原則とした上で、労働者の同意を得た場合の例外として、預貯金口座や証券総合口座への賃金支払いを認めている。こうした中、キャッシュレス決済の普及や送金サービスの多様化を背景に、賃金受取手段の選択肢を広げるニーズが一定程度みられることから、労働政策審議会での2年を超える審議を経て、労働基準法施行規則（労基則）が改正され、2023年4月より、賃金のデジタル払い（資金移動業者の口座への賃金支払い）が可能となった。

賃金のデジタル払いの概要

使用者は、労使協定を締結し、労働者の同意を得た場合に、厚生労働大臣が指定する資金移動業者（○○ Payなど）の口座への資金移動により賃金を支払うことができる。主な指定要件は、①破産時等に速やかに（6営業日以内）債務を保証する仕組みを有する、②口座残高上限額を100万円以下に設定している、③不正な為替取引等による労働者の損失を補償する仕組みを有する、④ATMの利用等により1円単位で賃金を現金化でき、毎月1回はその手数料を無料とする、などが規定されている。資金移動業者が指定業者になるためには、資金決済法等に基づく規制に加えて、労働者保護の観点から労基則の追加的な要件を満たす必要がある。

事業場における導入時の留意点

2022年11月に発出された「賃金の口座振込み等について」と題する行政通達において、労使協定の締結にあたっては、預貯金口座や証券総合口座への賃金支払いと同様に、使用者は過半数組合や過半数代表者との間で、①対象労働者の範囲、②対象賃金の範囲、③指定資金移動業者の範囲、④デジタル払いの開始時期を記載した協定を締結する必要があるとされている。その上で、資金保全の仕組みや口座残高上限額、不正引出時の補償等、デジタル払いの特徴を説明（指定資金移動業者への委託も可能）して労働者の個別同意を得なければならない。現金またはデジタル払いの二択は認められず、預貯金口座や証券総合口座も選択肢とする必要があることにも留意が求められる。

Ⅱ-3 労働基準法（7）賃金債権の消滅時効

2020年　改正労働基準法の内容

		改正前	改正後
消滅時効	賃金・賞与・労災補償	2年	当分3年
	年休（解釈）	2年	2年
	退職金	5年	5年
労働者名簿、賃金台帳等の保存		3年	当分3年

▶ 賃金債権の消滅時効

　民法は、一定期間行使されない場合、権利を消滅させる規定（166条）を設け、一般債権の消滅時効は10年、賃金債権の消滅時効は1年としていた（短期消滅時効）。しかし、賃金債権の消滅時効が1年では、賃金を糧に生活を営む労働者の保護に欠け、他方で一般債権と同じ10年では、証拠保全等の観点から使用者にとって負担が大きすぎる等の理由により、民法の特則として労働基準法（労基法）115条が設けられ、消滅時効は2年とされた。

　2017年、改正民法が成立し、賃金債権の短期消滅時効規定が廃止されるとともに、契約によって生じた債権の消滅時効については、原則5年とされた。これを踏まえて労基法が改正され、改正民法の施行日にあわせ2020年4月1日から施行されている。

▶ 改正の内容

　本改正により、賃金債権の消滅時効は2年から原則5年（当分の間3年。改正法の施行日経過5年後に見直しの検討がされる予定）に延長された。これは、2020年4月以降に発生した賃金債権に適用される（債権発生時基準）。

　また、未払い賃金の請求訴訟において、裁判所が使用者の未払いを悪質と判断した場合に支払いを命じることができる付加金（最大で未払い賃金と同額）を請求できる期間についても2年から原則5年（ただし当分の間3年）に延長された。

　未払い賃金は、とりわけ割増賃金を巡って争いが生じやすい。実務上は、賃金台帳（賃金計算の基礎となる事項や賃金の額等を賃金支払いの都度遅滞なく記入）を原則5年（ただし当分の間3年）保存することはもとより、タイムカードや営業日誌など、割増賃金の算定基礎となる資料を電子化し、少なくとも3年間保存するほか、上司からの時間外労働の指示の有無を明確化するため、残業申請の仕組みを入れる等の対応が考えられる。

　なお、年次有給休暇は2年、退職金は5年の消滅時効は改正の前後で変更はない。

1．年次有給休暇5日の時季指定義務の考え方

> (1) 年次有給休暇が10日以上付与される労働者が対象（管理監督者、パートタイム労働者含む）
> (2) 年5日のカウントは、①自由年休、②計画的付与、③使用者による時季指定のいずれか、もしくは組み合わせによりクリアできれば良い
> (3) 年5日のカウントは、繰越分か当該年度新規付与分かは問わない
> (4) 特別休暇は有給であっても原則、カウントの対象とならない

2．年次有給休暇5日取得のイメージ

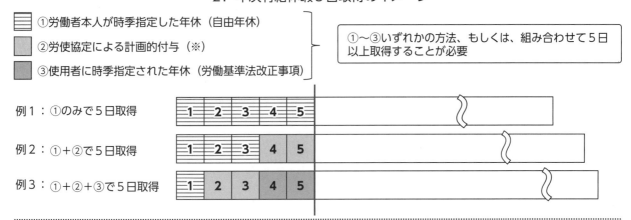

| ①労働者本人が時季指定した年休（自由年休） |
| ②労使協定による計画的付与（※） |
| ③使用者に時季指定された年休（労働基準法改正事項） |

> ①〜③いずれかの方法、もしくは、組み合わせて5日以上取得することが必要

例1：①のみで5日取得

例2：①＋②で5日取得

例3：①＋②＋③で5日取得

> （※）年休の計画的付与（労働基準法39条6項）
> 企業、事業場全体の休業による一斉付与、班・グループ別の交替制付与、年次有給休暇付与計画表による個人別付与がある。なお、計画的付与の実施には労使協定の締結が条件とされ、年5日は自由年休として残しておかなければならない。

▶ 年次有給休暇の付与要件

　年次有給休暇（年休）とは、一定期間勤続した労働者に対して、心身の疲労を回復し、ゆとりある生活を保障するために付与される「有給」で休むことができる休暇のことである。使用者は、労働者が6ヵ月以上継続勤務し、その6ヵ月の全労働日の8割以上を出勤した場合、10日の有給休暇を与えなければならない（39条）。また、6ヵ月の継続勤務以降は、継続勤務1年増ごとに1日ずつ、継続勤務2年6ヵ月以降は2日ずつを増加した日数（最大20日）を与えなければならない。パートタイム労働者などには比例付与されるが、週所定労働時間が30時間以上等の要件を満たせば、通常の労働者と同じ付与日数となる。

▶ 年次有給休暇制度の特徴

　年休は、時季の特定を労使協議や使用者の決定に委ねることなく、労働者個人の権限としている（労使協定により、一定部分の計画的付与は可能）。労働者が指定した時季における年休取得が、客観的にみて事業の正常な運営を妨げる場合に限り、使用者は時季変更をすることができる。「事業の正常な運営を妨げる」とは、年休申請者の労働が当該日の業務の運営にとって不可欠であり、かつ代替要員の確保が困難な場合である。また、労使協定の締結により、年5日に限り、時間単位で年休を与えることも可能となっている（39条4項）。

　2019年4月から、年休が10日以上付与される労働者（管理監督者等含む）に対し、年5日の年休を時季指定により与えることが義務付けられた（違反者1人につき30万円以下の罰金）。ただし、年休5日以上取得済みの労働者には、時季指定は不要である。

II-3 労働基準法（9）弾力的な労働時間制度①

1．弾力的な労働時間制度の一覧①

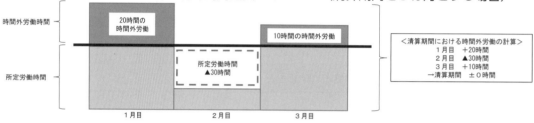

制度	内容	特徴
1ヵ月単位の変形労働時間制【32条の2】	1ヵ月以内の一定期間を平均した週所定労働時間が40時間以下であれば、特定の週・日の法定労働時間を超える労働時間を所定内として設定できる制度	・特定の日・週における労働時間に上限なし ・4週4日の休日も可（1週1日の休日でなくても良い）
1年単位の変形労働時間制【32条の4】	1ヵ月超1年以内の一定期間を平均した週所定労働時間が40時間以下であれば、特定の週・日の法定労働時間を超える労働時間を所定内として設定できる制度	・労働時間の上限は1日10時間、1週52時間 ・労働日数の上限は原則1年当たり280日 ・時間外労働の上限は原則1年320時間 ・連続して労働させる日数は原則6日まで
1週間単位の非定型的変形労働時間制【32条の5】	1週間単位で各日の労働時間を弾力的に決めることができる制度	・労働者30人未満の小売業、旅館、料理店、飲食店が対象 ・労働時間の上限は1日10時間
フレックスタイム制【32条の3】 ※改正労基法	3ヵ月以内の一定期間の総労働時間を定め、労働者がその範囲内で各自の始・終業時刻を選択して働くことを可能にする制度	・一定期間を平均した週所定労働時間が法定労働時間以内 ・始・終業時刻の決定権は労働者にある

2．フレックスタイム制の清算期間延長のイメージ（清算期間を3ヵ月とする場合）

20時間の時間外労働　10時間の時間外労働　所定労働時間▲30時間

＜清算期間における時間外労働の計算＞
1月目 ＋20時間
2月目 ▲30時間
3月目 ＋10時間
→清算期間 ±0時間

変形労働時間制

　労働基準法（労基法）は、所定労働時間を原則1週40時間、1日8時間以下と定めている。しかし、実際の業務には繁閑があるため、所定労働時間を固定せず、期間を定め、業務量に応じた所定労働時間を設定することのできる変形労働時間制も認めている。同制度は、一定期間を平均し、1週間当たりの労働時間が法定の労働時間を超えない範囲内において、特定の日または週に法定労働時間を超えて労働させることを可能とするもので、1週間単位、1ヵ月単位、1年単位の3種類がある。1ヵ月単位の変形労働時間制は就業規則によって導入可能であるが、1年単位と1週間単位の変形労働時間制は労使協定の締結、届出が必要である。変形労働時間制は、労使合意があっても対象期間の途中での労働日や労働時間の変更は認められないと解されている。

フレックスタイム制

　フレックスタイム制は、始業および終業の時刻を労働者本人に委ねる制度である。制度の導入にあたっては、対象となる労働者の範囲や標準となる1日の労働時間などについて、就業規則の定めと労使協定の締結が必要となる。2019年4月の改正労基法で、清算期間の上限が1ヵ月から3ヵ月に延長された。割増賃金については、清算期間が1ヵ月の場合、1日ごとではなく清算期間を通じて週平均40時間を超えた時間分を支払う。他方、清算期間が1ヵ月を超える場合、各月の労働時間が週平均50時間を超えた時間分をその月ごとに割増賃金として支払う必要があり、さらに、この時間を除いた清算期間全体の労働時間が週平均40時間を超えた場合には、最終月に当該時間について割増賃金を支払うことに留意する必要がある。

II
労働法制

弾力的な労働時間制度の一覧②

事業場外労働のみなし労働時間制【38条の2】	
・労働時間の全部または一部を事業場外で勤務した場合で、労働時間を把握しがたい時、あらかじめ決めた時間だけ労働したものとみなす制度	使用者の具体的な指揮・監督が及ばず、労働時間の算定が困難な業務が対象

専門業務型・企画業務型裁量労働制【38条の3・4】	
・業務の性質上、その遂行方法を労働者の裁量に委ねる必要があるため、手段や時間配分の具体的な指示を使用者がしない場合、労使で定めた時間を働いたものとみなす制度	・専門業務型はデザイナーやシステムコンサルタントなど専門的な19業務が対象（厚労省が指定） ・現行法では企画業務型の対象は「事業の運営に関する事項の企画・立案・調査および分析業務」に限定。

高度プロフェッショナル制度【41条の2】

	具体的要件（抜粋）
対象業務	・ 高度の専門知識等を必要とし、その性質上従事した時間と従事して得た成果との関連性が通常高くないと認められるものとして厚生労働省令で定める以下の5つの業務 ①金融商品の開発業務／②金融商品のディーリング業務／③アナリストの業務（企業・市場等の高度な分析業務）／④コンサルタントの業務（事業・業務の企画運営に関する高度な考案または助言の業務）⑤研究開発業務
対象労働者	・ 書面等での合意に基づき職務が明確に定められる者 ・ 1年間に支払われることが確実に見込まれる賃金の額が1,075万円を上回る者
健康確保措置	(1) 健康管理時間の把握 (2) 健康管理時間に基づく措置 ◆必須措置　：年104日かつ4週4日の休日確保 ◆選択的措置：①〜④のうち一つを選択 　①勤務間インターバルおよび深夜業回数制限／②1ヵ月または3ヵ月の健康管理時間の上限／③2週間連続の休日（労働者が希望する場合は1週間連続の休日を年2回でも可）／④健康管理時間（80時間超）に基づく臨時の健康診断の実施 (3)健康管理時間（100時間超）に基づく面接指導

▶ 裁量労働制

　裁量労働制は、仕事のやり方と時間配分を労働者に委ねることを条件に、労使協定等で定めた時間を労働したと「みなす」制度であり、専門業務型と企画業務型の2種類がある。労使協定等で設定した1日ごとのみなし労働時間が法定労働時間を超える場合は、36協定の締結と時間外労働に対する割増賃金の支払いが必要となる。加えて、休憩、休日労働、深夜労働等の規定も適用される。なお、2023年の省令・告示改正により、2024年4月からは専門業務型も本人同意の取得が義務になる等、導入要件の見直しがなされている。裁量労働制の対象となる業務は、業務遂行の手段を大幅に労働者の裁量に委ねる必要があるものに限られる。専門業務型は、デザイナーやシステムコンサルタント等厚生労働省が指定した19の業務（2024年4月に銀行・証券会社における合併・買収・事業承継に関する考察および助言の業務が追加）、企画業務型は「事業の運営に関する事項の企画・立案・調査および分析の業務」が対象となっている。

▶ 高度プロフェッショナル制度

　時間ではなく成果で評価される働き方の実現を目的とした新たな労働時間制度であり、2019年4月に導入された。一定の年収要件を満たし、職務の範囲が明確な労働者を対象に、時間外・休日・深夜の割増賃金の適用が除外される。過重労働防止の観点から、年間104日以上かつ4週4日以上の休日を使用者が与えた上で、健康確保のためのいずれかの措置（勤務間インターバル制度、健康管理時間の上限設定、2週間の連続した休暇、臨時の健康診断）を労使委員会で決議する必要がある。こうした職務の範囲や健康確保措置のほか、労働者本人の同意や不同意による不利益取扱いの禁止、同意撤回規定、健康管理時間の把握等も決議事項となっている。

労働基準法（10）管理監督者の範囲

店舗の店長等の管理監督者性の判断にあたっての特徴的な要素

職務内容、責任と権限	勤務態様	賃金等の待遇
管理監督者性を否定する重要な要素		
【採用】 アルバイト・パート等の採用に関する責任と権限が実質的にない 【解雇】 アルバイト・パート等の解雇に関する事項が職務内容に含まれず、実質的にも関与しない 【人事考課】 部下の人事考課に関する事項が職務内容に含まれておらず、実質的にもこれに関与しない 【労働時間の管理】 勤務割表の作成、所定時間外労働の命令を行う責任と権限が実質的にない	【遅刻・早退に関する取扱い】 遅刻、早退等により減給の制裁、人事考課での負の評価など不利益な取扱いがされる	【時間単位】 ①時間単位換算した賃金額がアルバイト・パート等の賃金額に満たない ②時間単位換算した賃金額が最低賃金額に満たない
	管理監督者性を否定する補強要素	
	【労働時間に関する裁量】 長時間労働を余議なくされており、実際には労働時間に関する裁量がほとんどない 【部下の勤務態様との相違】 労働時間の規制を受ける部下と同様の勤務態様が労働時間の大半を占めている	【基本給等の優遇措置】 基本給、役職手当等の優遇措置が、実際の労働時間数を勘案した場合に、割増賃金の規定が適用除外となることを考慮すると十分でなく、労働者保護に欠ける恐れがある 【支払われた賃金の総額】 １年間の賃金総額が当該企業の一般労働者の同程度以下

出典：厚生労働省「多店舗展開する小売業、飲食業等の店舗における管理監督者の範囲の適正化について」をもとに経団連事務局にて作成

管理監督者の定義と判断要素

　労働基準法（労基法）における管理監督者は、労働条件の決定その他労務管理について経営者と一体的な立場にある者であり、労働時間、休憩、休日に関する規定の制限を受けない（適用除外）。行政実務、裁判事例における管理監督者性の判断要素は、①事業主の経営に関する決定に参画し労務管理に関する指揮監督権限が認められること、②労働時間についての裁量権があること、③その地位と権限にふさわしい待遇があることとされている。このように、企業における職制上の管理職がすべて労基法上の管理監督者に該当するわけではないことに留意が必要である。

管理監督者性が争点となった裁判例

　外食産業における店長の管理監督者性が否定された日本マクドナルド事件（東京地裁2008年1月28日）は、店長は店舗運営に関する重要な職責を負っているものの、経営者と一体的な立場で企業全体の経営に関与しているとは認められないとして、管理監督者の範囲を限定的に捉えた事案である。

　これに対し、エリアディレクターの管理監督者性が認められたセントラルスポーツ事件（京都地裁2012年4月17日）は、エリアディレクターの職務内容はエリアの統括的立場にあり、部下に対する労務管理上の決定権を有している上、時間外手当が支給されないことを十分に補うだけの待遇を受けており、勤務時間に拘束されていたということもないことから、管理監督者に当たるとされた事案である。

　なお、多店舗展開する小売業、飲食業などの店舗における管理監督者性の判断については、2008年9月にその適正化に向けた通達が出されている。

労働時間等設定改善法

勤務間インターバル制度のイメージ

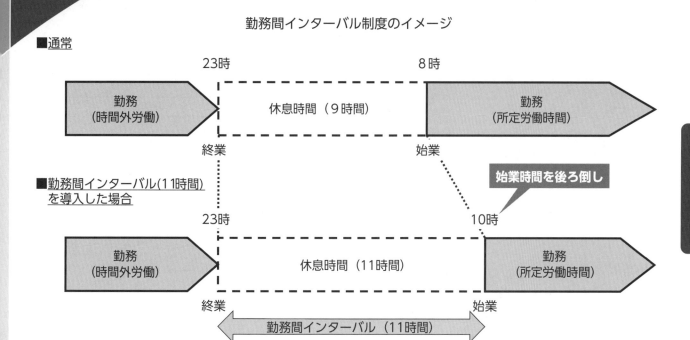

■通常

23時　　　　　　　　　　　　　　8時

| 勤務（時間外労働） | 休息時間（9時間） | 勤務（所定労働時間） |

終業　　　　　　　　　　　　始業

始業時間を後ろ倒し

■勤務間インターバル（11時間）を導入した場合

23時　　　　　　　　　　　　　　10時

| 勤務（時間外労働） | 休息時間（11時間） | 勤務（所定労働時間） |

終業　　　　　　　　　　　　始業

勤務間インターバル（11時間）

注：勤務間インターバルの11時間はあくまで例示であり、実際に導入する際は各社の事情に合ったインターバル時間を設定可能である。
　　始業時間を後ろ倒しする際の勤務管理方法としては、8時～10時を働いたものとみなす方法や、終業時間を2時間後ろ倒しする方法が考えられる。
出典：厚生労働省「勤務間インターバル制度普及促進のための有識者検討会報告書」をもとに経団連事務局にて作成

労働時間等設定改善法の概要

　労働時間等設定改善法は、事業主等に労働時間等の設定の改善に向けた自主的な努力を促すことで、労働者が最大限能力を発揮することや、健康で充実した生活を実現することを目的として、2005年に施行された。

　同法には、事業主等の責務として、業務の繁閑に応じた始業・終業時間の設定や、年次有給休暇を取得しやすい環境の整備等の措置を講じるよう努めなければならない旨が定められている。その後、働き方改革関連法として取りまとめられた2018年の法改正において、これらの措置に勤務間インターバル制度の導入が追加された（2019年4月より施行）。

　さらに、改正法では、労働時間等の設定の改善に向け、事業主によって労使で話し合う機会を設ける努力義務が定められた。具体的な機会としては、事業場ごとに設置する労働時間等設定改善委員会や、企業単位で設定する労働時間等設定改善企業委員会等が挙げられる。

勤務間インターバル制度の概要

　勤務間インターバル制度とは、1日の勤務終業後、翌日の始業までの間に、一定時間以上の休息時間（インターバル）を確保する仕組みである。同制度は、労働者にとって、睡眠時間の確保による健康維持や、ワーク・ライフ・バランス実現に資するというメリットがある。一方、企業にとっても、魅力ある職場環境の実現により、生産性向上や人材確保・定着といった効果を期待できる。なお、突発的なトラブル等の特別な事情が生じた場合の適用除外規定を設けることも可能である。政府は、同制度導入に取り組む中小企業への支援として、助成金の支給等を行っている。

労働安全衛生法の概要

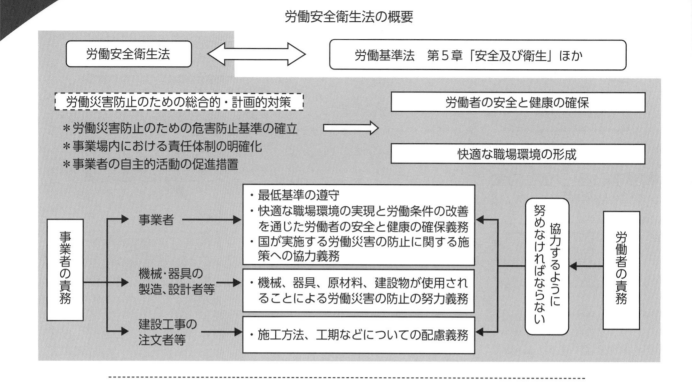

▶ 労働安全衛生法の概要

労働安全衛生法（安衛法）は、労働基準法との一体的な運用により、職場における労働者の安全と健康を確保するとともに、快適な職場環境の形成を促進することを目的とした法律である（1条）。そのため、事業者の責務として、①総括安全衛生管理者等の選任・配置、専門委員会の設置を含めた安全衛生管理体制の整備（第3章）、②労働者の危険または健康障害を防止するための措置（第4章）、③危険な作業を必要とする機械等に関する規制や労働者に重度の健康障害を生ずる危険物および有害物に関する規制（第5章）、④安全衛生教育等労働者の就業にあたっての措置（第6章）、⑤医師による健康診断など健康の保持増進のための措置（第7章）等が定められている。これらの措置の実効性を高めるため、安衛法には罰則の規定（第12章）があり、労働基準監督署が監督指導を行っている。

▶ 労働者の健康確保に関する法改正

2019年4月に改正労働安全衛生法が施行され、長時間労働やメンタルヘルス不調等により健康リスクが高い状況にある労働者を見逃さないよう、労働者の健康確保を強化し、産業医がより一層効果的な活動を行いやすいよう環境を整備することとなった。具体的には、①事業者は労働者の健康管理等に関する産業医の勧告内容等を衛生委員会（もしくは安全衛生委員会）に報告する、②事業者は産業保健業務の適切な実施に必要な情報を産業医に提供する、等である。

さらに、健康確保の強化や産業医等の面接指導を適切に行うため、管理監督者を含むすべての労働者を対象に、タイムカード、ICカードによる記録やパソコンの使用時間の記録等の客観的な方法で労働時間の状況を把握した上で、時間外・休日労働が月80時間を超え、疲労の蓄積が認められる場合、労働者の申出により面接指導を行うこととなった。

1．年齢別死傷災害発生状況

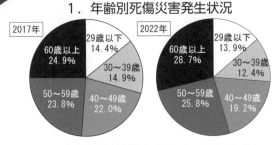

2．年齢別労働災害発生率（2022年）

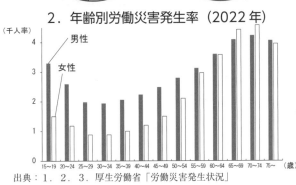

3．災害別・年齢別労働災害発生率

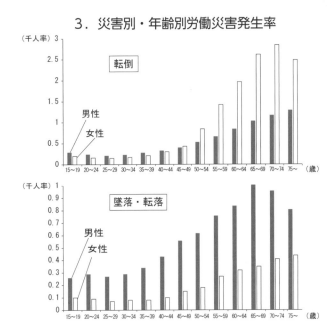

出典：1．2．3．厚生労働省「労働災害発生状況」

2022年の労働災害発生状況

　新型コロナウイルス感染症への罹患を除くと、2022年の労働災害による死亡者数は774人（前年比4人・0.5％減）と過去最少となる一方、休業4日以上の死傷者（死亡者および休業4日以上の負傷者）数は132,355人（同1,769人・1.4％増）と過去20年間で最多となった。「第13次労働災害防止計画」の重点業種別にみると、死亡災害は林業が減少する一方、製造業と建設業では増加した。死傷災害は小売業と社会福祉施設で減少したが、陸上貨物運送事業と飲食店で増加した。死傷災害を事故の型別でみると、「転倒」「動作の反動・無理な動作」「はさまれ・巻き込まれ」「激突」が増加した。特に、転倒災害は35,295人（前年比1,623人・4.8％増）と全体の26.7％を占める。

エイジフレンドリーガイドライン

　高年齢労働者の就業率が高まる中、労働災害も増加傾向にある。労働災害による死傷者数のうち、60歳以上の割合は28.7％と全体の3割近くを占める。とりわけ、転倒、墜落・転落の発生率が高く、転倒については高齢女性に顕著である（60代後半は20代の約15倍）。

　厚生労働省は2020年3月、働く高齢者の特性に配慮した職場環境づくりや労働災害の予防を目指し、事業者と労働者に求められる取組みを具体的に示した「高年齢労働者の安全と健康確保のためのガイドライン（エイジフレンドリーガイドライン）」を作成した。事業者には、①安全衛生管理体制の確立、②職場環境の改善、③高年齢労働者の健康や体力の状況の把握・対応、④安全衛生教育等の項目について、自社の実情に応じて実施可能な労働災害防止対策に積極的に取り組むこと、労働者には自らの健康づくりに積極的に取り組むことを求めている。さらに、身体機能の低下を補う設備・装置の導入等、高年齢労働者を対象に職場環境の改善に要した費用を補助する「エイジフレンドリー補助金」を通じて、中小事業者の取組みを支援している。

見直し後の化学物質規制の仕組み（自律的な管理を基軸とする規制）

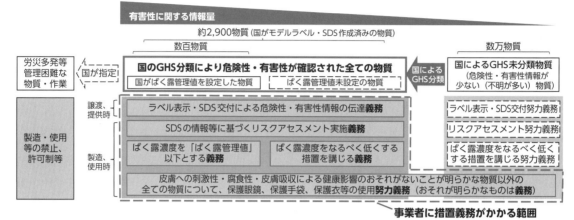

注：「GHS」とは「化学品の分類および表示に関する世界調和システム（The Globally Harmonized System of Classification and Labelling of Chemicals）」の略称。国際的に推奨されている化学品の危険有害性の分類・表示方法を定めている。
　　「ばく露管理値」とは「職場における化学物質等の管理のあり方に関する検討会報告書」における「ばく露限界値（仮称）」を指す。
　　ばく露濃度を下げる手段は、①有害性の低い物質への変更、②密閉化・換気装置設置等、③作業手順の改善等、④有効な呼吸用保護具の使用の優先順位に基づき事業者が自ら選択。
出典：経団連「職場における化学物質規制の見直しに関する説明会」における厚生労働省資料

▶ 化学物質規制の見直しの経緯

　国内で製造、輸入、使用される化学物質は数万種類に上り、危険性や有害性が不明な物質も数多く存在している。化学物質による労働災害（休業4日以上）は年間450件程度で推移し、特定化学物質障害予防規則（特化則）等の特別規則による規制対象外の物質を原因とするものが約8割を占める。そこで、厚生労働省は2022年に労働安全衛生関係法令を改正し、特定の物質に個別具体的な規制を課す方式から、ＧＨＳ分類で危険性・有害性が確認されたすべての物質に、労働者がばく露する濃度の管理・低減（厚生労働大臣が「濃度基準値」を定める物質については同基準値以下になるよう管理が必要）を事業者に求め、その達成手段を事業者が選択できる方式（自律的な管理）へと段階的に転換することとなった。

▶ 見直しの主なポイント

　具体的には、化学品の容器や包装への「ラベル表示」、化学物質の譲渡・提供時の「安全データシート（ＳＤＳ）交付」のほか、化学物質の危険性・有害性に基づくリスクを見積もり、低減措置を検討する「リスクアセスメント実施」の義務を課す物質を、改正前の1,158物質から2023年度には約2,900物質とし、以降、順次拡大することとしている。あわせて、①これらの物質の製造・取扱・譲渡提供を行う事業場でリスクアセスメントの実施管理等を担う「化学物質管理者」の選任（2024年4月施行）、②ばく露低減措置として保護具の使用を選択する場合の「保護具着用管理責任者」の選任（同上）、③ＳＤＳの通知事項「人体に及ぼす作用」の定期確認と更新および更新内容の通知、④衛生委員会の調査審議事項への自律的な管理の実施状況の追加（一部の事項は2024年4月施行）、⑤化学物質を別容器で保存する際の情報伝達等が義務付けられた。なお、特化則や有機則（有機溶剤中毒予防規則）等は、義務内容の実施状況を踏まえ、自律的な管理に移行できる環境を整えた上で、廃止することが想定されている（当面は現行規制も維持）。

Ⅱ-5　労働安全衛生法（4）労働者死傷病報告

労働者死傷病報告の概要

> 1. 労働者が労働災害により死亡し、または休業したとき
> 2. 労働者が就業中に負傷、窒息または急性中毒により死亡し、または休業したとき
> 3. 労働者が事業場内またはその附属建設物内で負傷、窒息または急性中毒により死亡し、または休業したとき
> 4. 労働者が事業の附属寄宿舎内で負傷、窒息または急性中毒により死亡し、または休業したとき

	休業4日以上	休業4日未満
報告義務者	死傷病労働者の所属する事業場の事業者	
報告事項（共通）	事業場に関する事項（事業の種類、事業場の名称※1、所在地、電話番号、労働者数） 被災労働者に関する事項（氏名、性別、年齢、職種、派遣労働者の有無） 災害に関する事項（発生月日、傷病名・傷病部位、休業（見込）日数、災害発生状況） 報告書作成者の職名・氏名、事業者の職名・氏名	
報告事項（独自）	労働保険番号、親事業場等の名称※2、派遣労働者に関する事項（派遣先の事業場名、郵便番号、提出事業者の区分）、被災者の生年月日、経験期間、被災地の場所、死亡の有無・死亡日時、災害発生原因、災害発生状況の略図、国籍・在留資格（外国人の場合）	-
提出期限	災害発生後遅滞なく	各四半期の翌月末まで （例）1～3月：4月末まで
提出先	所轄労働基準監督署	
罰則	50万円以下の罰金（法100条1項違反）	
備考	-	休業日数0日（翌日出勤）の場合は提出不要

注：※1について、建設業の場合は工事名を併記する。
　　※2について、構内下請事業の場合は親事業場の名称、建設業の場合は元方事業場の名称を記載。
出典：厚生労働省や各労働局・労働基準監督署の資料をもとに経団連事務局にて作成

労働者死傷病報告の概要

　休業を伴う労働災害等が発生した場合、当該被災労働者が所属する事業場の事業者は「労働者死傷病報告」を提出しなければならない。同報告は、休業日数が4日以上か4日未満かによって報告事項や提出期限が異なる。前者は労働安全衛生規則に基づく様式23号で災害発生後に遅滞なく、後者は同様式24号で四半期ごとの災害をまとめて当該四半期の翌月末までに、所轄の労働基準監督署に提出しなければならない。派遣労働者が被災した場合は、派遣元事業者と派遣先事業者の双方が所轄の労働基準監督署に提出することになる。労働者死傷病報告を故意に提出しない、あるいは虚偽の内容を提出した場合には「労災かくし」に該当し、50万円以下の罰金に処せられる（労働安全衛生法120条・122条）。

　なお、労働者死傷病報告と労災保険請求書類は全く別の行政手続であることから、労働基準監督署等に労災保険の請求手続を行った場合でも、死傷病報告は別途必要となる。

電子申請による報告の義務化

　労働者死傷病報告は、政府の労働災害統計や政策の企画・立案における基礎データとなっている。2023年5月の労働政策審議会の議論を経て、労働安全衛生規則が改正された。電子申請による報告の原則義務化や上記様式23号・24号の廃止、休業日数が4日未満の場合における報告事項の追加等が行われることとなっている。改正省令の施行は2025年1月1日を予定している（経過措置あり）。

過労死等防止対策推進法

過労死等防止対策推進法のポイント

1. 目 的
過労死等が、本人・遺族・家族のみならず社会にとっても大きな損失であることに鑑み、過労死等に関する調査研究等について定め、過労死等の防止のための対策を推進し、もって過労死等がなく、仕事と生活を調和させ、健康で充実して働き続けることのできる社会の実現に寄与すること。

2. 基本理念
過労死等の防止のための対策は、過労死等に関する実態が必ずしも十分に把握されていない現状を踏まえ、過労死等に関する調査研究を行うことにより過労死等に関する実態を明らかにし、その成果を過労死等の効果的な防止のための取組みに活かすことができるようにする等。

3. 国の責務等
① 国は、基本理念に則り、過労死等の防止のための対策を効果的に推進する責務を有する。
② 地方公共団体は、国と協力しつつ、過労死等の防止のための対策を効果的に推進するよう努めなければならない。
③ 事業主は、国および地方公共団体が実施する過労死等の防止のための対策に協力するよう努めるものとする。
④ 国民は、過労死等を防止することの重要性を自覚し、これに対する関心と理解を深めるよう努めるものとする。

4. 過労死等の防止のための対策に関する大綱
政府は、過労死等の防止のための対策に関する大綱を策定すること、
その策定にあたっては、過労死等防止対策推進協議会の意見を聞くこと。

【参考】「令和4年版過労死等防止対策白書」
ダウンロード用QRコード

5. 過労死等の防止のための対策
①調査研究　②国民に対する啓発　③相談体制の整備　④民間団体支援

出典：厚生労働省「過労死等防止対策推進法について」をもとに経団連事務局にて作成

▶ 過労死等防止対策推進法の主なポイント

　過労死等の多発が大きな社会問題となる中、議員立法により過労死等防止対策推進法が成立し、2014年11月に施行された。「過労死等」とは、①業務における過重な負荷による脳血管疾患・心臓疾患を原因とする死亡、②業務における強い心理的負荷による精神障害を原因とする自殺による死亡、③死亡には至らないが、これらの脳血管疾患・心臓疾患、精神障害を指す（2条）。

　同法の目的は、過労死等がなく、仕事と生活を調和させ、健康で充実して働き続けることのできる社会の実現に寄与することである（1条）。また、過労死等の防止の重要性に関する国民の関心と理解を深めるため、毎年11月を「過労死等防止啓発月間」と定め、国や地方公共団体が適切な事業の実施に努めることを求めている（5条）。

　同法6条に基づき、厚生労働省は毎年、「過労死等防止対策白書」を作成しており、労働時間やメンタルヘルス対策の状況、過労死等の労災補償状況・公務災害の補償状況、重点業種等（自動車運転従事者、教職員、IT産業、外食産業、医療、建設業、メディア業界）を中心とした調査・分析結果、労働行政機関等における対策の状況、国民や企業に対する周知・啓発の状況等を報告している。2022年10月には7回目となる白書が公表され、新型コロナウイルス感染症やテレワークの影響に関する調査分析等が報告された。

　また、同法7条に基づき、2015年7月に「過労死等の防止のための対策に関する大綱」が閣議決定され、概ね3年を目途に見直しが行われている。2021年7月の変更では、①テレワーク、副業・兼業、フリーランスに関する取組み、②官公庁取引（G to B）を含む商慣行の改善、③勤務間インターバル制度に関する数値目標（国の政策目標）の更新（労働者数30人以上の企業のうち、同制度の導入割合を2025年までに「15%以上」とする）などが盛り込まれた。

労働契約法の概要

```
┌─────────────────────────┐
│ 第1章　総則              │
└─────────────────────────┘
○目的（1条）
　労働契約に関する基本的事項を定めることにより、
　個別労働関係の安定に資する
○労働契約の原則（3条）
　①労使対等、②均衡考慮、③仕事と生活の調和への
　配慮、④信義誠実、⑤権利濫用禁止
○労働契約の内容の理解の促進（4条）
　労働契約の内容についてできる限り書面で確認
```

```
┌─────────────────────────┐
│ 第3章　労働契約の継続及び終了  │
└─────────────────────────┘
○出向（14条）
　必要性、対象労働者の選定に係る事情等に照らして
　権利濫用と認められる場合は無効
○懲戒（15条）
　労働者の行為の性質及び態様等に照らして、客観
　的に合理的理由を欠き、社会通念上相当と認められ
　ない場合は無効
○解雇（16条）
　客観的に合理的理由を欠き、社会通念上相当と認め
　られない場合は無効
```

```
┌─────────────────────────┐
│ 第2章　労働契約の成立及び変更  │
└─────────────────────────┘
○労働契約の成立（6条）
　労働者と使用者が「労働すること」「賃金を支払うこと」に
　合意した場合に成立
○労働契約の内容と就業規則（7条）
　合理的な内容の就業規則を労働者に周知させていた場合、
　労働契約の内容は就業規則で定める労働条件による
○労働契約の内容の変更（8・9・10条）
　①合意の原則⇒労使の合意により労働条件の変更が可能
　②就業規則による労働条件の不利益変更
　　原則：労働者との合意なく就業規則の変更による労働条件の
　　　　　不利益変更はできない
　　例外：変更後の就業規則を労働者に周知させ、かつ、変更
　　　　　が合理的なものであるときは、変更後の就業規則に
　　　　　定めるところによる
```

```
┌─────────────────────────┐
│ 第4章　期間の定めのある労働契約  │
└─────────────────────────┘
○契約期間中の解雇等（17条）
　使用者はやむを得ない事由がなければ契約期間満了までの間は
　解雇することができない
○有期労働契約の無期労働契約への転換（18条）
○有期労働契約の更新等（19条）
※不合理な労働条件の禁止（旧20条）は、パートタイム・有期雇
　用労働法に移行（39、40頁）
```

Ⅱ
労働法制

▶ 労働契約法の概要

　労働契約法（労契法）は、個別的労働関係の安定を図るため、労働契約の基本的な理念や共通原則、判例法理に沿った労働契約に関する民事ルール等を体系化したものである（2008年3月から施行）。

　第1章「総則」では、労働契約の原則として、使用者と労働者が結ぶ労働契約における①労使対等、②均衡考慮、③仕事と生活の調和への配慮、④信義誠実、⑤権利濫用禁止を定めている（3条）。さらに、使用者が労働契約の内容に対する労働者の理解の促進に努めるとともに、労使が契約内容をできる限り書面で確認することを求めている（4条）。

　第2章「労働契約の成立及び変更」では、労働契約が成立するための枠組みを定めている（6・7条）。労働契約の内容については、労使の合意があれば労働条件の変更が可能である（8条）。就業規則による労働条件の変更は、労働者に不利益となる変更の場合、原則として労働者の合意がなければ行うことはできないが（9条）、変更後の就業規則を労働者に周知させ、かつ、変更が合理的なものであれば、変更後の就業規則で定める労働条件を適用することができる（10条、就業規則の不利益変更法理、115頁参照）。

　第3章「労働契約の継続及び終了」では、懲戒や解雇等に関するルールを定めている。解雇については、客観的に合理的な理由を欠き、社会通念上相当であると認められない場合には、権利の濫用に当たり、無効となるとしている（16条）。

労働契約法（2）無期転換ルール

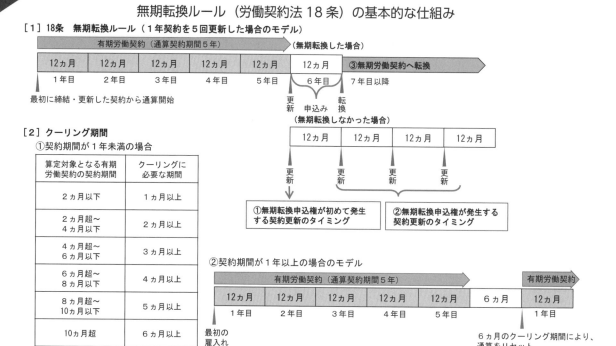

無期転換ルール（労働契約法18条）の基本的な仕組み

［1］18条　無期転換ルール（1年契約を5回更新した場合のモデル）

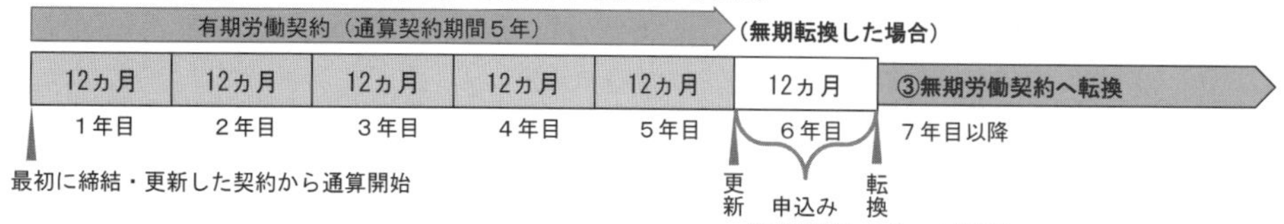

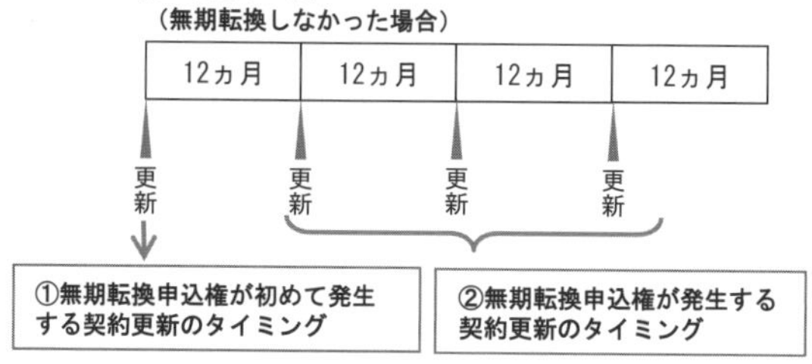

［2］クーリング期間

①契約期間が1年未満の場合

算定対象となる有期労働契約の契約期間	クーリングに必要な期間
2ヵ月以下	1ヵ月以上
2ヵ月超～4ヵ月以下	2ヵ月以上
4ヵ月超～6ヵ月以下	3ヵ月以上
6ヵ月超～8ヵ月以下	4ヵ月以上
8ヵ月超～10ヵ月以下	5ヵ月以上
10ヵ月超	6ヵ月以上

②契約期間が1年以上の場合のモデル

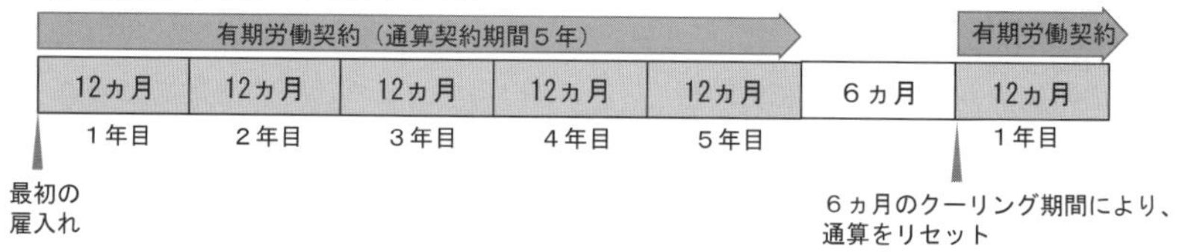

18条　有期労働契約の無期労働契約への転換（無期転換ルール）

労働契約法（労契法）は、第4章において「期間の定めのある労働契約」に関して定めている。18条は、同一の使用者との間で反復更新された有期労働契約の通算契約期間が5年を超える労働者が、無期労働契約の締結の申込み（無期転換申込権の行使）をしたときは、使用者は申込みを承諾したものとみなすと規定している。同一の使用者と有期労働契約を締結していない空白期間（クーリング期間）が一定以上続いた場合、それ以前の契約期間は通算されない。

有期雇用労働者が無期転換申込権を行使した場合、その時点において、申込時の有期労働契約が終了する日の翌日を始期とする無期労働契約が成立する。無期転換後の労働条件は、就業規則等で別段の定めをしていない限り、直前の有期労働契約の条件と同一となる。無期転換後の解雇は、労契法16条の解雇権濫用法理（117頁参照）が適用される。

無期転換時等の労働条件の明示

無期転換ルールは、有期雇用労働者における認知度に課題があるとして、政府の審議会で議論が重ねられた。その結果、2024年4月からは、労働基準法15条の労働条件明示事項として、無期転換申込権が発生する契約更新時における「無期転換申込機会」と「無期転換後の労働条件」の明示が義務化される。あわせて、有期雇用労働者との更新上限を巡るトラブルを未然防止するため、有期労働契約の締結や更新に際して、更新上限の有無とその内容の明示が労働条件明示事項に追加される。また、当初の更新上限を短縮する場合にも、あらかじめ労働者への説明が必要となる。

企業は、厚生労働省が公表した、改正内容を反映したモデル労働条件通知書（イメージ）（169頁参照）などを参考に、労働者への労働条件明示を行わなければならない。

労働契約法（3）無期転換ルールの特例

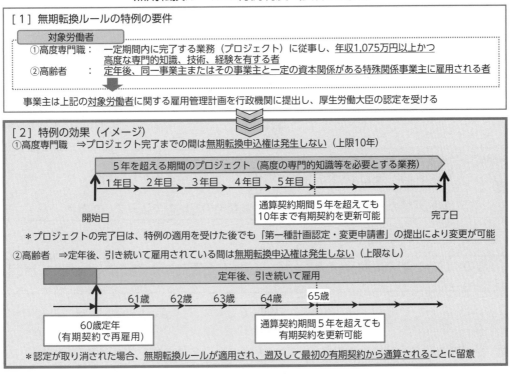

無期転換ルールの特例制度（要件と効果）

[1] 無期転換ルールの特例の要件

対象労働者
①高度専門職：一定期間内に完了する業務（プロジェクト）に従事し、年収1,075万円以上かつ高度な専門的知識、技術、経験を有する者
②高齢者：定年後、同一事業主またはその事業主と一定の資本関係がある特殊関係事業主に雇用される者

事業主は上記の対象労働者に関する雇用管理計画を行政機関に提出し、厚生労働大臣の認定を受ける

[2] 特例の効果（イメージ）
①高度専門職 ⇒プロジェクト完了までの間は無期転換申込権は発生しない（上限10年）

5年を超える期間のプロジェクト（高度の専門的知識等を必要とする業務）
1年目　2年目　3年目　4年目　5年目
開始日　　　　　　　　　　通算契約期間5年を超えても10年まで有期契約を更新可能　　　　完了日

＊プロジェクトの完了日は、特例の適用を受けた後でも「第一種計画認定・変更申請書」の提出により変更が可能

②高齢者 ⇒定年後、引き続いて雇用されている間は無期転換申込権は発生しない（上限なし）

定年後、引き続いて雇用
61歳　62歳　63歳　64歳　65歳
60歳定年（有期契約で再雇用）　　通算契約期間5年を超えても有期契約を更新可能

＊認定が取り消された場合、無期転換ルールが適用され、遡及して最初の有期契約から通算されることに留意

▶ 無期転換ルールの特例

　有期雇用労働者の能力の発揮による国民経済の健全な発展を目的とする「専門的知識等を有する有期雇用労働者等に関する特別措置法」（有期特措法）で、労働契約法の「無期転換ルール」の特例を定めている。

▶ 有期措置法の概要—特例の枠組み

　本特措法は、①5年を超える期間のプロジェクトに就く高度な専門的知識等を有する有期雇用労働者（高度専門職）と、②定年後に同一の事業主（高年齢者雇用安定法が定める一定の支配力を有するグループ会社等を含む。施行規則4条の3）に有期契約で継続雇用される高齢者を対象としている。②の特例の適用を受けるには、「職業訓練の実施」や「作業施設・方法の改善」等8つの選択肢から自社で実施する「能力が有効に発揮されるような雇用管理に関する措置」を記載した「第二種計画認定・変更申請書」を本社・本店を所管する都道府県労働局（労働基準監督署も可）へ提出する。審査を経て認定を受けると、①はプロジェクト完了までの間（上限10年）、②は継続雇用されている間（上限なし）、無期転換申込権が発生しない。なお、①の特例の適用を受けるにあたって定めたプロジェクト「完了の日」は、申請書の提出により変更が可能である。

　特例を適用して有期雇用労働者を雇用する場合、事業主は紛争防止の観点から、労働契約の締結・更新時に無期転換申込権が発生しない期間であることを書面で労働者に明示しなければならない。①の高度専門職に対しては、特例の対象となるプロジェクトの具体的な範囲（内容、開始日および完了日）を書面で明示することも必要となる（労働基準法15条等）。

労働契約法（4）雇止め法理

雇止め法理（19条）の判断ポイント

1
① 有期労働契約が反復して更新されたことにより、
　雇止めをすることが<u>解雇と社会通念上同視できる</u>と認められる場合　【19条1号】
あるいは
② 労働者が有期労働契約の契約期間の満了時に
　その契約が更新されるものと<u>期待することについて合理的な理由が認められる</u>場合　【19条2号】

かつ

2
　有期雇用労働者が、
　　（a）　契約期間の<u>満了日まで</u>に有期労働契約の<u>更新の申込み</u>をした場合
あるいは
　　（b）　契約期間の<u>満了後遅滞なく</u>、有期労働契約の<u>締結の申込み</u>をした場合

かつ

3
　労働者からの申込みを使用者が拒絶することが、<u>客観的に合理的な理由を欠き、社会通念上相当であると</u>
　<u>認められないとき</u>

使用者は、従前の有期労働契約の労働条件と<u>同一内容の労働条件</u>で申込みを承諾したものとみなされる

- -

▶ 19条　有期労働契約の更新等（「雇止め法理」の法定化）

「雇止め」とは、有期労働契約において使用者が更新を拒否し、契約期間の満了により雇用が終了することである。労契法19条は、最高裁判例により確立された、一定の場合に雇止めを無効とする「雇止め法理」を法定化したものである。

▶「雇止め法理」の判断ポイント

「雇止め法理」は、①有期労働契約の反復更新により、その雇止めが無期労働契約の解雇と社会通念上同視できると認められる労働契約、②有期労働契約の期間満了後の雇用継続について、労働者に合理的期待が認められる労働契約のいずれかに該当するものが対象となる。

①、②に該当するか否かについては、有期労働契約期間中のあらゆる事情（雇用の臨時性・常用性、更新の回数、雇用の通算期間、契約期間管理の状況、雇用継続の期待を持たせる使用者の言動の有無など）を総合的に勘案し判断される。

①、②のいずれかに該当し、かつ、（a）労働者が契約期間の満了日までに有期労働契約の更新の申込みをした場合、もしくは（b）労働者が契約期間の満了後遅滞なく有期労働契約の締結の申込みをした場合に、雇止めが客観的に合理的な理由を欠き、社会通念上相当であると認められないときは、雇止めが無効となり、使用者は従前の有期労働契約の労働条件と同一の労働条件で当該申込みを承諾したものとみなされる。

なお、雇止め等をめぐるトラブルの防止を図る観点から、厚生労働省は告示「有期労働契約の締結、更新、雇止め等に関する基準」を策定・公表している。

パートタイム・有期雇用労働法①

均等・均衡待遇規定―考慮要素と求められる待遇―

	9条・均等待遇規定 (差別的取扱いの禁止)	8条・均衡待遇規定 (不合理な待遇差の禁止)
考慮要素	①職務内容(業務内容+責任の程度) ②職務内容・配置の変更の範囲(人事異動の有無またはその範囲等の人材活用の仕組み・運用など) ③その他の事情(職務の成果、能力、経験、合理的な労使の慣行等)	
求められる待遇	・通常の労働者と考慮要素①、②が同一であれば、<u>同一の待遇</u>が求められる	・考慮要素①、②、③を考慮して、通常の労働者との<u>バランスの取れた待遇</u>が求められる

　パートタイム・有期雇用労働法は、同一企業内における正規雇用労働者と有期雇用等労働者の間の不合理な待遇差の解消(いわゆる「同一労働同一賃金」)を目的とした規定を置いている(施行は大企業が2020年4月、中小企業が2021年4月)。同法は、パートタイム労働者の均等・均衡待遇を規定したパートタイム労働法に、労働契約法20条に規定されていた「有期雇用労働者の均衡待遇規定」を移管し、不合理性の判断基準を明確化したものである。

▶ 均等・均衡待遇の確保(9条・8条)

　均等待遇規定(9条)は、通常の労働者の待遇とパートタイム労働者・有期雇用労働者の待遇について、①職務の内容(業務内容等)、②職務の内容・配置の変更の範囲(人材活用の仕組み・運用等)が同一である場合に、同一の待遇を求める規定である(差別的取扱いの禁止)。

　均衡待遇規定(8条)は、通常の労働者の待遇とパートタイム労働者・有期雇用労働者の待遇について、①職務の内容、②職務の内容・配置の変更の範囲、③その他の事情(職務の成果、能力、経験、合理的な労使の慣行等)を考慮して、不合理と認められる相違を設けることを禁止するものであり、バランスのとれた待遇とすることが求められる(不合理な待遇の禁止)。

　同法の同一労働同一賃金ガイドラインでは、基本給や賞与、諸手当等の個別待遇ごとに、不合理性判断における原則となる考え方や具体例を示している。なお、家族手当、退職手当や住宅手当等は、ガイドラインに記載されていない。こうした待遇についても不合理な待遇差の解消が求められる点に留意が必要である。

　均衡待遇規定を巡っては裁判例が多数出ている。裁判例を参考にしつつ、例えば、有期雇用労働者に対し賞与を支給していない場合の見直しや、5年以上継続勤務している有期雇用労働者への病気休暇の付与、扶養手当の支給の検討など、それぞれの制度等の性質に照らして、自社の通常の労働者との待遇のバランスを図る必要がある。

待遇の相違の説明における比較対象とする「通常の労働者」選定の考え方

優先順位	基本的な考え方	職務の内容		職務の内容・配置の変更の範囲
		業務の内容	責任の程度	
1	「職務の内容」および「職務の内容・配置の変更の範囲」が同一	同一	同一	同一
	⬇ いない場合			
2	「職務の内容」は同一であるが、「職務の内容・配置の変更の範囲」は異なる	同一	同一	異なる
	⬇ いない場合			
3	「職務の内容」のうち、「業務の内容」または「責任の程度」のいずれかが同一	同一	異なる	同一/異なる
		異なる	同一	
	⬇ いない場合			
4	「業務の内容」および「責任の程度」がいずれも異なるが、「職務の内容・配置の変更の範囲」が同一	異なる	異なる	同一
	⬇ いない場合			
5	「業務の内容」、「責任の程度」、「職務の内容・配置の変更の範囲」がいずれも異なる	異なる	異なる	異なる

出典：厚生労働省「不合理な待遇差解消のための点検・検討マニュアル」をもとに経団連事務局にて作成

▶ 事業主の待遇に関する説明責任の強化（14条）

　事業主はパートタイム労働者や有期雇用労働者を雇入れる際、待遇内容等に関する説明を行う義務を負う。労働者から求めがあった場合には、比較対象となる通常の労働者との間の待遇の相違の内容・理由等に関する説明をしなければならない。また、法の実効性を担保するため、労働者が説明を求めたことを理由に不利益な取扱いを行うことは禁止されている。

　待遇の相違についての説明にあたって、まず、事業主が、説明を求めた労働者と職務の内容等が最も近い通常の労働者（無期雇用フルタイム労働者）を選定する。その上で、両者の待遇の相違について、賃金表やその他の待遇の実施基準に基づき、具体的に説明することが求められる。例えば、比較対象者との間で、基本給や賞与、諸手当等の支給に相違がある場合に、「雇用形態が違うから」「将来の役割期待が異なるから」といった主観的・抽象的な理由の説明だけでは法違反を問われる可能性がある。

　説明の方法は、当該労働者がその内容を理解できるよう、就業規則や賃金表などの資料を活用しながら、口頭により説明することが基本となる。

▶ 行政による裁判外紛争解決手続の整備

　有期雇用等労働者の救済手段として、都道府県労働局長による紛争解決援助や調停会議による調停など行政ＡＤＲ（原則として無料の裁判外紛争解決手続）が整備されており、パートタイム労働者・有期雇用労働者ともに利用することができる。

職業安定法（1）概要と改正内容

1．職業安定法による業の規制

注：1．網掛けは 2022 年改正で新たに定義。
出典：1．2．厚生労働省資料をもとに経団連事務局にて作成

2．2022 年改正の主な内容

改正の個別論点	改正内容
(1) 雇用仲介事業者の実態把握	①定義を変更し、依頼を受けずに募集情報を提供する事業者も募集情報等提供事業者として法的に位置付け ②求職者の情報を収集する募集情報等提供事業者に対し、届出制を導入 ③募集情報等提供事業者に対し、事業情報の公開を努力義務化
(2) 募集情報等の的確性・最新性	①職業紹介事業者、求人者、募集情報等提供事業者等に対し、募集情報等について、虚偽または誤解を生じさせる表示を禁止 ②求人者に対し、募集情報等を正確・最新に保つことを義務化 ③事業者に対し、募集情報、求職者情報等を正確・最新に保つための措置を講じることを義務化
(3) 個人情報の保護	①募集情報等提供事業者に対し、個人情報の利用目的の明示を義務化 ②募集情報等提供事業者に対し、個人情報保護法に関する規定を適用 ③個人情報の取扱いに関して、本人同意をとる方法の明確化
(4) 苦情処理	①募集情報等提供事業者に対し、適切かつ迅速に苦情を処理するために必要な体制整備を義務付け

▶ 職業安定法の概要

　職業安定法（1947 年制定）は、求人者と求職者のマッチングに向け、効率的で信頼性が高いセーフティーネットを備えた労働市場を官民の協働により構築することを目的としている。同法は、公共職業安定所（ハローワーク）における職業紹介・職業指導、地方公共団体が行う職業紹介に加え、民間事業者による有料・無料の職業紹介や労働者の募集、募集情報等提供事業、労働者供給事業、労働者派遣事業に関して規定している。具体的には、募集・求人時の労働条件等の明示方法や個人情報の保護等、官民共通のルールをはじめ、職業紹介事業や募集の委託に関する許可要件、職業紹介事業者が徴収できる手数料、指導監督等の行政の役割等について定めている。

▶ 2022 年改正の主な内容

　ＩＣＴ等の普及を背景に多様化する雇用仲介事業者が依拠すべきルールを明らかにし、利用者が安心してサービスを利用できる環境を整備するとともに、より機動的・効率的な労働市場を実現することを目的に同法の改正が行われ、2022 年 10 月に施行された。

　改正により雇用仲介事業者の実態把握のため、募集情報等提供の定義が拡大された。例えば、ＡＩを活用したクローリング（ネット上の公表情報を収集する行為）などにより、求人者等から依頼を受けずに募集情報等を提供するサービスは、募集情報等提供に該当するとされる。求職者情報を収集する募集情報等提供事業者を「特定募集情報等提供事業者」と定義して、届出制を導入する。また、募集情報等提供事業者に対し、個人情報保護法の規定を適用するほか、①事業情報公開の努力義務、②個人情報の利用目的の明示義務、③適切かつ迅速に苦情を処理するために必要な体制整備等の義務を課す。

　雇用仲介サービスを利用する求人企業には、雇用仲介事業者に提供する求人情報等の正確性や最新性の担保が義務付けられる。求人企業が義務を履行するためには、募集情報等を変更・終了した場合の掲載の速やかな変更・終了や、募集情報等の時点の明示などが求められる。

職業安定法（2）労働条件の明示

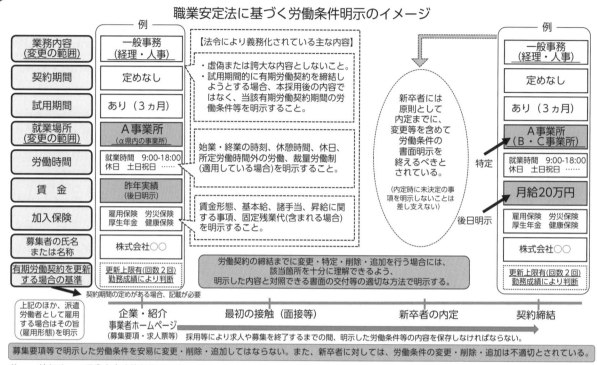

職業安定法に基づく労働条件明示のイメージ

注：下線部分は、職業安定法施行規則の改正（2024年4月1日）により追加される予定の事項。
出典：厚生労働省資料をもとに経団連事務局にて作成

▶ 労働条件等の明示義務

　職業安定法は、労働者を募集する企業や職業紹介事業者等に対し、可能な限り速やかに、原則書面交付による求職者・応募者への業務内容や賃金等の労働条件明示を義務付けている。省令改正により2024年4月1日から、①従事すべき業務の変更の範囲、②就業場所の変更の範囲、③有期労働契約を更新する場合の基準に関する事項（通算契約期間または更新回数の上限を含む）が明示事項として追加される。求人票のスペースが足りないなどやむを得ない場合、労働条件の一部を別途明示することも可能である。

　募集にあたって提示した労働条件等について、変更・特定・削除・追加（以下、変更等）を行う場合には、該当箇所を適切な方法で明示する義務がある。同法の指針では、具体的な方法として、①変更等を行う前と後の内容を対照できる書面の交付、②労働契約時の労働条件通知書で該当箇所を下線等で強調、③変更等の内容の注記等が例示されている。

▶ 求人申込みにかかる留意点

　募集要項や求人票の内容は、契約締結時の労働条件とされることが多い。そのため、求人企業等は、ハローワークや職業紹介事業者等に求人を申し込んだ際の労働条件に変更等が生じたときは、その内容を速やかに伝え、求人票に反映することが求められる。また、新卒者の募集や求人については、変更等があった場合も含めて、原則として内定時までに労働条件等の書面明示を終えるべきとされている。求人企業等が、求人メディア等により募集情報等を提供する段階において、労働条件として明示することとされている事項を可能な限り当該情報に含めることが望ましいとされている点にも留意が必要である。

指導監督と罰則

		指針 指導・助言 申告 報告・検査	改善命令	勧告	公表	虚偽の広告・条件の 提示に対する罰則
募集	文書・直接委託募集者	○	○	—	○	○
	委託募集受託者	○	○	—	—	○
職業紹介事業	紹介事業者	○	○	—	—	○
	求人者	○	—	○	○	○
労働者供給事業	供給事業者	○	○	—	—	○
	供給依頼者	○	—	○	○	—
募集情報等提供事業	提供事業者	○	◎	—	—	◎

- ・文書募集とは、労働者を雇用しようとする企業等が、新聞や雑誌等の刊行物に掲載する広告等により労働者を募集すること。インターネットを利用した募集も含む。
- ・直接募集とは、文書募集以外の方法で行うもの。文書・直接募集ともに、実施にあたっての規制はなく自由に行うことができる。
- ・委託募集とは、自社の社員以外に委託して労働者を募集することであり、委託を行う者が許可や届出を行う必要がある。

注：◎は 2022 年 10 月施行の改正法による措置、○は従来からの措置、—は対象外。
出典：厚生労働省資料をもとに経団連事務局にて作成

指導監督と罰則の整備

職業安定法は、2018 年の改正によって、職業紹介を利用する求人者への指導監督や罰則の規定が強化され、同法に基づく指針や指導・助言、申告、報告徴収・立入検査の対象となった。また、ハローワークや職業紹介事業者等に虚偽の内容で求人の申込みを行った求人者が罰則の対象とされたほか、労働条件の明示義務等の違反に対して厚生労働大臣が勧告できる仕組みが設けられた。改善命令に従わない募集者や勧告に従わない求人者を対象にした公表制度も開始された。

さらに、これまで指導監督の対象外であった募集情報等提供事業に関するルールも規定された。同法では、労働者の適切な職業選択に向けて必要な措置を講じることなどを努力義務とした上で、指針において、苦情処理体制の整備や個人情報の適正管理、不適切な募集情報への対応などが定められた。

2022 年改正による指導監督・罰則にかかる変更点

2022 年 10 月に施行された改正法（41 頁参照）により、新たな形態の求人メディア等を含めた多様な雇用仲介サービスが法的に位置付けられたことで、募集情報等提供事業者は、現行の助言・指導に加え、改善命令等の指導監督の対象とされた。とりわけ、特定募集情報等提供事業者については、事業の実態を把握するために届出制が導入され、より迅速な指導監督が可能となったことで、適切な事業運営の確保が図られることとなった。

さらに、募集情報等提供事業者も虚偽の広告・条件の提示に対する罰則の対象とされる。特定募集情報等提供事業者においては、所定の届出をせずに特定募集情報等提供事業を行った場合も罰則の対象となる点に留意が必要である。

職業安定法（4）求人不受理

求人不受理の対象条項、対象となるケース等

対象条項	不受理の対象となるケース	不受理期間
【労働基準法】 ・男女同一賃金　・強制労働の禁止 ・労働条件の明示　・賃金　・労働時間 ・休憩、休日、年次有給休暇 ・年少者の保護　・妊産婦の保護	・1年間に2回以上同一条項の違反について是正勧告を受けている場合	違反が是正されるまでの期間 ＋ 6ヵ月
	・違法な長時間労働を繰り返している企業として公表された場合	
【最低賃金法】 ・最低賃金	・対象条項違反により送検され、公表された場合	原則として 送検後1年間
【職業安定法】 ・労働条件等の明示 ・求人等に関する情報の的確な表示（2022年10月1日から対象となる） ・求職者等の個人情報の取扱い　・求人の申込み時の報告 ・委託募集　・労働者募集にかかる報酬受領・供与の禁止 ・労働争議への不介入　・秘密を守る義務 【男女雇用機会均等法】 ・性別を理由とする差別の禁止 ・出産等を理由とする不利益取扱いの禁止 ・セクシュアルハラスメントに関する雇用管理上の措置 ・妊娠中、出産後の健康管理措置 【育児・介護休業法】 ・育児休業、介護休業等の申出があった場合の義務、不利益取扱いの禁止 ・所定外労働等の制限 【労働施策総合推進法】 ・パワーハラスメントに関する雇用管理上の措置	・法違反の是正を求める勧告に従わず公表された場合	違反が是正されるまでの期間 ＋ 6ヵ月

出典：厚生労働省資料をもとに経団連事務局にて作成

▶ 求人不受理制度の概要

　ハローワークや職業紹介事業者等は、原則として、求人の申込みはすべて受理しなければならないとされている。ただし、就職後のトラブルを未然に防ぐため、①内容が法令に違反する求人、②労働条件が通常に比べて著しく不適当な求人、③一定の労働関係法令に違反した求人者による求人、④労働条件が明示されていない求人、⑤暴力団員等による求人、のいずれかに該当する場合は、求人の申込みを受理しないことが可能である。

　そこで、ハローワークや職業紹介事業者等は、求人の申込みが①〜⑤に該当しないかを確認するため、求人企業に対し自己申告を求めることができる。自己申告を求められた求人企業が正当な理由なく、その求めに応じなかった場合は求人不受理の対象となる。

▶ 違反した場合に求人不受理となる法令等

　上記③の対象となる具体的な条項としては、労働基準法の「賃金」「労働時間」等、最低賃金法の「最低賃金」に加え、職業安定法の「労働条件等の明示」等、男女雇用機会均等法の「セクシュアルハラスメントに関する雇用管理上の措置」等、育児・介護休業法の「育児休業、介護休業等の申出があった場合の義務、不利益取扱いの禁止」等、労働施策総合推進法の「パワーハラスメントに関する雇用管理上の措置」など多岐にわたる。

　不受理の対象となるケースとして、労働基準法および最低賃金法では、①1年間に2回以上、同一条項の違反で是正指導を受けた場合、または、②違反で送検・公表された場合、その他の法律については、法違反の是正を求める勧告に従わず公表された場合である。不受理期間は、違反が是正されるまでの期間に加え、是正後6ヵ月が経過するまでの期間である。ただし、労働基準法および最低賃金法の②送検・公表の場合は、原則として送検後1年間が不受理期間となる。

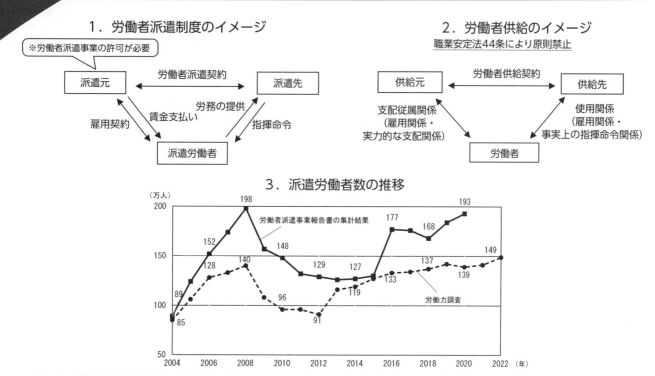

1．労働者派遣制度のイメージ

※労働者派遣事業の許可が必要

派遣元　──労働者派遣契約──　派遣先

雇用契約　賃金支払い　労務の提供　指揮命令

派遣労働者

2．労働者供給のイメージ
職業安定法44条により原則禁止

供給元　──労働者供給契約──　供給先

支配従属関係
（雇用関係・実力的な支配関係）

使用関係
（雇用関係・事実上の指揮命令関係）

労働者

3．派遣労働者数の推移

（万人）
労働者派遣事業報告書の集計結果：198（2008）、152、148、177、168、193、129、127、133、137、139
労働力調査：85、89、128、140、96、91、119、149

注：3．労働者派遣事業報告書の集計結果のうち、2021年および2022年分は未公表（2023年6月末時点）。
出典：3．厚生労働省「労働者派遣事業報告書の集計結果」、総務省「労働力調査」

Ⅱ
労働法制

制度の概要

　労働者派遣制度とは、派遣事業者（派遣元）が、自己の雇用する労働者を、派遣契約を締結した派遣先の指揮命令の下で業務に従事させるものである。本制度は、労働市場の重要な需給調整機能と位置付けられ、法に基づく許可を受けた派遣元が行う労働者派遣事業に限り、職業安定法で原則禁止している労働者供給（自己と支配・従属関係にある労働者を他人の指揮命令を受けて労働に従事させること）の例外とされている。

　労働力調査によると、派遣労働者数は、2008年をピークに、リーマン・ショック以降大幅に落ち込んだが、深刻な人手不足を背景として2013年には増加に転じ、2022年は過去最多（149万人）となった。なお、派遣労働者が雇用者全体に占める割合（2022年）は約2.5%、有期雇用等労働者全体でみると約7.1%である。

禁止業務と期間制限の変遷

　労働者派遣法は、港湾運送業務、建設業務、警備業務、医療関連業務など、労働者派遣を原則禁止とする業務を定めている。2021年4月1日から、へき地における看護師等の人手不足を背景に、へき地の医療機関に限り、看護師等の労働者は派遣が可能となった。

　また、常用代替防止の観点から、派遣可能期間についての制限を定めている。2003年の改正で、専門26業務の期間制限は撤廃、自由化業務（専門26業務以外）は最長3年とされたが、期間制限をめぐっては、専門26業務と自由化業務の線引きにつき、派遣先、派遣元、労働局の間で見解に齟齬が生じやすく、現場での混乱が問題となった。2015年の法改正で専門26業務は撤廃され、派遣元と派遣労働者の契約形態に着目し期間制限を課す仕組みに改めた。

Ⅱ-10　労働者派遣法（2）期間制限

事業所単位と個人単位の期間制限のイメージ

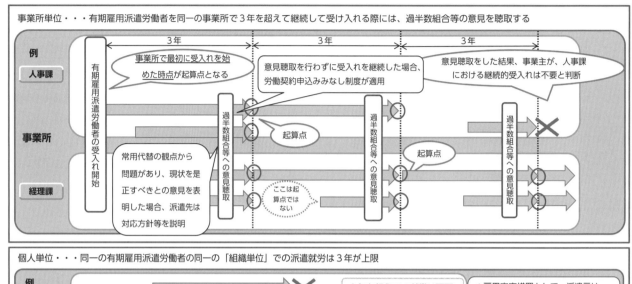

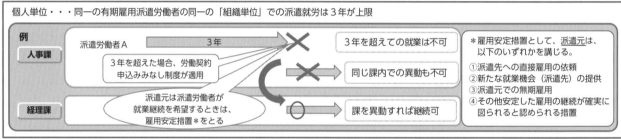

「事業所単位」と「個人単位」の期間制限

派遣元で無期雇用の派遣労働者は期間制限の対象外となる一方、有期雇用の派遣労働者には「事業所単位」と「個人単位」という２種類の期間制限が課される。

事業所単位の期間制限は、同一の事業所で３年を超えて有期雇用派遣労働者を継続して受け入れる場合には、３年が経過する１ヵ月前までに過半数労働組合（ない場合は過半数代表者）から意見聴取をしなければならないというものである。過半数組合等から受入れ反対や是正すべき点等の意見が表明された場合には、３年が経過する前日までに対応方針を説明しなければならない。なお、ここでいう事業所とは、雇用保険の適用事業所と同一である。

個人単位の期間制限とは、同一の有期雇用派遣労働者を同一の組織単位で３年を超えて受け入れることができないというものである。組織単位とは、業務としての類似性や関連性がある組織であり、かつ、その組織の長が業務配分や労務管理上の指揮命令監督権限を有するものと定義されており、課、グループ相当の組織が想定されている。組織単位を変えて派遣労働者を受け入れる場合は、事業所単位の期間制限が延長されていることが前提となる。

これらの期間制限に違反して有期雇用派遣労働者を受け入れた場合、労働契約申込みみなし制度（次頁参照）が適用され、違反すると派遣先が当該派遣労働者に労働契約の申込みをしたものとみなされる。その派遣労働者が承諾する旨の意思表示をすると、労働契約が成立することとなる。とりわけ事業所単位の期間制限に抵触した場合は、抵触日以降に当該事業所で受け入れているすべての有期雇用派遣労働者に効果が及ぶ点に留意が必要である。

II 労働法制

労働契約申込みみなし制度

○以下①〜④の違法派遣が行われた時点で、派遣先が当該派遣労働者に、違法行為の時点における派遣元と派遣労働者との間と同一内容の労働契約の申込みをしたものとみなす。ただし、派遣先が善意無過失の場合を除く。

①派遣労働者を禁止業務（港湾運送業務、建設業務、警備業務、医療関連業務等）に従事させた場合
②無許可の派遣元から労働者を受け入れた場合
③派遣可能期間（「事業所単位」と「個人単位」）を超えて労働者を受け入れた場合
④いわゆる偽装請負等の場合（請負等の名目で、派遣契約を締結せずに労働者を受入れ、指揮命令した場合）

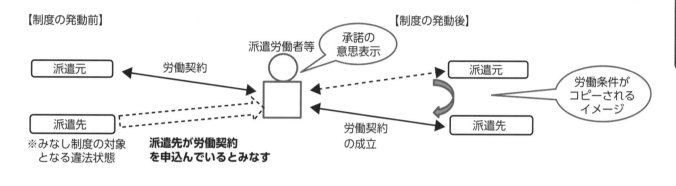

▶ 派遣労働者の雇用安定やキャリアアップ等に向けた措置

　派遣元企業には、派遣労働者の雇用の安定やキャリアアップ等に向けた措置が義務付けられている。

　雇用安定措置として、同一の組織単位に継続して3年間の派遣が見込まれる有期雇用派遣労働者が就業継続を希望した場合に、派遣元は、①派遣先への直接雇用依頼、②新たな派遣先の提供（合理的なものに限る）、③派遣元での無期雇用、④安定した雇用の継続が確実に図られる措置のいずれかを講じることが義務付けられている。また、派遣先は、同一組織単位の同一業務に、継続して1年以上有期雇用派遣労働者を受け入れた場合で、かつ、派遣期間が経過した日以降にその業務に従事させるために労働者を雇用しようとする場合は、その派遣労働者を遅滞なく雇い入れるよう努めなければならない。

　キャリアアップに関しては、派遣元に対し、計画的な教育訓練および希望者へのキャリアコンサルティングの実施が義務付けられている。なお、派遣先には、派遣労働者の担当業務に密接した教育訓練を自社の労働者に実施する場合、希望する派遣労働者に対しても当該訓練を実施するよう配慮すること等が求められている。

　2021年の省令改正では、派遣元に対し、派遣労働者への教育訓練およびキャリアコンサルティングの内容について、雇入れ時の説明が義務付けられた。さらに、派遣元は、継続就業を希望する有期雇用派遣労働者への雇用安定措置にあたっては、前述①〜④についての希望を聴取し、その結果を派遣元管理台帳に記載することが義務付けられた。いずれも、雇用安定やキャリアアップ措置についての運用改善を図るものである。

派遣労働者の待遇決定方式の規定（2つの方式から選択制）

① 派遣先労働者との均等・均衡方式（原則）

派遣先

情報提供
（義務）

派遣元

- 同種の業務に従事する労働者の賃金等の待遇に関する情報
※提供した情報に変更があった場合も同様

- 派遣先労働者との均等・均衡のとれた派遣労働者の賃金等を決定
- 派遣先からの情報提供がない場合、労働者派遣契約を締結してはならない
- 派遣先からの情報は、派遣元の秘密保持義務規定の対象

② 派遣元の労使協定による待遇決定方式

派遣元

労使協定
の締結

派遣元の
派遣労働者等

≪労使協定に求められる3要件≫
①同種の業務に従事する一般の労働者の賃金水準と同等以上であること
②段階的・体系的な教育訓練による派遣労働者の職務の内容・職務の成果・能力・経験等の向上を公正に評価し、その結果を勘案した賃金決定を行うこと
③賃金以外の待遇について派遣元事業者に雇われている正社員の待遇と比較して不合理でないこと
※給食施設、休憩室、更衣室の利用は、派遣先でなければ実質的な意義を果たせないため、適用除外の対象外

▶ 均等・均衡待遇規定の整備

　正規雇用労働者と派遣労働者の間の不合理な待遇差の禁止が規定された。パートタイム・有期雇用労働法（39頁参照）と同様に均等・均衡待遇規定を適用し、派遣労働者の待遇決定の方法については、①派遣先労働者との均等・均衡方式（原則）と②派遣元の労使協定による待遇決定方式の選択制となった。①の場合、派遣先には派遣先労働者の待遇に関する情報提供義務が課され、派遣元には、派遣先からの情報提供がない場合の労働者派遣契約の締結が禁止される。②の場合、派遣労働者の十分な保護が図れるよう、一定の要件を満たす労使協定を派遣元労働者の過半数労働組合（または過半数代表者）と締結する必要がある。②の締結手続きや内容に不備がある場合は法違反となり、原則である①が適用される。

▶ 派遣労働者の待遇に関する説明義務の強化

　派遣労働者の雇入れ時、派遣時、派遣労働者から求めがあった場合、それぞれにおいて、比較対象となる労働者との待遇差の内容やその理由等の説明が派遣元に義務付けられた。なお、派遣労働者が説明を求めたことを理由とする不利益取扱いは禁止されている。

▶ 行政による裁判外紛争解決手続の整備等

　派遣労働者と派遣元あるいは派遣先との間のトラブルを早期に解決するため、派遣労働者においても、行政ＡＤＲ（裁判外紛争解決手続）の利用が可能となった。
　また、雇用形態による不合理な待遇差の解消に向けて、同一労働同一賃金ガイドラインが策定され、2020年4月の法施行にあわせて適用された。

労働者派遣法（5）実務における留意点

事業主が実施すべき実務の流れ

派遣先均等・均衡方式

①比較対象労働者の待遇情報提供（派遣先）
※派遣先から提供された情報を派遣元が利用する場合、目的は均等・均衡待遇の確保等の目的の範囲に限られ、秘密保持義務の対象となる。

②派遣労働者の待遇の検討・決定（派遣元）

③派遣料金の交渉（派遣先は派遣料金の配慮）

④労働者派遣契約の締結（派遣元・派遣先）

⑤派遣労働者に対する説明（派遣元）
雇入れ時：待遇情報の明示・説明
派遣時：待遇情報の明示・説明/就業条件の明示

派遣元労使協定方式

①労使協定における賃金決定の基準となる局長通達の確認

②労使協定の締結（派遣元）
③労使協定の周知（派遣元）
労働者に対する周知／行政への報告

④比較対象労働者の待遇情報提供（派遣先）
※派遣法40条2項の教育訓練、40条3項の福利厚生施設（給食施設・休憩室・更衣室）に限る。

⑤派遣料金の交渉（派遣先は派遣料金の配慮）

⑥労働者派遣契約の締結（派遣元・派遣先）

⑦派遣労働者に対する説明（派遣元）
雇入れ時：待遇情報の明示・説明
派遣時：待遇情報の明示・説明/就業条件の明示

【求めに応じて下記の対応】
労働者から派遣元に求めがあった場合：○比較対象労働者との待遇の相違等の説明（派遣先均等・均衡方式の場合）／○労使協定の内容を決定するにあたって考慮した事項等の説明（派遣元労使協定方式の場合）

派遣元から派遣先に求めがあった場合：○派遣先労働者に関する情報等の追加提供の配慮

注：労使協定に定めた事項を遵守していない場合は、派遣元労使協定方式は適用されず、派遣先均等・均衡方式となる。

▶ 双方で情報提供が不可欠

派遣労働者の待遇決定に際しては、派遣先が①派遣先均等・均衡方式、②派遣元労使協定方式の2つの待遇決定方式のうち、どちらを採用するかを決定した上で、それに合った方式を採っている派遣元をみつけ、派遣元、派遣先それぞれが必要な情報を提供し合うことが不可欠となる。留意点として、派遣先均等・均衡方式の場合は、「業務の内容」「責任の程度」および「配置の変更範囲」により比較対象労働者を選定し、派遣元に提供する賃金等の待遇情報を整理した上で、提供した情報の管理や、変更があった際の対応について、派遣契約にどのように盛り込むかを検討する必要がある。なお、派遣先から情報提供がない場合は、派遣元は労働者派遣契約を締結することはできない。派遣元労使協定方式の場合は、派遣元が適切な労使協定を締結しているかどうかを確認しておく必要がある。また、各方式ともに、派遣元が派遣労働者の公正な待遇を確保できるよう、派遣先は派遣料金の交渉における配慮義務がある。当該義務を尽くしていない場合は、行政からの指導・助言の対象となり得る。

▶ 制度改正への対応

近年、労働者派遣制度の改正が頻繁に行われている。2020年には、正規雇用労働者と派遣労働者の間の不合理な待遇差の禁止、直近の2021年には、雇用安定やキャリアアップ等に向けた改正が行われた。ポイントは派遣労働者を受け入れる派遣先の義務にも触れている点である。派遣元だけでなく、派遣先においても最新の改正内容を正しく把握した上で、実務担当者間で十分なコミュニケーションをとり、適切な運用が求められる。

障害者雇用促進法（1）概要

1. 民間企業における障害者雇用率の推移

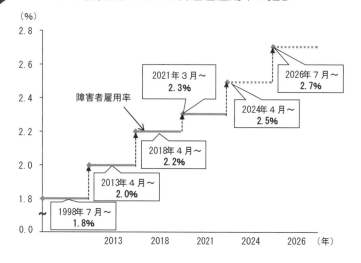

2. 納付金制度の概要

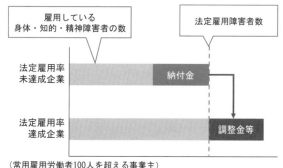

（常用雇用労働者100人を超える事業主）

・ 納付金は不足1人当たり月額5万円
・ 納付金（約367億円）を原資に下記を支給

[調整金]　約213億円
　　　　　常用労働者数100人超の事業主
　　　　　超過1人当たり月額2.9万円
[報奨金]　約53億円
　　　　　常用労働者数100人以下の事業主
　　　　　超過1人当たり月額2.1万円
[助成金]　約4億円

出典：厚生労働省資料をもとに経団連事務局にて作成

▶「雇用率制度」と「納付金制度」による障害者雇用の推進

　障害者雇用促進法は、雇用義務などに基づく雇用促進や職業リハビリテーションの措置などを通じて、障害者の職業の安定を図ることを目的としている。障害者雇用の推進にあたっては「雇用率（法定雇用率）制度」と「納付金制度」が大きな役割を担っている。

　雇用率制度は、常用労働者数に対して一定率以上の障害者の雇用義務を課す制度であり、民間企業における法定雇用率は2.3％、法定雇用率の対象となる事業主の範囲は43.5人以上となっている（2023年7月現在）。また、納付金制度は、障害者雇用に伴う企業間の経済的負担を調整することを目的として、常用労働者100人超の雇用率未達成企業から納付金（不足1人当たり原則月5万円）を徴収する一方で、達成企業に対しては調整金（超過1人当たり月2.9万円）や報奨金（同2.1万円）、各種助成金を支給する仕組みである。

▶ 法定雇用率の段階的引上げと給付金制度の見直し

　法定雇用率は、所定の算定式に基づいて原則5年ごとに見直される。今回の見直しでは、法定雇用率が2024年4月に2.5％（現行2.3％）へ、さらに2026年7月から2.7％へと段階的に引き上げることとされた。また、調整金や報奨金は、給付金財政の安定確保のため、2022年に成立した改正法に基づき、2024年4月より支給方法が見直されることとなった。具体的には、調整金は支給対象人数が10人を超える場合、超過人数分への支給額が2.3万円（現行額比6,000円減）となり、報奨金は支給対象人数が35人を超える場合、超過人数分への支給額が1.6万円（同5,000円減）となる。

Ⅱ-11　障害者雇用促進法(2)改正法の概要

改正法の概要

項目	改正内容	施行日
1．多様な障害者の就労ニーズを踏まえた働き方の推進		
（1）短時間労働者の雇用率算定 [障害者雇用促進法 70・71 条]	・週 10 時間以上 20 時間未満の身体障害者（重度）、知的障害者（重度）、精神障害者を、特例的に実雇用率の算定対象（1 人 0.5 カウント）に加える	2024 年 4 月 1 日
（2）精神障害者の算定特例の延長 [省令]	・精神障害者である短時間労働者の実雇用率算定に関して、週 20 時間以上 30 時間未満の短時間労働者を 1 人 1 カウント（本来 0.5 カウント）とする特例を当分の間継続する	2023 年 4 月 1 日以降も継続
2．障害者雇用の質の向上の推進		
（3）障害者雇用調整金・報奨金の支給（納付金財政の安定確保） [法 50 条]	・調整金・報奨金の支給方法を見直し、一定数を超える場合超過人数分の単価を引き下げる	2024 年 4 月 1 日
（4）助成金の新設・拡充 [法 49 条]	・コンサルティングを行う事業者等から相談を受けることで障害者雇用を促進する事業主に対し助成する ・中高年齢障害者の雇用継続のため事業主が支援する取組みに対し助成する	
（5）事業主の責務の明確化 [法 5 条]	・事業主に対して、障害者の雇用後も、キャリア形成の支援を含めて適正な雇用管理をより積極的に行うことを求める	2023 年 4 月 1 日
3．その他		
（6）除外率の引下げ [省令]	・廃止に向けて段階的に引き下げ、縮小することとされている除外率について、一律に 10 ポイント引き下げる ※ 障害者の就業が一般的に困難と認められる業種について、雇用する障害者数を計算する際、除外率に相当する労働者数を控除する制度	2025 年 7 月 1 日

▶ 改正障害者雇用促進法の概要

　障害者の多様な就労ニーズを踏まえた働き方の推進などを目的とした障害者雇用促進法等の改正法案が 2022 年 12 月に可決・成立し、2023 年 4 月 1 日以降、順次施行されている。

　改正法の主な内容として、まず、長時間の勤務が難しい障害者に対する労働ニーズを満たすことを目的に、現行の雇用率制度では対象外である週所定労働時間 10 時間以上 20 時間未満の精神障害者、重度身体障害者、重度知的障害者について、特例的に実雇用率の算定対象（1 人 0.5 カウント）とすることが可能となる。

　また、週所定労働時間 20 時間以上 30 時間未満の精神障害者について、その職場定着を図ることを目的として特例的に 1 人 1 カウント（本来 0.5 カウント）としている措置については、当分の間継続される。

　このほか、障害者雇用の質の向上策として、調整金や報奨金の支給方法の見直し（前頁参照）、企業が実施する職場環境の整備や能力開発に向けた助成金の新設・拡充などが行われる。加えて、雇用の質の向上に向け、「職業能力の開発及び向上に関する措置」が事業主の責務（障害者雇用促進法 5 条）として法律上明記された。また、廃止に向けて段階的に縮小している除外率は、2025 年 7 月から一律 10 ポイント引き下げられることが決まっている。

合理的配慮の実施に向けた適正な手続き

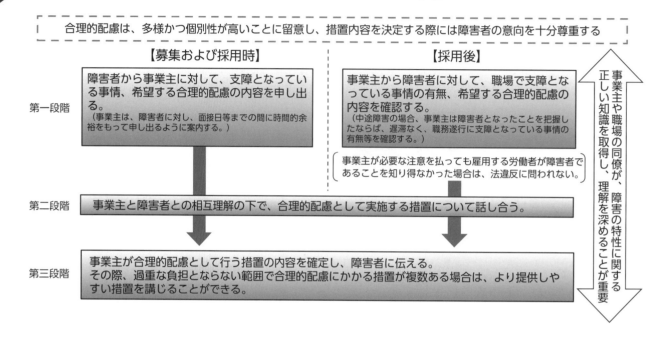

合理的配慮は、多様かつ個別性が高いことに留意し、措置内容を決定する際には障害者の意向を十分尊重する

【募集および採用時】 ・ 【採用後】

第一段階　障害者から事業主に対して、支障となっている事情、希望する合理的配慮の内容を申し出る。
（事業主は、障害者に対し、面接日等までの間に時間的余裕をもって申し出るように案内する。）

第一段階　事業主から障害者に対して、職場で支障となっている事情の有無、希望する合理的配慮の内容を確認する。
（中途障害の場合、事業主は障害者となったことを把握したならば、遅滞なく、職務遂行に支障となっている事情の有無等を確認する。）

事業主が必要な注意を払っても雇用する労働者が障害者であることを知り得なかった場合は、法違反に問われない。

第二段階　事業主と障害者との相互理解の下で、合理的配慮として実施する措置について話し合う。

第三段階　事業主が合理的配慮として行う措置の内容を確定し、障害者に伝える。
その際、過重な負担とならない範囲で合理的配慮にかかる措置が複数ある場合は、より提供しやすい措置を講じることができる。

事業主や職場の同僚が、障害の特性に関する正しい知識を取得し、理解を深めることが重要

▶「障害者差別禁止指針」と「合理的配慮指針」の概要

　障害者雇用促進法では、すべての事業主を対象に、①障害者であることを理由とする不当な差別的取扱いの禁止、②障害者が職場で働くにあたっての支障を改善する措置（合理的配慮）の実施が義務化されている。事業主には、厚生労働省が示した「障害者差別禁止指針」および「合理的配慮指針」に加え、同指針のQ＆A（第二版）等を十分に踏まえた適切な取組みが求められる。

　障害者差別禁止指針では、募集・採用、賃金、配置、昇進、降格、教育訓練等の各場面において、障害者であることを理由とする排除や、障害者に限って不利な条件とすること等が差別（直接差別であり、間接差別は含まれない）に該当するとしている。一方で、積極的差別是正措置として障害者を有利に取り扱うことや、労働能力を適正に評価した結果として異なる取扱いを行うことなどは不当な差別に該当しないと明記している。

　合理的配慮指針では、事業主に、障害者との相互理解の下で話し合い、「過重な負担」にならない範囲で必要な改善措置（例：施設整備）の提供を求めている。過重な負担の判断は、事業主が、事業活動への影響の程度、実現困難度、費用・負担の程度など6つの要素を総合的に勘案しながら個別に行う。また、指針の別表には具体的な措置が例示されているが、障害者の事情や職場の実態によって合理的配慮の内容が異なることに留意する必要がある。

　事業主は、障害者の意向を十分に尊重しながら適切に対応するために、相談窓口の設置をはじめ、適正な手続きおよびプライバシー保護措置の整備（例：全労働者への一斉メール送信など画一的な方法による障害の有無の確認）など、社内体制を整え周知していくことが重要となる。その際、必要に応じて外部の専門機関と連携することが望まれる。

青少年雇用情報の３類型

分類		具体的な情報項目
①	募集・採用	過去３年間の新卒採用者数・離職者数
		過去３年間の新卒採用者の男女別人数
		平均勤続年数
②	職業能力の開発・向上	研修の有無および内容
		自己啓発支援の有無および内容
		メンター制度の有無
		キャリアコンサルティング制度の有無および内容
		社内検定等の制度の有無および内容
③	雇用管理	前年度の月平均所定外労働時間の実績
		前年度の有給休暇の平均取得日数
		前年度の育児休業対象者数および取得者数（男女別）
		役員および管理職に占める女性の割合

出典：厚生労働省資料をもとに経団連事務局にて作成

青少年の雇用の促進等に関する法律（若者雇用促進法）は、若者の適切な職業選択の支援や職業能力の開発・向上に関する措置などを総合的に講じることにより、雇用の促進等を図ることを目的とし、事業主、国・地方公共団体の責務や関係者相互の連携協力を定めている。同法における主な施策は以下のとおりである。

▼ 学校卒業見込者等への職場情報の提供

新規学卒者の卒業後３年以内の離職率が高止まりしていることから、ミスマッチによる早期離職を防ぐため、学校卒業見込者等の募集・求人を行う企業は、青少年雇用情報（①募集・採用、②職業能力の開発・向上、③雇用管理の３類型）を幅広く提供することが努力義務となっている。その上で、応募者等から情報提供の求めがあった場合には、３類型それぞれについて１つ以上の情報を提供しなければならない。どの項目を提供するかは企業の判断に委ねられているが、同法に基づき厚生労働大臣が定める指針では、学校卒業見込者等が具体的な項目の提供を求めた場合には、特段の事情がない限り、当該項目を提供することが望ましいとされている。

情報の提供方法としては、メールや書面、自社のホームページ、就職関連サイトへの掲載等が考えられる。

▼ ユースエール認定制度

同法では、若者の採用・育成に積極的で、雇用管理の状況等に関する基準を満たした中小企業（常時雇用する労働者300人以下）を厚生労働大臣が認定する「ユースエール認定制度」が設けられている。認定された企業には、ハローワークによる重点的なＰＲの実施や認定企業限定の就職面接会等への参加に加え、自社の商品や広告等に認定マークの使用が認められるなどのメリットがある。本制度の定着と認知度の向上により、優良な中小企業と若者とのマッチング促進が期待される。

職業能力開発促進法

1．公的職業訓練の概要

（1）公共職業訓練
①離職者訓練（無料）
・対　　象：ハローワークの求職者　主に雇用保険受給者
・訓練期間：概ね３ヵ月～２年
・訓練内容（例）：経理、介護サービス、情報処理、金属加工

②学卒者訓練（有料）
・対　　象：高等学校卒業未就職者等
・訓練期間：１年または２年
・訓練内容（例）：生産技術、電子情報技術、電気エネルギー制御

③在職者訓練（有料）
・対　　象：在職者
・訓練期間：概ね２～５日
・訓練内容（例）：機械加工、機械製図、建築、観光ビジネス

（2）求職者支援訓練（無料）
・対　　象：ハローワークの求職者　主に雇用保険を受給で
　　　　　　きない者
・訓練期間：２～６ヵ月
・訓練内容：
　基礎コース：多くの職種・業種に共通する基礎的能力を習
　　　　　　　得する訓練
　　　　　　　（例）ビジネスパソコン基礎、経理財務事務基礎
　実践コース：基礎的能力と特定の職種の職務に必要な実践
　　　　　　　的能力までを一括して習得する訓練
　　　　　　　（例）Webサイト制作、医療・調剤事務

2．公的職業訓練受講の流れ

求職申込・職業相談　→　受講申込み　→　面接・筆記試験等受験　→　選考結果通知　→　受講あっせん　→　ハロートレーニング受講

出典：１．２．厚生労働省資料をもとに経団連事務局にて作成

▶ 職業能力開発促進法の概要

　職業能力開発促進法は、「職業に必要な労働者の能力を開発し、及び向上させることを促進し、もつて、職業の安定と労働者の地位の向上を図るとともに、経済及び社会の発展に寄与すること」（１条）を目的とし、職業能力開発促進に向け、国や都道府県、事業主が取り組むべき措置等を定めている。同法や雇用保険法等に基づき、人材育成に関連する様々な公的職業訓練（ハロートレーニング）が行われる。2022年10月以降、地域の関係者・関係機関が参集する地域職業能力開発促進協議会が都道府県単位で組織された。地域の実情やニーズに即した公的職業訓練の設定・実施のほか、職業訓練効果の把握・検証等を行っている。

▶ 公的職業訓練の概要

　公的職業訓練は、キャリアアップや希望する就職を実現するために必要な職業スキルや知識の習得のための公的制度である。雇用保険（失業保険）を受給している求職者を主な対象とする「公共職業訓練」と、雇用保険を受給できない求職者を主な対象とする「求職者支援訓練」から構成されており、再就職を目指す失業中の人だけではなく、これから働こうとする人も受講可能である。受講料は基本的に無料（テキスト代等は自己負担）である。

　訓練コースには、事務系から建設・製造や介護サービスに至るまで多様な分野が設定されている。近年はデジタル推進人材の育成・確保に向け、デジタル分野の訓練・講座の拡充がなされている。実施主体は、公共職業訓練では、国（ポリテクセンター等）や都道府県（職業能力開発校等）、民間教育訓練機関等であり、求職者支援訓練では委託された民間教育訓練機関等となっている。受講者の６割以上を女性が占めており、託児サービス付きの訓練コースが用意されるなど、子育て世代の育児と職業訓練の両立支援が図られている。

Ⅱ-14　高年齢者雇用安定法

高年齢者雇用安定法における雇用・就業確保措置の概要

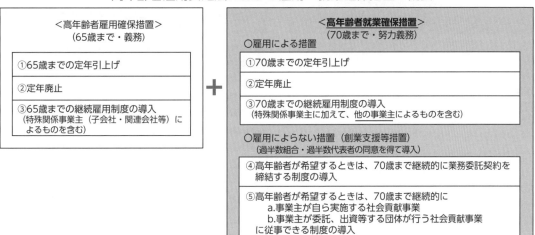

出典：厚生労働省資料をもとに経団連事務局にて作成

高年齢者雇用安定法（高齢法）は、高年齢者の安定した雇用の確保、多様な就業機会の確保等の措置を講じ、職業の安定等を図ることを目的としている。事業主には、65歳までの雇用確保措置の義務に加え、2021年4月から70歳までの就業確保措置が努力義務として課されている。

▶ 65歳までの雇用確保措置（義務）

事業主に対し、定年年齢を60歳未満とすることを禁止するとともに、公的年金の支給開始年齢引上げに伴い、無年金・無収入となる者を生じさせないため、①65歳までの定年引上げ、②定年廃止、③65歳までの継続雇用制度の導入のいずれかの雇用確保措置を講じることを義務付けている。ただし、継続雇用制度を導入し、2013年3月末までに対象者を限定する基準に関する労使協定を締結した企業では、厚生年金（報酬比例部分）の支給開始年齢に到達した高年齢者に対しては、2024年度まで対象者基準を用いることができる。

▶ 70歳までの就業確保措置（努力義務）

65歳から70歳までの就業確保措置（努力義務）として、雇用による措置（①70歳までの定年引上げ、②定年廃止、③70歳までの継続雇用制度の導入（他の事業主によるものを含む））と、雇用によらない創業支援等措置（④70歳まで継続的に業務委託契約を締結する制度の導入、⑤70歳まで継続的に社会貢献事業に従事できる制度の導入）のうち、いずれかを講じることとされている。このうち、創業支援等措置（④、⑤）のみによる場合には、労働者の過半数を代表する者等の同意を得た上で導入することが求められる。さらに、定年や事業主都合により70歳未満で退職する高年齢者について、事業主が再就職援助措置を講じる努力義務のほか、ハローワークへ多数離職届出を行う義務がある。また、政府からは、事業主に対する助成措置や相談体制などの充実、ハローワークや産業雇用安定センターによる再就職のマッチング機能強化といった支援も実施されている。

Ⅱ
労働法制

男女雇用機会均等法の概要

性別を理由とする差別の禁止等

- 募集、採用における性別にかかわりない均等な機会の付与（5条）
- 配置・昇進・降格・教育訓練等における性別を理由とする差別の禁止（6条）
- 間接差別の禁止（7条）
- 女性労働者についての措置に関する特例《ポジティブ・アクション》（8条）

【省令2条】
① 労働者の募集または採用にあたって、労働者の身長、体重または体力を要件とするもの
② 労働者の募集もしくは採用、昇進、または職種の変更にあたって、転居を伴う転勤に応じることができることを要件にすること
③ 労働者の昇進に当たり、転勤の経験があることを要件とすること

＊合理的な理由がない場合、間接差別として禁止

婚姻、妊娠・出産等を理由とする不利益取扱いの禁止（9条）

職場におけるセクシュアルハラスメント対策（11条）

職場における妊娠・出産等に関するハラスメント対策（11条の3）

母性健康管理の措置（12条、13条）

労働者と事業主との間に紛争が生じた場合の救済措置

- 苦情の自主的解決（15条）
- 紛争の解決の促進に関する特例（16条）
- 労働局長による紛争解決の援助（17条）
- 機会均等調停会議による調停（18条）

法施行のために必要がある場合の指導等

- 報告の徴収、助言、指導、勧告（29条）
- 勧告に従わない場合の企業名公表（30条）

男女雇用機会均等法（均等法）は、国連における「女子差別撤廃条約」の採択（1979年）とわが国の条約批准（1985年）に向けた国内法の整備により、「勤労婦人福祉法」（1972年制定）を改正する形で1985年に制定された。均等法の目的は、雇用の分野における男女の均等な機会および待遇の確保を図ることであり、労働者が性別により差別されることなく、また、女性労働者が母性を尊重されつつ、充実した職業生活を営むことができるようにすることを基本理念としている。

▶ 男女双方に対する差別の禁止

均等法は、募集・採用について、性別にかかわりなく均等な機会を付与することとしており、配置・昇進・降格・教育訓練、福利厚生、職種・雇用形態の変更等の措置において男女双方に対する差別を禁止している。さらに、①性別以外の事由を要件とする措置であって、②他の性の構成員と比較して、一方の性の構成員に相当程度の不利益を与えるものとして、省令2条で定める3つの措置を、③合理的な理由なく講じることを間接差別として禁止している。

▶ ポジティブ・アクション

男女双方に対する差別を禁止する一方で、差別禁止の対象となる措置であっても均等な機会と待遇の確保の支障となっている事情を改善することを目的として女性労働者に行う措置（ポジティブ・アクション）は、特例として認められており、法違反とはならない。

例えば、募集や採用に関し、総合職や一般職など各雇用管理区分でみて女性割合が4割を下回っている場合や、係長、課長、部長など特定の役職において女性割合が4割を下回っている場合に、女性のみを対象としたり、採用の基準を満たす者の中から男性より女性を優先して採用することができる。

セクシュアルハラスメント防止のために事業主が講ずべき措置（概要）

事業主の方針の明確化およびその周知・啓発
① セクシュアルハラスメントの内容およびセクシュアルハラスメントがあってはならない旨の方針を明確化し、管理監督者を含む労働者に周知・啓発する
② セクシュアルハラスメントにかかる性的な言動を行った者については、厳正に対処する旨の方針・対処の内容を就業規則等の文書に規定し、管理監督者を含む労働者に周知・啓発する
相談（苦情を含む）に応じ、適切に対応するために必要な体制の整備
③ 相談窓口をあらかじめ定め、労働者に周知すること
④ 相談窓口担当者が、内容や状況に応じ適切に対応できるようにすること。また、セクシュアルハラスメントが現実に生じている場合だけでなく、その発生の恐れがある場合やセクシュアルハラスメントに該当するか否か微妙な場合等であっても、広く相談に対応すること
職場におけるハラスメントへの事後の迅速かつ適切な対応
⑤ 事実関係を迅速かつ正確に確認すること
⑥ 事実確認ができた場合には、速やかに被害者に対する配慮の措置を適正に行うこと
⑦ 事実確認ができた場合には、行為者に対する措置を適正に行うこと
⑧ 再発防止に向けた措置を講じること
あわせて講ずべき措置
⑨ 相談者・行為者等のプライバシーを保護するために必要な措置を講じ、周知すること
⑩ 事業主に相談したこと、事実関係の確認に協力したこと、都道府県労働局の援助制度の利用などを理由として解雇その他不利益な取扱いをされない旨を定め、労働者に周知・啓発すること

出典：厚生労働省資料をもとに経団連事務局にて作成

　男女雇用機会均等法では、職場における性的な言動に起因する問題（セクシュアルハラスメント）に対して事業主が防止措置を講じることを義務付け、その具体的内容を指針で示している。

▶ 防止措置の対象となるセクシュアルハラスメントの類型

　職場におけるセクシュアルハラスメントには、①労働者の意に反する性的な言動に対して、拒否や抵抗を示したことにより、その労働者が解雇、降格、減給など労働条件について不利益を受ける「対価型」と、②性的な言動により就業環境が不快となったため、能力の発揮に重大な悪影響が生じる「環境型」がある。職場には、通常就業する場所に加えて、業務を遂行する場所であれば、出張先や取引先と打ち合わせするための飲食店（接待の席も含む）等も含まれる。行為者には、事業主、上司、同僚に限らず、取引先等の他社の事業主や雇用者、顧客、患者もなり得る。さらに異性だけでなく、同性に対する言動も対象となる点に留意が必要である。

▶ 事業主が講ずべき措置と望ましい取組み

　指針では、①事業主の方針の明確化と周知・啓発、②相談対応とそのために必要な体制の整備、③事後の迅速かつ適切な対応、④あわせて講ずべき措置の4つの柱の下、具体的内容として10項目が示されている。加えて、他の事業主が雇用する労働者へのセクシュアルハラスメントに関し、他の事業主からの事実確認等の依頼に協力する努力義務が規定されている。措置義務の対象は自社で雇用する労働者（派遣先における派遣労働者も含む）であるが、事業主が方針の明確化等を行う際には、他社の労働者、就職活動中の学生等の求職者等に対する言動についても同様の方針を示すこと、事業主（法人の場合はその役員）と労働者は、それらの人々に対する言動について必要な注意を払うよう努めることが望ましい旨が示されている。

Ⅱ
労働法制

妊娠・出産等に関するハラスメント防止措置の対象行為

【制度等の利用への嫌がらせ型】

対象となる制度または措置	対象となるハラスメントの典型例
① 産前休業 ② 母性健康管理措置 ③ 軽易な業務への転換 ④ 変形労働時間制での法定労働時間を超える労働時間の制限、時間外労働・休日労働の制限、深夜業の制限 ⑤ 育児時間 ⑥ 坑内業務および危険有害業務の就業制限	・ 労働者が、①制度等の利用の請求等をしたい旨を上司に相談したこと、②制度等の利用の請求等をしたこと、③制度等を利用したことにより、<u>上司がその労働者に解雇その他不利益な取扱いを示唆すること</u>
	・ 労働者が上司に対して、制度等の利用の請求に関する相談や制度利用の請求をした際、<u>上司がその労働者に請求をしないように言うこと、または請求を取り下げるように言うこと</u> ・ 労働者が同僚に対して、制度等の利用を請求したい旨を伝えた際、<u>同僚がその労働者に繰り返し、または継続的に請求をしないように言うこと</u> ・ 労働者が制度等の利用の請求をしたことに対し、<u>同僚がその労働者に繰り返しまたは継続的に請求等を取り下げるように言うこと</u>
	・ 労働者が制度等の利用をしたところ、<u>上司・同僚がその労働者に繰り返しまたは継続的に嫌がらせ等を行うこと</u>

【状態への嫌がらせ型】

対象となる事由	対象となるハラスメントの典型例
① 妊娠したこと ② 出産したこと ③ 産後の就業制限により就業できないこと、または産後休業をしたこと ④ 妊娠または出産に起因する症状により労務の提供ができないこと、またはできなかったこと、労働能率が低下したこと ⑤ 坑内業務もしくは危険有害業務の就業制限により業務に就くことができないこと、またはこれらの業務に従事しなかったこと	・ <u>上司が労働者に対し、解雇その他不利益な取扱いを示唆すること</u>
	・ <u>上司または同僚が労働者に対し、繰り返しまたは継続的に嫌がらせ等を行うこと</u> ※ 客観的に見て、女性労働者の能力の発揮や継続就業に重大な悪影響が生じるなど女性労働者が就業する上で看過できない支障が生じるようなものが該当

　男女雇用機会均等法では、事業主に対して、妊娠・出産等を理由とする解雇や降格等の不利益取扱いを禁止するとともに、職場における上司や同僚からの妊娠・出産等に関するハラスメントを防止する措置を講じることを義務付け、具体的内容を指針で示している。

▶ 防止措置の対象となる妊娠・出産等に関するハラスメントの類型

　上司または同僚から行われる、①産前休業や育児時間など妊娠や出産に関する制度利用に関する嫌がらせ、②妊娠や出産、つわりなどによる労働能率の低下などに対する嫌がらせが防止措置の対象となる。例えば、女性労働者が産前休業や深夜業の制限等の利用を請求した際、上司が解雇やその他の不利益な取扱いを1回でも示唆すると対象となる。また、同僚は、繰り返しあるいは継続的に当該言動を行った場合に対象となる。ただし、業務分担や安全配慮などの観点から、客観的に見て、業務上の必要性のある言動は、妊娠・出産等に関するハラスメントに該当しない。

　妊娠・出産等に関するハラスメント防止措置の保護対象は女性に限られており、育児休業や介護休業等の利用に関するハラスメントの防止措置とは異なる（男女とも対象）。

▶ 事業主が講ずべき雇用管理上の措置

　事業主が講ずべき措置は、概ねセクシュアルハラスメント防止措置と同様である。加えて、業務体制の整備などハラスメントの原因や背景となる要因を解消するための措置を講じる必要がある。また、望ましい取組みとして、妊娠・出産等をした労働者に対して、周囲と円滑なコミュニケーションを図りながら、自身の体調等に応じて適切に業務を遂行していく意識を持つことなどを周知・啓発することが示されている。

1．労働施策に関する基本方針の内容と目指す社会

労働者が能力を有効に発揮できるようにすることの意義	1．働き方改革の必要性 2．働き方改革推進に向けた基本的な考え方 3．本方針に基づく働き方改革の推進
労働施策に関する基本的な事項	1．労働時間の短縮等の労働環境の整備 2．均衡のとれた待遇の確保、多様な働き方の整備 3．多様な人材の活躍推進 4．育児・介護・治療と仕事との両立支援 5．人的資本の質の向上、職業能力評価の充実 6．転職・再就職支援、職業紹介等の充実 7．働き方改革の円滑な実施に向けた連携体制整備
その他の重要事項	1．下請取引に関する対策強化 2．生産性向上のための支援 3．職業意識の啓発・労働関係法令等に関する教育

【働き方改革の効果】
○労働参加率の向上
○イノベーション等を通じた生産性の向上
○企業文化・風土の変革
○働く人のモチベーションの向上
○賃金の上昇と需要の拡大
○職務の内容や職務に必要な能力等の明確化、公正な評価・処遇等

【目指す社会】
誰もが生きがいを持って、その能力を有効に発揮することができる社会

多様な働き方を可能とし、自分の未来を自ら創ることができる社会

意欲ある人々に多様なチャンスを生み出し、企業の生産性・収益力の向上が図られる社会

Ⅱ 労働法制

2．中途採用比率の公表

	内　容
対象企業	大企業（労働者数301人以上規模）
公表情報	採用者数に占める中途採用者数の割合（直近3ヵ年度分）
公表頻度・方法	概ね年に1回ホームページ等に公表（企業の採用ページ以外への掲載も可）
施行時期	2021年4月施行

▶ 労働施策総合推進法の概要

　労働施策総合推進法は、労働者の多様な事情に応じた雇用の安定および職業生活の充実ならびに労働生産性の向上を促進して、労働者の職業の安定と経済的社会的地位の向上とを図るとともに、経済および社会の発展ならびに完全雇用の達成に資することを目的としている。

　同法に基づいて、国は労働施策に関する基本方針を策定しなければならない。また、事業主は、労働者の募集および採用における年齢に制限されない均等な機会の提供、相当数の労働者が離職を余儀なくされると見込まれる場合の再就職援助計画の作成、外国人の雇用や離職の際に、氏名や在留期間等の規定事項に関する厚生労働大臣への届出等が求められる。

▶ 中途採用比率の公表

　転職を希望する人の就職活動に活かしてもらうことや、新卒一括採用以外の採用方法の検討を企業に促すことなどを通じて、求職者と企業のマッチングを促進させるために、中途採用比率の公表が義務付けられている。具体的には、従業員301人以上の大企業は、直近3ヵ年度分の採用者数に占める中途採用者の割合を1年に1回以上、ホームページなどで公表しなければならない。

　このほか、中高年齢者や就職氷河期世代の中途採用比率、中途採用後のキャリアパス・人材育成・処遇なども、自主的な公表が推奨されている（行政措置や罰則規定はない）。

パワーハラスメント指針の概要

職場におけるパワーハラスメントの内容

「職場におけるパワーハラスメント」は、①優越的な関係を背景とした言動であって、②業務上必要かつ相当な範囲を超えたものにより、③労働者の就業環境が害されるものであり、①〜③までの要素をすべて満たすもの

事業主の責務等

事業主と労働者は、他の労働者（取引先等の他社の労働者および求職者も含む）に対する言動に必要な注意を払うよう努める

事業主が雇用管理上講ずべき措置の内容

①事業主の方針等の明確化およびその周知・啓発、②相談（苦情を含む）に応じ、適切に対応するために必要な体制の整備、③事後の迅速かつ適切な対応、④プライバシーの保護、不利益取扱いの禁止等

職場におけるハラスメント防止のための望ましい取組み

◇　職場におけるパワーハラスメント問題に関する取組み
　　各種ハラスメントの一元的な相談体制の整備、職場のパワーハラスメントの原因や背景となる要因を解消するための取組み、同取組みへの労働者や労働組合の参加等
◇　事業主が雇用する労働者以外の者に対する言動に関する取組み
　　労働者以外の者（個人事業主、インターンシップを行っている者等）に対する言動に必要な注意を払うよう努める。職場のパワーハラスメントを行ってはならない旨の方針の明確化等を行う際に、これらの者に対する言動についても同様の方針を示す
◇　他の事業主の雇用する労働者等からのパワーハラスメントや顧客からの著しい迷惑行為に関する取組み
　　相談に応じ、適切に対応するために必要な体制の整備、被害者の配慮のための取組み、被害を防止するための取組み

　労働施策総合推進法は、職場のパワーハラスメントに対して、事業主が防止措置を講じることを義務付け、その具体的内容を指針で示している。

▶ 職場のパワーハラスメントの内容

　職場のパワーハラスメントとは、①優越的な関係に基づく、②業務上必要かつ相当な範囲を超えた言動により、③労働者の就業環境が害されるものであり、①から③までの3つの要素をすべて満たすものをいう。客観的に見て業務上必要かつ相当な範囲で行われる適正な業務指示や指導は、職場のパワーハラスメントに該当しない。②の判断にあたっては、当該言動の目的、業種・業態、当該言動の態様・頻度・継続性などの様々な要素を総合的に考慮する。③は平均的な労働者の感じ方を基準とする。

　身体的な攻撃、精神的な攻撃、人間関係からの切り離し、過大な要求、過少な要求、個の侵害といった代表的な6つの言動の類型ごとに例示がされているが、限定列挙ではなく、個別の事案の状況によって判断が異なることもある点に留意する必要がある。

▶ 措置義務の内容と望ましい取組み

　事業主が講ずべき雇用管理上の措置は、セクシュアルハラスメント防止措置等と同様であるが、保護する相談者・行為者等のプライバシーには、性的指向・性自認や病歴などの機微な個人情報も含まれる点に留意する必要がある。また、措置義務の対象ではないが、望ましい取組みとして、取引先からのパワーハラスメントや顧客などからの著しい迷惑行為に関する取組みなども示されている。

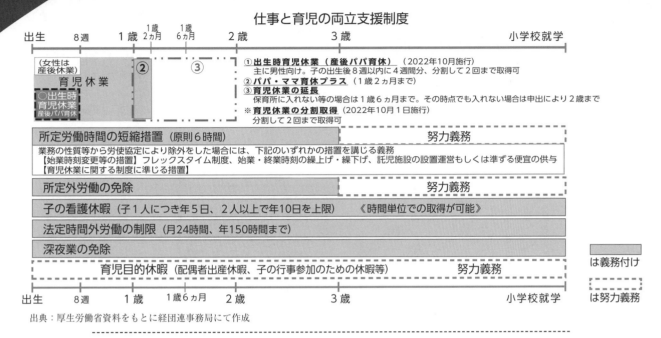

仕事と育児の両立支援制度

①**出生時育児休業（産後パパ育休）**（2022年10月施行）
　主に男性向け。子の出生後8週以内に4週間分、分割して2回まで取得可
②**パパ・ママ育休プラス**（1歳2ヵ月まで）
③**育児休業の延長**
　保育所に入れない等の場合は1歳6ヵ月まで。その時点でも入れない場合は申出により2歳まで
※**育児休業の分割取得**（2022年10月1日施行）
　分割して2回まで取得可

出典：厚生労働省資料をもとに経団連事務局にて作成

育児・介護休業法（育介法）は、労働者が職業生活と家庭生活の調和を図りつつ働き続けられる環境を整備し、仕事と家庭の両立支援を進めていくことを目的として1995年に制定された。以降、必要に応じて改正されている。

▶ 育児休業・子の看護休暇

育児休業は、子が1歳に達するまでの期間、子を養育する男女労働者の申出により休業することができる制度である。有期雇用労働者（日々雇用者を除く）は、申出の時点で、子が1歳6ヵ月までの間に契約が満了することが明らかでない場合に取得できる（2022年4月より「同一の事業主に雇用された期間が1年以上」の要件は廃止）。父母がともに育児休業を取得する場合には、配偶者が子の1歳到達日以前に育児休業を取得していることを要件に、特例として1歳2ヵ月に達するまで延長できる（パパ・ママ育休プラス）。また、保育所に入れないなど一定の要件を満たす場合には、申出により育児休業期間を1歳6ヵ月まで延長可能であり、延長期間が終了する時点でも保育所に入れない場合は、改めて申し出ることで2歳まで再延長できる。

事業主は、小学校就学前までの子を養育する労働者に対して、年5日（子が2人以上は年10日）の子の看護休暇を付与することが義務付けられている。時間単位の取得ができ（業務の性質等から取得が困難な場合、労使協定により対象から除外可能）、子の病気のほか、健康診断や予防接種等の事由でも取得できる。なお、有給とする必要はない。

▶ 所定労働時間の短縮・所定外労働の免除等

育介法は、事業主に、3歳に満たない子を養育する労働者が請求した場合に所定労働時間を原則6時間に短縮する措置を講じることや、所定外労働を免除することを義務付けている。

また、小学校就学前までの子を養育する労働者が請求した場合、法定時間外労働を月24時間・年150時間までに制限することや、深夜業を免除することを義務付けている。

育児・介護休業法(2)2021年改正概要

1. 主な改正点

1. 出生時育児休業（産後パパ育休）の創設［2022年10月1日施行］
2. 「育児休業を取得しやすい雇用環境整備」および「妊娠・出産の申出をした労働者に対する個別の周知・意向確認の措置」の義務付け
　　　［2022年4月1日施行］
3. 育児休業（出生時育児休業を除く育児休業）の分割取得（分割して2回まで取得可能）［2022年10月1日施行］
4. 常時雇用者数1,000人超の事業主を対象にした育児休業取得状況の公表義務付け［2023年4月1日施行］
5. 有期雇用労働者の育児・介護休業取得要件の緩和［2022年4月1日施行］
　・「事業主に引き続き雇用された期間が1年以上である者」の要件は廃止。ただし、労使協定を締結した場合、無期雇用労働者と同じく事業主に引き続き雇用された期間が1年未満である労働者を対象から除外することが可能

2. 育児休業取得パターン（イメージ）

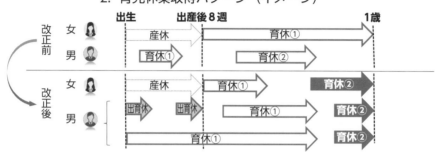

注：1.2.「出育休」とは「出生時育児休業」を指す。
出典：1.2. 厚生労働省資料をもとに経団連事務局にて作成

　出産・育児等による労働者の離職を防ぎ、希望に応じて男女ともに仕事と育児等を両立できるようにするため、子の出生直後の時期における柔軟な育児休業の枠組みの創設等を盛り込んだ育児・介護休業法の改正が行われた（2021年6月公布、2023年4月全面施行）。

▶ 主な改正のポイント

　女性の育児休業取得率は8割台で推移している一方、男性の取得率は、上昇傾向にはあるものの、依然として低水準（2010年度1.38%→2021年度13.97%）にある。こうした状況を踏まえ、男性の育児休業取得をさらに促進するため、主に男性を対象として、子の出生後8週以内に4週間分、分割して2回取得することができる出生時育児休業（産後パパ育休）が創設された（女性は子の出生後8週は産後休業が適用）。休業の申出期限は、「2週間前（育児休業は1ヵ月前）まで」が原則ではあるが、雇用環境整備に関する義務を上回る取組みの実施を労使協定で定めていれば、「1ヵ月前まで」とすることが可能となる。また、労使協定を締結した場合に限り、労働者と事業主が合意した範囲内で休業中の就業が可能となる（2022年10月施行）。もう1つのポイントは、「出生時育児休業や育児休業を取得しやすい雇用環境整備」および「妊娠・出産の申出をした労働者に対する個別の周知・意向確認の措置」が事業主に義務付けられたことである。前者は、育児休業の申出・取得を円滑にするための雇用環境整備として、①研修の実施、②相談体制の整備、③取得事例の収集および事例提供、④育児休業制度および取得促進方針の周知のうち、いずれか1つ以上の実施が義務となる。

　後者は、妊娠・出産（本人または配偶者）の申出をした労働者に対して、事業主から個別の制度周知および休業の取得意向を確認する必要がある。その方法は、面談や書面交付など複数の措置からいずれかを選択して行う。当然に、育児休業の取得を控えさせるような周知や意向確認をすることは認められない（2022年4月施行）。

　また、従業員1,000人を超える企業の事業主を対象として、「男性労働者の育児休業等の取得状況を年1回公表すること」が義務付けられた（2023年4月施行）。

育児・介護休業法（3）仕事と介護の両立支援

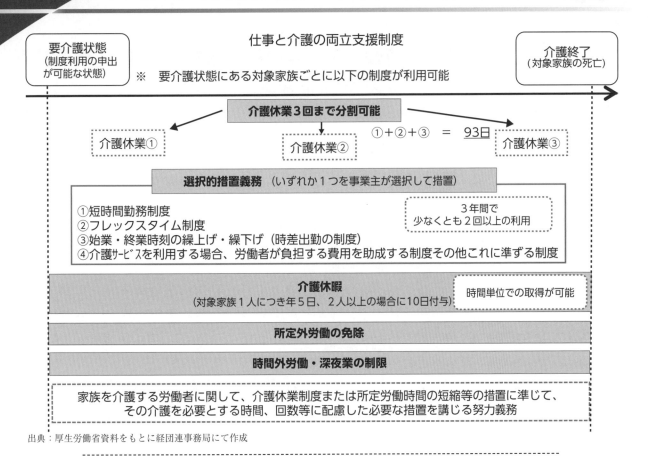

仕事と介護の両立支援制度

※ 要介護状態にある対象家族ごとに以下の制度が利用可能

| 要介護状態（制度利用の申出が可能な状態） | | 介護終了（対象家族の死亡） |

介護休業3回まで分割可能

介護休業①　　介護休業②　　①＋②＋③ ＝ 93日　　介護休業③

選択的措置義務 （いずれか1つを事業主が選択して措置）

①短時間勤務制度
②フレックスタイム制度
③始業・終業時刻の繰上げ・繰下げ（時差出勤の制度）
④介護サービスを利用する場合、労働者が負担する費用を助成する制度その他これに準ずる制度

3年間で少なくとも2回以上の利用

介護休暇
（対象家族1人につき年5日、2人以上の場合に10日付与）　時間単位での取得が可能

所定外労働の免除

時間外労働・深夜業の制限

家族を介護する労働者に関して、介護休業制度または所定労働時間の短縮等の措置に準じて、その介護を必要とする時間、回数等に配慮した必要な措置を講じる努力義務

出典：厚生労働省資料をもとに経団連事務局にて作成

Ⅱ
労働法制

▶ 仕事と介護の両立支援─介護休業・介護休暇制度

　介護休業は、介護の体制を構築するための緊急対応措置として位置付けられ、3回まで分割して、通算93日取得できる。要介護状態の家族の介護をする労働者が対象となる。

　有期雇用労働者（日々雇用者を除く）については、従来、申出時点で、①同一の事業主に雇用された期間が1年以上であること、②休業開始予定日から起算して93日を経過する日から6ヵ月を経過する日までにその労働契約が満了することが明らかでないことの双方が必要とされていた。しかし、2022年4月に①の要件が廃止され、②に該当すれば取得できることとなった。

　また、日常的な介護ニーズに対応するものとして、事業主は、対象家族1人につき年5日（2人以上の場合は年10日）の介護休暇を付与することが義務付けられており、時間単位での取得が可能である。なお、労使協定により1時間単位での取得が困難な業務に従事する労働者を対象から除外することができる。子の看護休暇と同様に有給とする必要はない。加えて、事業主は、短時間勤務制度やフレックスタイム制度などの措置を講じなければならず、制度の利用開始日から3年間で2回以上の利用ができるようにすることが求められる（選択的措置義務）。さらに、労働者の請求権として介護終了までの間の所定外労働の免除がある。

▶ 対象家族の範囲

　仕事と介護の両立支援制度を利用できる要介護状態の対象家族は、配偶者、父母、子、配偶者の父母、祖父母、兄弟姉妹および孫であり、同居の有無は問わない。

女性活躍推進法

事業主の取組み内容

自社の女性の活躍に関する状況把握・目標設定			
取組み内容　　常時雇用労働者数	301 人以上	101 人～300 人以下	100 人以下【努力義務】
1．自社の女性の活躍に関する状況把握、目標設定　　※常時雇用労働者数 301 人以上の事業主は「男女の賃金の差異」に関する状況把握も必須			
2．数値目標を定めた行動計画の策定、社内周知、情報公表	・①②の区分ごとに 1 項目以上（計 2 項目以上）を選択し、それに関連する数値目標を定めた行動計画を策定　①女性労働者に対する職業生活に関する機会の提供　②職業生活と家庭生活との両立に資する雇用環境の整備（計 8 項目から選択）	①②の全 24 項目から、1 つ以上の数値目標を定めた行動計画を策定	①②の全 24 項目から、1 つ以上の数値目標を定めた行動計画を策定
3．行動計画を策定した旨の都道府県労働局への届出			
4．取組みの実施、効果の測定			
自社の女性の活躍に関する情報公表			
2022 年 7 月より「男女の賃金の差異」（男性の賃金に対する女性の賃金の割合）が追加　※開示区分は、「全労働者 / 正規雇用労働者 / 非正規雇用労働者」が必須			
取組み内容　　常時雇用労働者数	301 人以上	101 人～300 人以下	100 人以下【努力義務】
	・「男女の賃金の差異」（必須）に加えて、①②の区分ごとに 1 項目以上を選択し、計 3 項目以上を公表　①女性労働者に対する職業生活に関する機会の提供　②職業生活と家庭生活の両立に関する雇用環境の整備	「男女の賃金の差異」を含む①②の全 16 項目から、1 項目以上を公表	「男女の賃金の差異」を含む①②の全 16 項目から、1 項目以上を公表

出典：厚生労働省ホームページをもとに経団連事務局にて作成

女性活躍推進法は、女性の個性と能力が十分に発揮できる社会の実現を目的として、民間事業主（一般事業主）等における女性の活躍推進に関する責務を定めた法律である（2026 年 3 月末までの時限立法）。

▶ 一般事業主行動計画と省令改正

事業主は、省令で定める状況把握項目のうち、①女性採用比率、②女性管理職比率、③平均勤続年数の男女差、④労働時間の状況の基礎項目をもとに、必要に応じて選択項目も活用しながら、自社の女性活躍に関する状況把握と課題分析を行い、その結果を踏まえて「一般事業主行動計画」を策定しなければならない。その際、計画期間や数値目標、取組み内容、取組みの実施時期を盛り込む必要がある。計画策定後は、社内周知と外部への公表、計画を作成した旨の都道府県労働局への届出が義務付けられている。

さらに同法は、自社の女性の活躍状況に関し、省令で定める項目の中から事業主が適切と考えるものを自社のホームページや厚生労働省の「女性活躍推進企業データベース」等で公表する必要があるとしている。数値目標設定数や情報公表項目数は、常時雇用労働者数 301 人以上と 300 人以下で異なるため留意が求められる。なお、2022 年 7 月の省令改正により、常時 301 人以上の労働者を雇用する事業主に対し、「男女の賃金の差異」（割合）が情報公表の項目に追加され、公表することが義務付けられた。

▶ 認定制度（えるぼし、プラチナえるぼし）

行動計画の策定・届出後、女性の活躍推進に関する状況等が優良な企業は、都道府県労働局への申請により、厚生労働大臣の認定（評価を満たす項目数に応じて 3 段階のえるぼし認定）を受けられる。特に優良な企業を認定する特例認定（プラチナえるぼし）を受けた企業は、女性活躍推進の取組み状況を公表することにより、行動計画の策定が免除される。

次世代育成支援対策推進法（1）概要

行動計画策定の流れ

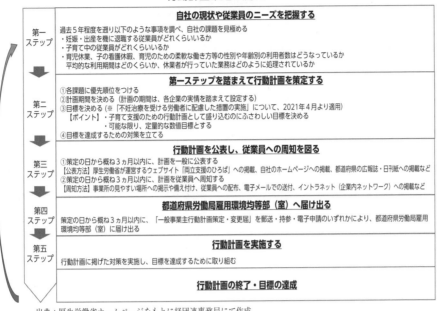

第一 ステップ	**自社の現状や従業員のニーズを把握する** 過去5年程度を遡り以下のような事項を調べ、自社の課題を見極める ・妊娠・出産を機に退職する従業員がどれくらいいるか ・子育て中の従業員がどれくらいいるか ・育児休業、子の看護休暇、育児のための柔軟な働き方等の性別や年齢別の利用者数はどうなっているか 　平均的な利用期間はどのくらいか、休業者が行っていた業務はどのように処理されているか
第二 ステップ	**第一ステップを踏まえて行動計画を策定する** ①各課題に優先順位をつける ②計画期間を決める（計画の期間は、各企業の実情を踏まえて設定する） ③目標を決める（※「不妊治療を受ける労働者に配慮した措置の実施」について、2021年4月より適用） 【ポイント】・子育て支援のための行動計画として盛り込むのにふさわしい目標を決める 　　　　　　・可能な限り、定量的な数値目標とする ④目標を達成するための対策を立てる
第三 ステップ	**行動計画を公表し、従業員への周知を図る** ①策定の日から概ね3ヵ月以内に、計画を一般に公表する 【公表方法】厚生労働省が運営するウェブサイト「両立支援のひろば」への掲載、自社のホームページへの掲載、都道府県の広報誌・日刊紙への掲載など ②策定の日から概ね3ヵ月以内に、計画を従業員へ周知する 【周知方法】事業所の見やすい場所への掲示や備え付け、従業員への配布、電子メールでの送付、イントラネット（企業内ネットワーク）への掲載など
第四 ステップ	**都道府県労働局雇用環境等部（室）へ届け出る** 策定の日から概ね3ヵ月以内に、「一般事業主行動計画策定・変更届」を郵送・持参・電子申請のいずれかにより、都道府県労働局雇用 環境均等部（室）に届け出る
第五 ステップ	**行動計画を実施する** 行動計画に掲げた対策を実施し、目標を達成するために取り組む
	行動計画の終了・目標の達成

出典：厚生労働省ホームページをもとに経団連事務局にて作成

◤ 次世代育成支援対策推進法の概要

　次世代育成支援対策推進法は、わが国における急速な少子化の進行等を踏まえ、次代の社会を担う子どもが健やかに生まれ、育成される環境の整備を図るために2005年4月に制定された。具体的には、次世代育成支援対策の基本理念を定めるとともに、国による行動計画策定指針や地方公共団体および事業主による行動計画の策定等の支援対策を迅速かつ重点的に推進するために必要な措置を講じることが定められている。10年間の時限立法であったが、2014年改正により、2025年3月31日まで延長された。

◤ 一般事業主行動計画

　常時101人以上の従業員を雇用する事業主は、仕事と子育ての両立に向けた雇用環境の整備や多様な労働条件の整備等を進める「一般事業主行動計画」を策定・公表し、従業員へ周知するとともに、都道府県労働局へ策定した旨の届出（行動計画の添付は不要）が義務付けられている（101人未満の事業主は努力義務）。

　一般事業主行動計画は、事業主が従業員の仕事と子育ての両立を図るための雇用環境の整備や、子育てをしていない従業員も含めた多様な労働条件の整備等に取り組むに当たり、①計画期間、②目標、③目標を達成するための対策の内容と実施時期を具体的に盛り込んで策定する必要がある。

　厚生労働省のホームページには、企業の状況に応じた様々なモデル行動計画が掲載されており、仕事と子育ての両立を図る内容としては、短時間勤務制度の導入や子の看護休暇制度の拡充等が例示されている。また、多様な労働条件の整備としては、勤務間インターバル制度の導入やテレワークの促進等が挙げられている。なお、計画の策定にあたっては、有期雇用労働者も取組みの対象に含まれることに留意が必要である。

II
労働法制

認定基準等の改正および新しい認定制度の創設

くるみん：認定基準とマークの改正
①男性の育児休業等の取得に関する基準の改正
【男性の育児休業等取得率】10％以上
【男性の育児休業等・育児目的休暇取得率】20％以上

②認定基準の追加
男女の育児休業等取得率等を厚生労働省ウェブサイト「両立支援のひろば」で公表すること

プラチナくるみん：認定基準の改正
①男性の育児休業等の取得に関する基準の改正
【男性の育児休業等取得率】30％以上
【男性の育児休業等・育児目的休暇取得率】50％以上

②女性の就業継続に関する基準の改正
出産した女性労働者および出産予定だったが退職した女性労働者のうち、子の一歳時点在職者割合：70％

新たな認定制度：トライくるみん
認定基準
【男性の育児休業等取得率】7％以上
【男性の育児休業等・育児目的休暇取得率】15％以上

【不妊治療と仕事の両立に関する認定制度：プラスマーク】
トライくるみん、くるみん、プラチナくるみんの一類型として、不妊治療と仕事を両立しやすい職場環境整備に取り組む企業の認定制度「プラス」の創設
（認定基準の一部抜粋）
以下の（1）～（4）をいずれも満たしていること
（1）次の①および②の制度を設けていること
　　①不妊治療のための休暇制度（多様な目的で利用することができる休暇制度や利用目的を限定しない休暇制度を含み、年次有給休暇は含まない）
　　②不妊治療のために利用することができる、半日単位・時間単位の年次有給休暇、所定外労働の制限、時差出勤、フレックスタイム制、短時間勤務、テレワークのうちいずれかの制度
（2）不妊治療と仕事の両立に関する方針を示し、講じている措置の内容とともに社内に周知していること
（3）不妊治療と仕事の両立に関する研修その他の不妊治療と仕事の両立に関する労働者の理解を促進するための取組みを実施していること
（4）不妊治療を受ける労働者からの不妊治療と仕事の両立に関する相談に応じる担当者を選任し、社内に周知していること

出典：厚生労働省ホームページをもとに経団連事務局にて作成

▶ 認定制度の改正と新たな認定制度の創設

　企業は、一般事業主行動計画の期間終了後、その取組みが一定の基準を満たす場合には、申請により「子育てサポート企業」として厚生労働大臣の認定（トライくるみん認定・くるみん認定）、特例認定（プラチナくるみん認定）を受けることができる。

　2022年4月1日から、認定制度が改正され、既存の認定基準（くるみん、プラチナくるみん）が引き上げられるとともに、新たな認定制度（トライくるみん）が創設された。くるみんは認定基準とマークが改正され、プラチナくるみんは認定基準が改正された。プラチナくるみん認定企業は、一般事業主行動計画の策定・届出が免除される代わりに、少なくとも毎年1回、両立支援の取組み実績を公表しなければならない。新設のトライくるみんの認定基準は、改正前のくるみんと同じであり、トライくるみん認定を受けていれば、くるみん認定を受けていなくても基準を満たせば直接プラチナくるみん認定を受けられる。なお、初めて認定を申請する場合、トライくるみんもしくはくるみんを申請することとなる。

▶ 不妊治療と仕事の両立に関する認定制度

　トライくるみん、くるみん、プラチナくるみんの一類型として、不妊治療と仕事を両立しやすい職場環境整備に取り組む企業に対する新たな認定制度「プラス」が創設された。それぞれ「トライくるみんプラス」「くるみんプラス」「プラチナくるみんプラス」と表記される。

▶ 「両立支援のひろば」

　厚生労働省が運営するウェブサイト「両立支援のひろば」では、一般事業主行動計画を公表する「一般事業主行動計画公表サイト」のほか、自社の両立支援の取組み状況を踏まえて一般事業主行動計画を作成できる「両立診断サイト」、企業や労働者に役立つ情報など、職場で両立支援を進めるための各種情報が検索・閲覧できる。

Ⅱ-20　外国人技能実習法

外国人技能実習制度の概要

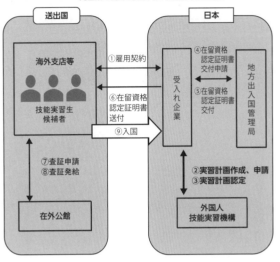

【団体監理型】非営利の監理団体（事業協同組合、商工会等）が技能実習生を受入れ、参加の企業等で技能実習を実施

【企業単独型】日本の企業等が海外の現地法人、合弁企業や取引先企業の職員を受け入れて技能実習を実施

注：外国人技能実習機構による調査を経て、主務大臣が団体を許可
出典：法務省・厚生労働省資料をもとに経団連事務局にて作成

外国人技能実習法の制定

　外国人技能実習制度は、わが国が先進国としての役割を果たしつつ国際社会との調和ある発展を図っていくため、技能、技術または知識の開発途上地域等への移転を図り、開発途上地域等の経済発展を担う「人づくり」に協力することを目的とし、1993年に制度化された。技能実習生の受入れ方式は、企業が自社の現地法人等の職員を受け入れる「企業単独型」と、事業協同組合や商工会など、非営利の監理団体が受け入れ、傘下の企業で実施する「団体監理型」がある。

　技能実習制度では、一部で労働関係法令の違反等が見られたことから、制度の適正な実施および技能実習生の保護を目的に、外国人技能実習法（2017年11月施行）が制定された。同法に基づき、監理団体や事業実施者に対する管理監督体制の強化の観点から、①監理団体の許可制・実習実施者の届出制、②技能実習計画の認定制が導入された。監理事業を行おうとする者は、外国人技能実習機構（以下、機構）に申請し、審査を受けた上で、法務大臣・厚生労働大臣による監理団体としての許可を得なければならない。また、実習実施者は、技能実習生ごとに技能実習計画を策定の上、機構に申請し、認定を受けなければならない。一方、優良な監理団体および実習実施者の下で技能実習を行う場合には、技能実習第1号（1年間）、技能実習第2号（2年間）に加え、新たに技能実習第3号（2年間）の在留資格が与えられ、計5年間の技能実習が可能である。

特定技能制度とあわせた制度のあり方の検討

　現在、技能実習制度は、外国人材の受入れ・共生に関する関係閣僚会議の下に設置された「技能実習制度及び特定技能制度の在り方に関する有識者会議」において、特定技能制度（次頁参照）とあわせて、制度の施行状況の検証や課題の洗い出し、外国人材を適正に受け入れる方策等の検討が進められている。

在留資格「特定技能」

1. 就労が認められる在留資格の技能水準

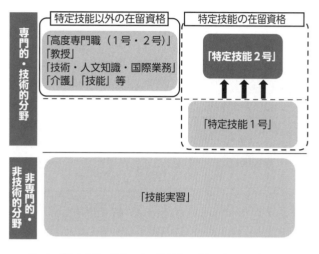

2. 在留資格「特定技能」で受け入れる人材

	特定技能1号	特定技能2号
技能水準	相当程度の知識または経験を必要とする技能	熟練した技能
日本語能力水準	ある程度日常会話ができ、生活に支障がない程度を基本とし、業務上必要な日本語能力	--
在留期間	通算で5年を上限	在留期間の更新が必要
家族の帯同	基本的に不可	可能

注：1．「特定技能1号」による外国人の受入れ分野は、介護、ビルクリーニング、素形材・産業機械・電気電子情報関連製造業、建設、造船・船用工業、自動車整備、航空、宿泊、農業、外食業の12分野。「特定技能2号」は、介護を除く11分野で受入れ可能。
　　　2．技能水準および日本語能力水準については、分野所管行政機関が定める試験等で確認（特定技能1号は、技能実習2号修了の場合に試験免除）。
出典：1．2．法務省の公表資料をもとに経団連事務局にて作成

在留資格の概要

　政府は、2019年4月に在留資格「特定技能」を創設した。これは、中小・小規模事業者をはじめとした深刻化する人手不足への対応のため、生産性向上や国内人材の確保のための取組みを行ってもなお人材を確保することが困難である産業分野において、一定の専門性・技能を有し、即戦力となる外国人を受け入れる仕組みを構築することを目的としたものである。具体的な受入れの対象となる特定産業分野は、2023年6月時点で12分野とされている（ただし、特定技能2号は11分野で受入れ可）。

受入れ企業の役割等

　特定技能外国人を雇用する受入れ企業は、①適切な雇用契約の締結（例：外国人の報酬額が日本人と同等以上）、②受入れ機関自体が適切であること（例：5年以内に出入国・労働法令違反がないこと）、③外国人を支援する体制があること（例：外国人が理解できる言語で支援できる）、④外国人を支援する計画が適切であること（例：生活オリエンテーションの実施）といった基準を満たさなければならない。さらに、支援計画を作成し、当該計画に基づいた支援の確実な履行と出入国在留管理庁への各種届出等が求められる。支援の対象となるのは特定技能1号の外国人であり、特定技能2号の外国人についての支援義務はない。

　具体的な支援の内容としては、生活オリエンテーションをはじめ、非自発的離職時の転職支援などが必要とされている。なお、これらの支援については、出入国在留管理庁長官の登録を受けた登録支援機関に委託することも可能である。

最低賃金法（1）概要と地域別最低賃金

1．地域別最低賃金額改定の流れ

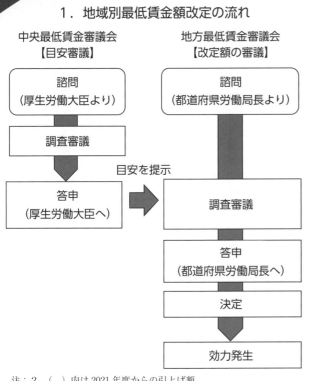

中央最低賃金審議会【目安審議】

諮問（厚生労働大臣より）
↓
調査審議
↓
答申（厚生労働大臣へ）

目安を提示 →

地方最低賃金審議会【改定額の審議】

諮問（都道府県労働局長より）
↓
調査審議
↓
答申（都道府県労働局長へ）
↓
決定
↓
効力発生

2．2022年度地域別最低賃金額

都道府県	最低賃金額（円）		都道府県	最低賃金額（円）	
北海道	920	(31)	滋　賀	927	(31)
青　森	853	(31)	京　都	968	(31)
岩　手	854	(33)	大　阪	1,023	(31)
宮　城	883	(30)	兵　庫	960	(32)
秋　田	853	(31)	奈　良	896	(30)
山　形	854	(32)	和歌山	889	(30)
福　島	858	(30)	鳥　取	854	(33)
茨　城	911	(32)	島　根	857	(33)
栃　木	913	(31)	岡　山	892	(30)
群　馬	895	(30)	広　島	930	(31)
埼　玉	987	(31)	山　口	888	(31)
千　葉	984	(31)	徳　島	855	(31)
東　京	1,072	(31)	香　川	878	(30)
神奈川	1,071	(31)	愛　媛	853	(32)
新　潟	890	(31)	高　知	853	(31)
富　山	908	(31)	福　岡	900	(30)
石　川	891	(30)	佐　賀	853	(32)
福　井	888	(30)	長　崎	853	(31)
山　梨	898	(32)	熊　本	853	(31)
長　野	908	(31)	大　分	854	(32)
岐　阜	910	(30)	宮　崎	853	(32)
静　岡	944	(31)	鹿児島	853	(32)
愛　知	986	(31)	沖　縄	853	(33)
三　重	933	(31)	全国平均	961	(31)

注：2．（　）内は2021年度からの引上げ額。

�▶ 最低賃金制度の概要

　最低賃金制度は、最低賃金法を根拠として法的強制力を有し、賃金の最低額を保障することで労働条件の改善を図り、労働者の生活の安定や労働力の質的向上および事業の公正な競争の確保に資するとともに、国民経済の健全な発展に寄与することを目的としている（同法1条）。

　最低賃金には、都道府県ごとにその地域で働くすべての労働者とその使用者に適用される「地域別最低賃金」と、特定産業の基幹労働者とその使用者に限定して適用される「特定最低賃金」があり、一般的に最低賃金とは地域別最低賃金を指す。最低賃金の対象は、毎月支払われる基本的な賃金であり、時間外・休日割増賃金や賞与などは除外される。使用者には地域別最低賃金額以上の賃金を支払う義務があり、違反した場合は50万円以下の罰金に処せられるとともに、最低賃金額を下回る賃金を定めた労働契約は該当部分が無効となる。

▶ 2022年度の地域別最低賃金額改定の状況

　地域別最低賃金額は、中央最低賃金審議会が提示する目安（次頁参照）を参考に、公労使三者からなる各都道府県の地方最低賃金審議会が、当該地域における①労働者の生計費、②労働者の賃金、③通常の事業の賃金支払能力を考慮して審議した結果（答申）を、各都道府県労働局長が尊重して毎年度改定している。2022年度は、中央最低賃金審議会が「より早期に全国加重平均1,000円以上」を目指す政府方針や、足元の物価上昇等の影響も勘案し、30円または31円の引上げ目安を提示した。これを参考に、各地方最低賃金審議会で調査審議が行われ、各地域の引上げ額は、30〜33円で答申・決定された。その結果、全国加重平均は961円（引上げ額31円、引上げ率3.3%）となった。

最低賃金法(2)目安全協報告

目安のランク区分の見直し

ランク	2017 年度〜2022 年度	（適用労働者数の比率）
A	埼玉、千葉、東京、神奈川、愛知、大阪 （6都府県）	45.2%
B	茨城、栃木、富山、山梨、長野、静岡、三重、滋賀、京都、兵庫、広島 （11府県）	20.4%
C	北海道、宮城、群馬、新潟、石川、福井、岐阜、奈良、和歌山、岡山、山口、徳島、香川、福岡 （14道県）	21.0%
D	青森、岩手、秋田、山形、福島、鳥取、島根、愛媛、高知、佐賀、長崎、熊本、大分、宮崎、鹿児島、沖縄 （16県）	13.5%

ランク	2023 年度〜	（適用労働者数の比率）
A	埼玉、千葉、東京、神奈川、愛知、大阪 （6都府県）	45.2%
B	北海道、宮城、福島、茨城、栃木、群馬、新潟、富山、石川、福井、山梨、長野、岐阜、静岡、三重、滋賀、京都、兵庫、奈良、和歌山、島根、岡山、広島、山口、徳島、香川、愛媛、福岡 （28道府県）	44.2%
C	青森、岩手、秋田、山形、鳥取、高知、佐賀、長崎、熊本、大分、宮崎、鹿児島、沖縄 （13県）	10.6%

注：適用労働者の比率は、総務省・経済産業省「平成28年経済センサス—活動調査」等に基づき算出。
出典：厚生労働省資料をもとに経団連事務局にて作成

▶ 目安制度の概要

厚生労働省の中央最低賃金審議会は、地域別最低賃金の全国的な整合性を図ることを目的に、1978 年度から、各都道府県の経済実態に基づいて区分した A〜D の４ランクごとに、地域別最低賃金額の引上げ目安を提示している。この目安制度については概ね５年ごとに、「目安制度の在り方に関する全員協議会」（目安全協）を設置して調査審議を行っている。

▶ 目安全協報告（2023 年４月）の概要

2021 年５月に設置された目安全協では、11 回にわたる審議の末、2023 年４月に目安全協報告をとりまとめた。中央最低賃金審議会における目安審議のあり方では、あるべき水準を引き続き労使で議論することや、最低賃金決定の３要素（前頁参照）のデータに基づいて丁寧に議論を積み重ねること、公労使三者で議論を行う部分は議事の公開が適当であることなどが示された。

地方最低賃金審議会における審議に関する事項では、目安は地方最低賃金審議会の審議を拘束するものではないことを改めて確認した。次に、ランク制度は維持した上で、ランク数を現行の４から３とすることが適当とした。理由としては、19 指標から成る総合指数の各都道府県の最高と最低の差が縮小傾向にあることや、ランク区分の数が多ければ、地域別最低賃金額の最高と最低の差が開く可能性が高くなることなどが挙げられた。A〜Cの３ランクへの振り分けは、総合指数に加え、適用労働者数の比率や直近の地域別最低賃金額、地域における経済圏など複数の要素を組み合わせて総合的に勘案して行うこととした。この結果、Aランクの地域は現行と同じとした上で、Aランクの適用労働者数とBランクの適用労働者数を同程度とし、BランクとCランク間は総合指数に比較的大きな格差がある地域間に注目して振り分けた。

また、発効日については、地方最低賃金審議会の審議の結果で決まるもの（法定ではない）であり、このことを地方最低賃金審議会の委員に周知することが適当であるとした。

1．特定最低賃金の設定状況

	業種	件数
都道府県	食料品・飲料製造業	7
	繊維工業	5
	木材・木製品製造業	1
	パルプ・紙・紙加工品製造業	2
	印刷・同関連産業	1
	塗料製造業	4
	ゴム製品製造業	1
	窯業・土石製品製造業	4
	鉄鋼業	20
	非鉄金属製造業	9
	金属製品製造業	4
	一般機械器具製造業	25
	精密機械器具製造業	7
	電気機械器具製造業	45
	輸送用機械器具製造業	33
	新聞・出版業	1
	各種商品小売業	30
	自動車小売業	23
	自動車整備業	1
	道路貨物自動車運送業	1
	木材・木製品・家具・装備品製造業	1
全国	全国非金属鉱業	1
	合計	226

注：1．2023年3月末時点。複数の業種にまたがって設定されているものは主な業種に計上。

2．特定最低賃金新設・改廃の流れ

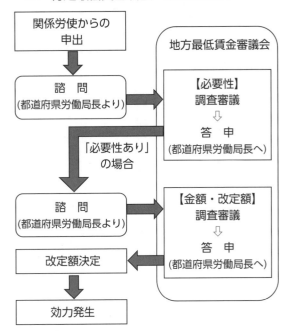

▶ 特定産業の基幹労働者を対象

　特定最低賃金は、地域別最低賃金より高い賃金水準が必要と認められる場合に、特定産業の基幹労働者とその使用者を対象に、原則、各都道府県で設定されている（2023年3月末時点226件、全国非金属鉱業のみ全国で適用）。特定最低賃金は、原則としてすべての労働者と使用者に法律で強制適用される地域別最低賃金とは大きく異なり、関係労使の申出に基づき、地方最低賃金審議会において全会一致で「必要性あり」とされた場合に新設・改廃される。決定方法としては、「労働協約ケース」（137件、当該産業の基幹労働者の相当数（原則1,000人以上）に適用される最低賃金に関する合意（労使協約）がある場合）と、「公正競争ケース」（87件、事業の公正競争を確保するために当該産業の基幹労働者に最低賃金を設定することが必要な場合）がある。賃金が特定最低賃金額未満である場合、最低賃金法における罰則はないものの、労働基準法24条の賃金全額払違反の罰則（30万円以下の罰金）が適用される。

▶ 大きく揺らぐ存在意義

　近年の地域別最低賃金の大幅な引上げに伴い、特定最低賃金との差（全国加重平均額）は急激に縮小しており、2021年度以降、特定最低賃金額が地域別最低賃金額を下回っている（2013年度51円→2022年度△19円）。個々の特定最低賃金額でみても、地域別最低賃金額を下回る件数が増加傾向であり（2013年度20件→2022年度78件）、実態として地域別最低賃金が適用されるケースが多くなっている（2以上の最低賃金が設定されている場合は最も高い金額のものを適用）。本来、特定最低賃金は地域別最低賃金より高い賃金水準が必要と認められる場合に設定されるものであることから、特定最低賃金制度のあり方や存続させる意義が大きく揺らいでいる。

1．中小企業退職金共済制度の仕組み

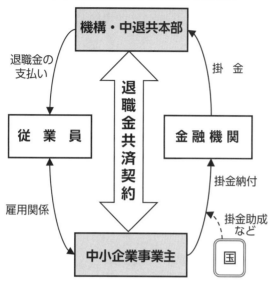

2．中小企業退職金共済制度への加入条件

一般業種	常用従業員数 300 人以下または 資本金・出資金 3 億円以下
卸売業	常用従業員数 100 人以下または 資本金・出資金 1 億円以下
サービス業	常用従業員数 100 人以下または 資本金・出資金 5 千万円以下
小売業	常用従業員数 50 人以下または 資本金・出資金 5 千万円以下

3．掛金月額の助成要件

新規加入 助成	助成期間	新規加入後 4 ヵ月目から 1 年間
	助成額	掛金月額の 1／2 （従業員ごとの上限 5,000 円）
月額変更 （増額） 助成	助成期間	増額月から 1 年間
	助成額	増額分の 1／3 （18,000 円以下の掛金月額を 増額変更する場合のみ対象）

▶ 中小企業従業員約 362 万人が加入する退職金制度

　中小企業退職金共済制度（中退共制度）は、中小企業退職金共済法（1959 年制定）に基づき、独力では退職金制度を設けることが困難な中小企業において、中小企業事業主の拠出による退職金共済制度を確立し、これによって従業員の福祉の増進と雇用の安定、中小企業の振興と発展に寄与することを目的としている（同法 1 条）。中退共制度は、約 38 万所の中小企業とそこで働く約 362 万人の従業員が加入（2023 年 2 月末時点）しており、制度の運営は、（独）勤労者退職金共済機構中退共事業本部（機構・中退共本部）が担っている。

▶ 中退共制度の仕組みと利点

　中退共制度は、事業主と機構・中退共本部が退職金共済契約を締結した上で、事業主が掛金（全額事業主負担）を金融機関へ毎月納付し、当該企業の従業員が退職した際、その請求に基づき、機構・中退共本部から退職金が従業員へ直接支払われる。加入条件は業種ごとに定められており、常用従業員数または資本金・出資金の額が一定の範囲内であれば加入できる。加入した企業は、期間限定や試用期間中などの者を除き、従業員全員を加入させる必要がある。掛金月額は、5,000（短時間労働者は 2,000）〜30,000 円の範囲で従業員ごとに選択でき、変更も可能だが、減額変更は、従業員の同意または厚生労働大臣の認定が必要となる。

　制度に加入すると、従業員ごとの納付状況と退職金試算額の事業主への通知、退職者への退職金の直接振込みなど、機構・中退共本部が退職金に関する事務作業を行うため、事業主は管理しやすい。さらに、掛金は全額非課税であり、新規加入や掛金増額に対する国からの助成といった経済面のメリットに加え、転職時に一定の要件下で積立済の退職金を引き継ぐことができる通算制度など、従業員側にも利点がある。

労働組合法（1）概要

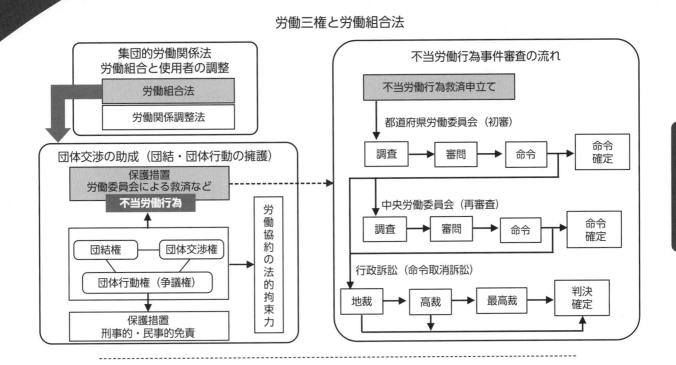

労働三権と労働組合法

▶ 団体交渉の助成

　労働組合法（労組法）は、労働者が使用者との交渉において対等の立場に立つことを促進することにより労働者の地位を向上させること、労働者がその労働条件について交渉するために労働組合を組織・団結することを擁護し、労働協約を締結するための団体交渉を助成することを目的とした法律である（1条）。

　労組法では、労働者が主体となって自主的に労働条件の維持改善、その他経済的地位の向上を図ることを主たる目的として組織する団体またはその連合団体（2条）を労働組合と定義している。また、その目的に沿う限りにおいて、刑事責任や民事免責（1条2項、8条）など、組合活動にかかわる市民法上の免責のみならず、労働協約の一般的拘束力（17条、74頁参照）や不当労働行為の救済（27条）を規定し、労働組合に団体交渉を助成するための保護を積極的に与えている。なお、組合員1人でも合同労働組合に加盟し、団体交渉を申入れるケースも少なくない。

▶ 不当労働行為の救済

　使用者が、①労働者が労働組合活動にかかわることに対して不利益な取扱いをする、②正当な理由がないままに団体交渉を拒否する、③労働組合の結成・運営に支配介入する、のいずれかに該当する不当労働行為（7条）を行った場合、労働者または労働組合は公労使の三者から成る労働委員会（各都道府県労働委員会および中央労働委員会）に救済を申し立てることができる。申立てを受けた労働委員会は当該事案について調査や審問（24条）を行い、不当労働行為の事実があると認められる場合には、使用者に対して組合運営への介入禁止などの命令を出し、労使関係の正常化を図る。使用者が命令に違反した場合は過料に処される（32条）。なお、労働委員会で取扱う不当労働行為事件は、命令よりも和解で終結することが多い。

　　労働組合法（2）労働協約

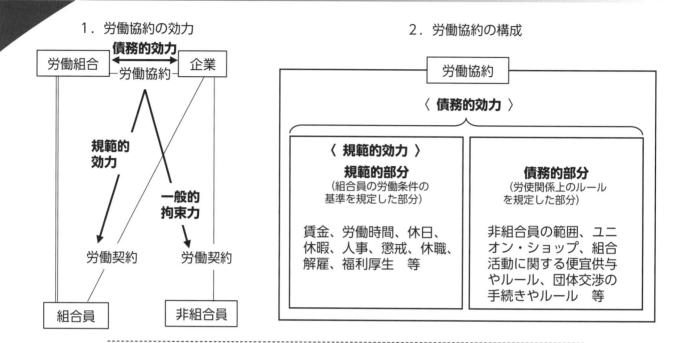

1．労働協約の効力

2．労働協約の構成

労働協約とは、「労働組合と使用者との間の労働条件その他に関する協定であって、書面に作成し、両当事者が署名または記名押印したもの」と定義されている（14条）。労働協約は団体交渉の成果そのものであり、労使自治を促進・保護すべく、労働組合法（労組法）は労働協約に様々な特別の効力を付与している。その代表的なものが規範的効力と一般的拘束力である。

▶ 規範的効力と債務的効力

労組法16条は、「労働協約に定める労働条件その他の労働者の待遇に関する基準に違反する労働契約の部分は、無効とする。この場合において無効となった部分は、基準の定めるところによる」と定めている。このように個々の労働契約を直接規律する効力を「規範的効力」といい、労働協約の定める労働条件は、これを下回るものを許容しない、まさに最低基準を設定していることになる。規範的効力を付与されている協約部分は「規範的部分」という。他方、労働協約は、使用者と労働組合の合意であることから、ひとたび締結すると、互いに労働協約で定めた内容を守る義務（債務）が発生する。労働協約が締結当事者（使用者と労働組合）を拘束する効力を「債務的効力」という。債務的効力は協約全体に生じるが、規範的効力が生じず、債務的効力しか生じない労働協約の部分は「債務的部分」といい、一般に労使関係上のルールが当てはまる。

▶ 一般的拘束力

労働協約は、協約締結組合の組合員にのみ効力が及ぶのが大原則であるが、労組法17条はその例外を設け、1つの事業場に常時使用される同種の労働者の4分の3以上の労働者を組織する労働組合が締結した労働協約は、当該事業場に使用される他の同種の労働者にも拡張適用される。これを「一般的拘束力」という。同規定の趣旨は、多数組合が肯定した労働条件を公正なものとみなし、労働条件を統一することで、労働者間の公平性を保つことにあるとされている。

労働関係調整法

労働三権と労働関係調整法

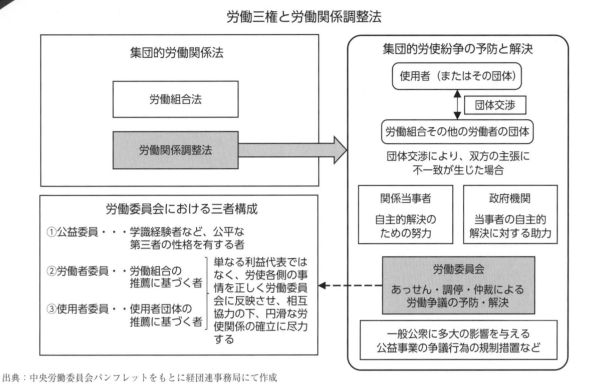

出典：中央労働委員会パンフレットをもとに経団連事務局にて作成

集団的労使紛争を解決

　労働関係調整法（労調法）は、労働組合法と相まって、労働関係の公正な調整を図り、労働争議を予防または解決することを目的としている。労調法における労働関係とは、集団的労働関係のみを指し、労働争議とは、集団的労使紛争により争議行為（ストライキ、ロックアウトなど）が発生または発生する恐れがある状態を指す。

　労働争議の予防または解決を行う権限を持つのは、労働委員会である。方法手続きは、①あっせん、②調停、③仲裁の３種類がある。「①あっせん」は、あっせん員が労使の間に立ち、自主的な交渉を支援して解決に導くもので、最も利用される手法である。「②調停」は、公労使委員による三者構成の調停委員会が労働争議の当事者間の意見を聴取して調停案を提示し、その受諾を勧告して解決に導くもの。「③仲裁」は、公益委員３名から成る仲裁委員会が当事者間の主張を踏まえ仲裁裁定を行い、解決に導くものである。「①あっせん」「②調停」における解決案の受諾は当事者の任意選択であるが、「③仲裁」の裁定は、労働協約を締結したのと同一の効力を持って両当事者を拘束するため、当該労働争議は解決とされる。

　争議行為が発生した場合に公衆に対し重大な影響を与える事業は、公益事業（運輸事業、郵便・信書便・電気通信事業、水道・電気・ガス供給事業、医療・公衆衛生事業等）とされ、当事者は、争議行為を実施する際には、10日前までに関係行政機関へ予告する義務を負う（37条）。また、内閣総理大臣は、争議行為により国民経済の運行を著しく阻害するなどの恐れがある場合、「緊急調整」を決定する権限を有している。この決定がなされた場合、関係当事者はその公表の日から50日間は争議行為が禁止される。

Ⅱ-26　個別労働紛争処理（1）個別労働紛争解決システム

1．労働紛争解決システムの全体像

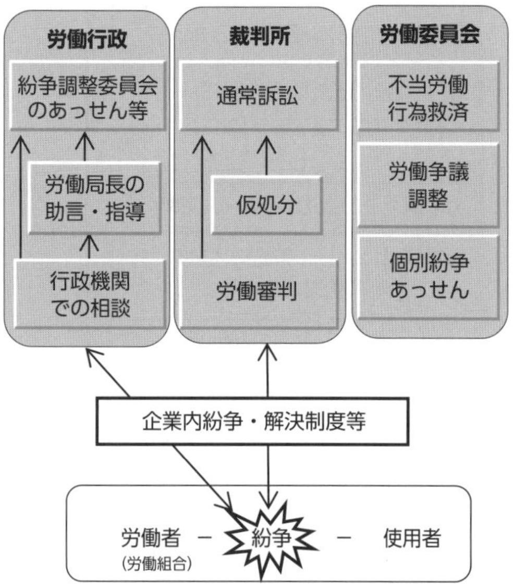

2．民事上の個別労働紛争相談内容（主要）の推移

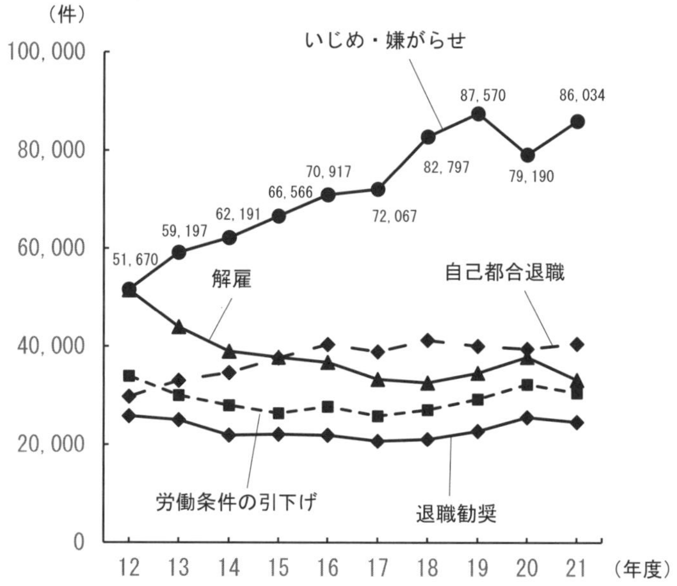

注：2．1回の相談が複数の内容にまたがる場合は、それぞれの相談内容を件数として計上しており、延べ合計数となっている。
2020年6月に改正労働施策総合推進法が施行され、大企業のパワーハラスメントに関する紛争は同法に基づき対応することとなったため、同法施行以降の大企業の当該紛争に関するものはいじめ・嫌がらせに計上していない。

出典：1．(独) 労働政策研究・研修機構「企業内紛争処理システムの整備支援に関する調査研究」(2008年4月)
2．厚生労働省「令和3年度個別労働紛争解決制度の施行状況」

個別労働紛争解決システムの概要

労働関係紛争は、労働組合と事業主との間で生じる「集団的労使紛争」と、個々の労働者と事業主との間で生じる「個別労働関係紛争」に分類される。近年、雇用・就業形態が多様化する中、労働争議、不当労働行為事件等の集団的労使紛争が減少する一方で、解雇やいじめ・嫌がらせ等を争点とした個別労働関係紛争への対応が課題となっている。

個別労働関係紛争は、原則として当事者の合意に基づく自主的な解決が望ましいが、企業内での解決が困難となった場合には、行政や司法等による解決システムを利用できる。行政による解決システムは「個別労働関係紛争の解決の促進に関する法律」により定められている。具体的には、①労働局や労働基準監督署内にある総合労働相談コーナーにおける相談や情報提供、②①の手続きを経た後、都道府県労働局長が当事者に対して行う助言や指導、③労働局に設置された「紛争調整委員会」（労働問題の専門家により組織）によるあっせん等の手続きがあり、いずれのシステムも事業主・労働者の双方が無料で利用できる。なお、②と③においては、対象とならない紛争があるため留意が必要である。例えば、同システムが個別労働関係紛争に着目していることから、労働組合と事業主との間の紛争や労働者間の紛争は取り扱われない。

「いじめ・嫌がらせ」相談件数が10年連続で最多に

2021年度の総合労働相談件数は124万2,579件（前年度比3.7%減）で、14年連続で100万件を超えている。民事上の個別労働紛争相談件数は284,139件（同1.9%増）で、そのうち「いじめ・嫌がらせ」に関する相談は86,034件と、2012年度から10年連続で最多となっている。

個別労働紛争処理（2）労働審判制度

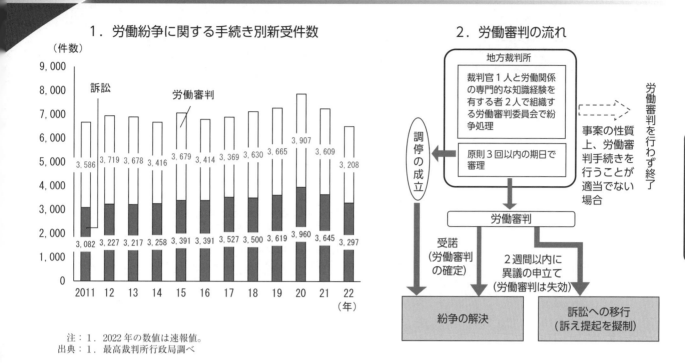

1．労働紛争に関する手続き別新受件数

（件数）

注：1．2022年の数値は速報値。
出典：1．最高裁判所行政局調べ

2．労働審判の流れ

労働審判制度の概要

　司法による個別労働関係紛争解決制度として、2006年4月に労働審判法に基づく労働審判制度が導入された。本制度は、地方裁判所（50地裁5支部）において、原則3回以内の期日で、迅速、適正かつ実効的に解決することを目的としたものである。申立てが行われると、裁判官1名と、最高裁判所より任命された労働関係の専門知識・経験を持つ労働審判員2名（労使双方から1名）で構成する労働審判委員会が設置される。労働審判委員会では、調停による解決を試みるとともに、解決案（労働審判）の提示のために必要な審理を行う。調停が成立しない場合には、解決案を提示し、紛争の解決を図る。当事者が異議申立てを行わなければ、解決案が確定し、裁判上の和解と同一の効力を有する。異議の申立てが行われた場合には、その効力は失われ、自動的に通常の訴訟手続きに移行する。

柔軟かつ迅速な解決を実現

　労働審判制度のメリットは、労使の実務経験者が中立・公正な立場で審判に参加し、紛争当事者の実情に即した柔軟かつ迅速な解決が図られることである。

　最高裁行政局の調査によると、2022年の労働審判事件の新受件数は3,208件と前年より低下し、訴訟（3,297件）と合わせた件数（6,505件）は2010年以来の低水準となった。2022年の労働審判申立てから終局までの「平均審理日数」は90.3日となり、2021年の91.0日に続き、新型コロナウイルスの感染拡大により裁判所の業務縮小が影響した2020年の107.5日から大幅に減少している（例年は80日程度で終局）。2022年の「解決率」（労働審判の終局事件のうち、調停成立、異議申立てなしの合計件数を労働審判の終局件数総数で除したもの）は78.2％となった。取下げ（7.9％）の中には、当事者間の手続き外での合意等により解決したものが相当数含まれることから、8割強が労働審判手続きを契機として解決しているといえる。

公益通報者保護法の改正

近年も社会問題化する事業者の不祥事が後を絶たず　→　早期是正により被害の防止を図ることが必要

事業者自ら不正を是正しやすくするとともに、安心して通報を行いやすく

○ 事業者に対し、内部通報に適切に対応するために必要な体制の整備等（窓口設定、調査、是正措置等）を義務付け。具体的内容は指針を策定【11条】
※中小事業者（従業員数300人以下）は努力義務

○ その実効性確保のために行政措置（助言・指導、勧告及び勧告に従わない場合の公表）を導入【15条・16条】

○ 内部調査等に従事する者に対し、通報者を特定させる情報の守秘を義務付け（同義務違反に対する刑事罰を導入）【12条・21条】

行政機関等への通報を行いやすく

○ 権限を有する行政機関への通報の条件【3条2号】

（現　行）	（改　正）
信じるに足りる相当の理由がある場合の通報	氏名等を記載した書面を提出する場合の通報を追加

○ 報道機関等への通報の条件【3条3号】

（現　行）	（改　正）
生命・身体に対する危害	財産に対する損害（回復困難又は重大なもの）を追加
（なし）	通報者を特定させる情報が漏れる可能性が高い場合を追加

○ 権限を有する行政機関における公益通報に適切に対応するために必要な体制の整備等【13条2項】

内部通報・外部通報の実効化

通報者がより保護されやすく

○ 保護される人【2条1項等】

（現　行）	（改　正）
労働者	退職者（退職後1年以内）や、役員（原則として調査是正の取組を前置）を追加

○ 保護される通報【2条3項】

（現　行）	（改　正）
刑事罰の対象	行政罰の対象を追加

○ 保護の内容【7条】

（現　行）	（改　正）
（なし）	通報に伴う損害賠償責任の免除を追加

出典：消費者庁「公益通報者保護法と制度の概要」

　公益通報者保護法は、労働者が公益通報を行ったことを理由とした解雇等の不利益な取扱いを受けることのないよう、通報者保護要件（通報先・通報内容・方式等）のルールを明確化するものとして2004年に制定された。近年、社会問題化する事業者の不祥事が後を絶たず、早期に問題を改善し被害の防止を図るため、2020年に同法が改正され、2022年6月1日から施行された。以下に同改正法の主なポイントを紹介する。

▶ 内部公益通報対応体制整備の義務化

　従業員数301名以上の事業者に対し、内部通報に適切に対応するために必要な体制（窓口設定、調査、是正措置等）の整備等を義務付けるとともに（従業員数300人以下の中小事業者は努力義務）、通報窓口担当者などの公益通報対応業務従事者に対し、通報者の氏名や社員番号等の公益通報者を特定させる情報の守秘義務（違反者には刑事罰）が課された。

▶ 外部（行政機関・報道機関等）への公益通報の保護要件の緩和

　行政機関への公益通報として保護対象となる要件について、氏名等を記載した書面を提出する場合の通報が追加された。また、報道機関等への公益通報として保護対象となる要件について、生命・身体への危害のみならず、財産に対する損害（回復困難または重大なもの）が発生あるいは発生する急迫した危険がある場合等が追加された。

▶ 保護される対象者や通報の対象となる事実の拡大

　労働者（派遣労働者、アルバイト等雇用形態を問わず、取引先関連の労働者も含む）に加え、保護対象を退職後1年以内の退職者（取引先関連を含む）や役員まで拡大するとともに、通報対象事実の範囲について、刑事罰だけでなく、行政罰（過料）の対象となる事実も追加された。

労働行政の組織機構

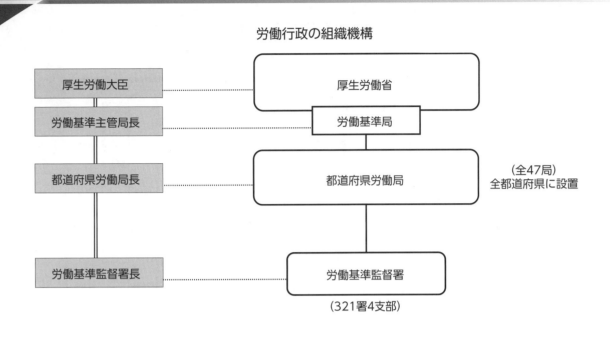

労働基準監督行政の組織構成

　労働法の規制の実効性を担保するためには、専門的行政機関による行政監督が不可欠であり、わが国においては厚生労働省が主管している。

　労働基準法97条に基づき、厚生労働省には労働基準局が、各都道府県には都道府県労働局が設置されており、さらに各都道府県労働局管内には労働基準監督署が置かれ、監督行政の第一線を担っている。

　厚生労働省をはじめとする監督機関は、厚生労働大臣の直接管理に服しており、指揮系統は厚生労働大臣以下、厚生労働省労働基準主管局長、都道府県労働局長、労働基準監督署長の順となっている。

労働基準監督署の活動

　労働基準監督署は、全国に321署あり、個別の事業場に対して監督指導を行うなど、労働基準関係法令違反の是正指導を実施している。重大・悪質な法令違反の場合には司法処分（送検）を行う。また、労働者からの申告等に基づく監督指導の実施、就業規則や36協定などの労使協定の受理・指導を行う。加えて、労災事故が発生した場合、原因の調査究明および再発防止対策の指導を行うとともに、労災保険の受給にかかる申請・認定手続きの窓口となっている。

　使用者が労働基準監督署へ届出を行う主な手続きには、①時間外労働・休日労働に関する協定届（36協定）、②就業規則（変更）届、③1ヵ月・1年単位の変形労働時間制に関する協定届、④事業場外労働に関する協定届、⑤解雇予告除外認定申請書などがある。

労働基準監督署の仕組み

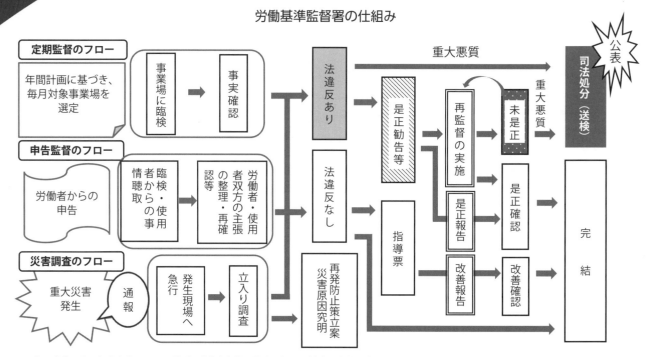

注：臨検の際に提出を求められる帳票：労働者名簿、勤務日報、36協定、定期健康診断記録、出勤簿、雇用通知書、
　　　　勤務割表、安全衛生委員会議事録、賃金台帳、拘束時間管理簿、就業規則、組織図　ほか。
　　指導票の内容：災害防止の具体的方法、法違反の具体的改善方法、労働条件の向上に関する事項等。
出典：厚生労働省資料をもとに経団連事務局にて作成

▐ 労働基準監督署による監督指導

　労働基準監督署による監督指導は、「①定期監督」「②申告監督」「③災害時監督・調査」「④再監督」の４つに分類される。

　「①定期監督」は、年度計画に基づき、労働条件の改善が必要と考えられる業種や危険有害な作業が存在する業種を中心に行われる。具体的には事業場への立入り調査（臨検）や使用者に資料の提出を求める呼び出し調査を実施し、労働条件や安全衛生の全般にわたって事実確認を行う。「②申告監督」は、労働者からの申告に基づいて臨検を行い、使用者からの事情聴取などを実施する。「③災害時監督・調査」は、労働災害発生時に原因の調査を目的として立入り調査を実施し、法違反の有無を調査するとともに再発防止に向けた指導を行う。「④再監督」は、是正勧告を行った事業場に対して是正箇所の確認・調査を行う。

　労働基準法および労働安全衛生法に定める基準への違反があった場合には、是正勧告が行われるほか、その違反が労災隠しなど悪質かつ重大な場合は、司法処分（送検）される。なお、是正勧告を受けた後、使用者に改善の意思が見られない、あるいは虚偽の報告をするといった悪質な場合も司法処分（送検）される。

　法令違反には至らないが、改善すべきと判断された場合には指導票が交付される。近年、時間外労働を月80ないし45時間以内へ削減させる指導も増えている。是正勧告や指導票による指導を受けた場合、一般的に、使用者は改善・是正結果を報告することが求められる。

　また、社会的に影響力の大きい企業が違法な長時間労働を複数の事業場で繰り返している場合、司法処分（送検）に至らずとも、企業名が公表される（次頁参照）。

労働法規制の実効性の担保(3)監督指導の現状

監督指導結果のポイント（2021 年度）

（1）監督指導の実施事業場： 32,025 事業場

（2）主な違反内容 [(1) のうち、法令違反があり、是正勧告書を交付した事業場]
  ① 違法な時間外労働があったもの： 10,986 事業場（34.3%）
    うち、時間外・休日労働の実績が最も長い労働者の時間数が
      月 80 時間を超えるもの： 4,158 事業場（37.8%）
      うち、月 100 時間を超えるもの： 2,643 事業場（24.1%）
      うち、月 150 時間を超えるもの： 562 事業場（ 5.1%）
      うち、月 200 時間を超えるもの： 121 事業場（ 1.1%）
  ② 賃金不払残業があったもの： 2,652 事業場（ 8.3%）
  ③ 過重労働による健康障害防止措置が未実施のもの： 6,020 事業場（18.8%）

（3）主な健康障害防止に関する指導の状況 [(1) のうち、健康障害防止のため指導票を交付した事業場]
  ① 過重労働による健康障害防止措置が
    不十分なため改善を指導したもの： 13,015 事業場（40.6%）
  ② 労働時間の把握が不適正なため指導したもの： 5,105 事業場（15.9%）

出典：厚生労働省「長時間労働が疑われる事業場に対する令和 3 年度の監督指導結果を公表します」

Ⅱ 労働法制

▶ 過重労働防止に向けた監督指導の現状と事例

　労働基準監督行政は、企業に対する様々な分野における監督指導を行っているが、昨今、とりわけ過重労働の防止に向けた監督指導を強化している。その一環として、厚生労働省は毎年、時間外・休日労働時間数が 80 時間／月を超えていると考えられる事業場や、過重労働による過労死等にかかる労災申請が行われた事業場を対象に監督指導を行い、結果を公表している。2021 年度の同結果では、違法な時間外労働（10,986 事業場、34.3%）や、健康障害防止措置が未実施のもの（6,020 事業場、18.8%）などが依然として多い。

　さらに、同結果では、主な監督指導事例が掲載されている。例えば、複数の労働者について、36 協定で定めた上限時間を超え、かつ労働基準法 36 条 6 項に定められた時間外・休日労働の上限時間（月 100 時間未満、複数月平均 80 時間以内）を超える違法な時間外・休日労働が認められたケースや、1 ヵ月 80 時間を超える時間外・休日労働を行っている労働者に医師による面接指導を実施する制度が導入されていなかった事例などが確認されている。

　労働時間管理を適正に行うことは、労働者の過重労働を防止する上での基本である。各企業においては、厚生労働省「36 協定で定める時間外労働及び休日労働について留意すべき事項に関する指針」や「労働時間の適正な把握のために使用者が講ずべき措置に関するガイドライン」等を参照しながら、関連する法令の遵守、ならびに過重労働防止に向けた取組みを徹底することが求められる。

1. 都道府県労働局　組織図　　　　　　2. ハローワークの主な業務

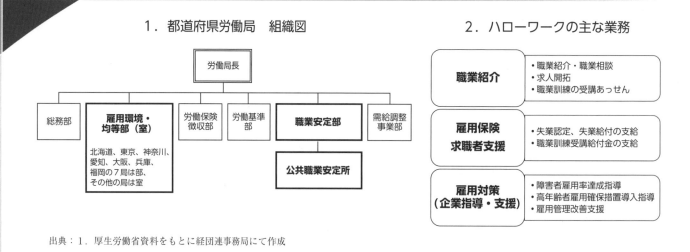

出典：1. 厚生労働省資料をもとに経団連事務局にて作成

▶ 雇用環境・均等部（室）の活動

　各都道府県労働局に設置されている「雇用環境・均等部（室）」は、男女ともに働きやすい環境を実現するため、女性活躍や働き方改革等を推進する各種施策を展開している。具体的には、男女雇用機会均等法、パートタイム・有期雇用労働法、育児・介護休業法、女性活躍推進法等の周知と各法律に基づいた事業主に対する指導、紛争の解決援助などを実施している。このほか、企業における働き方改革の支援、ハラスメント（パワーハラスメント、セクシュアルハラスメント、妊娠・出産・育児休業等に関するハラスメント等）にかかる個別相談対応と企業への啓発指導、解雇等にかかる個別の労働紛争を未然に防止するための企業への指導、解決への調停やあっせん等の取組みを行っている。各種施策の推進のため、雇用環境改善・均等推進指導官を配置し、業務実施体制を整備している。2021年度の相談件数は140,483件（全国計）に上り、内容としては、育児休業や子の看護休暇など育児・介護休業法に関するものが最も多い（60.6%）。次いで、母性健康管理やセクシュアルハラスメントなど男女雇用機会均等法（17.2%）に関するものや、パワーハラスメントなど労働施策総合推進法（16.6%）に関するものが多くなっている。

▶ 職業安定部と公共職業安定所（ハローワーク）の活動

　各都道府県労働局の職業安定部は、①労働力需給の調整、②職業紹介、労働者の募集、労働者供給事業・労働者派遣事業の監督、③高年齢者の雇用の確保、④障害者の雇用の促進、⑤政府が管掌する雇用保険事業などを所掌している。関係事業場に対する立入り、質問、帳簿・書類などの検査の権限が与えられているが、犯罪捜査を目的として、司法警察権を持つ労働基準監督官とは異なり、立入り検査の権限は調査のみを目的としている。また、ハローワークと連携し、雇用の安定と失業の防止、再就職の促進など雇用失業情勢に対応した雇用対策を実施している。

　ハローワークは、憲法27条に基づく勤労権を保障するための職業相談・職業紹介、失業給付の支給などの行政サービスを提供するとともに、求人票の記載方法や、高齢法の措置義務、障害者雇用の雇用率など、雇用に関する様々な事項について、企業に指導等を行っている。

III
人事・労務管理

自社型雇用システム（1）日本型雇用システムの概要

1. メンバーシップ型雇用とジョブ型雇用のイメージ

メンバーシップ型雇用

社員（メンバー）を採用してから仕事を割り当てる

ジョブ型雇用

仕事（ジョブ）に対して人を割り当てる（採用する）

2. 日本型雇用システムの特徴と課題

特徴とメリット
①新卒一括採用
・計画的安定的な採用が容易
・若年者の失業率の低さに寄与
②長期・終身雇用
・社員は雇用と経済面での安心感が持て、人生設計を描くのが容易
・高い定着率やロイヤリティ醸成に寄与
・異動等により様々な仕事を経験させ、自社の事業活動を多面的に理解可能
③年功型賃金
・年齢や勤続年数上昇に伴う昇給が雇用と経済面の安心感となり社員の定着に寄与
・職能給は職務変更や異動のたびに賃金額の改定が不要で異動を通じた職能向上と人材育成が容易
④OJT中心の企業内人材育成
・企業主導の異動等で自社に適した人材育成が容易
・社内の様々な仕事の経験を通じて、多くの社員が多様な職能の習得が可能

経営環境・働き手の意識等の変化

課題
○多くの企業が新卒一括採用を重視した結果、相対的に経験者採用を抑制
○中小企業やスタートアップ企業の人材獲得を困難にするほか、起業等に失敗した際の再チャレンジを困難に
○長期・終身雇用が働き手の主体的なキャリア形成を阻害している可能性
○職能給が実質的に年功的運用に陥りがち
○毎年自動的に昇給する年功型賃金では、実際に発揮した職能・成果と賃金水準との間に乖離が生じやすい
○企業主導の人事異動が企業の意向と働き手の希望とのミスマッチを発生させ、働き手の主体的なキャリア形成意識やエンゲージメントを低下させている可能性

▶ 日本型雇用システムの特徴とメリット

　わが国では、高度経済成長期を経て、「新卒一括採用」「長期・終身雇用」「年功型賃金」「OJT中心の企業内人材育成」などを主な特徴とする日本型雇用システムが形成されてきた。この雇用システムは、担当させる仕事（ジョブ）を定めて採用する「ジョブ型雇用」と異なり、社員（メンバー）として採用してから様々な仕事を割り当てる「メンバーシップ型雇用」と称され、日本の多くの企業で導入されている。メンバーシップ型雇用には、①企業が計画的な採用を行いやすい、②社員が雇用と経済面での安心感を得られ、高い定着率とロイヤリティの醸成につながる、③異動等を通じて多くの社員が多様な職務遂行能力（職能）を備えられるなど、様々なメリットがある。

▶ 顕在化している課題

　一方で、経営環境や働き手の意識の変化等に伴い、従来のメンバーシップ型を前提として経営を考えることが必ずしも現状に適さないケースが増えるなど、日本型雇用システムにおける課題が顕在化してきている。

　具体的には、新卒一括を中心とした採用が経験者採用を相対的に抑制していることや、年功型賃金制度は実際に発揮した職能・成果と賃金水準の間に乖離が生じやすく、優秀な人材や専門的技能を有する高度人材の獲得を困難にしていること、さらには、企業主導の人事異動が企業の意向と働き手の希望とのミスマッチを生じさせ、働き手自身の主体的なキャリア形成意識や働き手のエンゲージメントを低下させていることなどが上げられ、これらの課題は転職等の円滑な労働移動を抑制している可能性が指摘されている。

自社型雇用システム (2)自社型雇用システムの検討

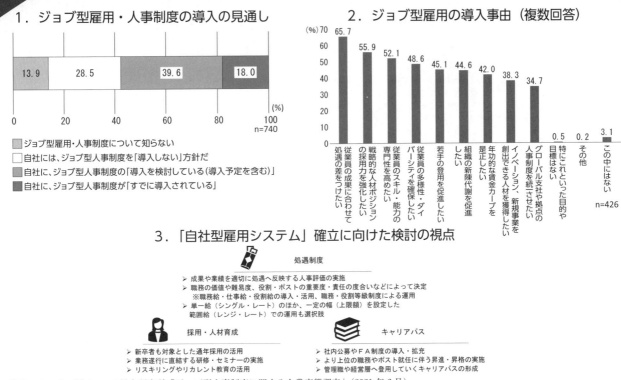

1. ジョブ型雇用・人事制度の導入の見通し

| 13.9 | 28.5 | 39.6 | 18.0 |

n=740

- ■ ジョブ型雇用・人事制度について知らない
- □ 自社には、ジョブ型人事制度を「導入しない」方針だ
- ■ 自社に、ジョブ型人事制度の「導入を検討している(導入予定を含む)」
- ■ 自社に、ジョブ型人事制度が「すでに導入されている」

2. ジョブ型雇用の導入事由（複数回答）

従業員の成果に合わせて処遇の差をつけたい	65.7
戦略的な人材ポジションの採用力を強化したい	55.9
従業員のスキル・能力の専門性を高めたい	52.1
従業員の多様性・ダイバーシティを確保したい	48.6
若手の登用を促進したい	45.1
組織の新陳代謝を促進したい	44.6
年功的な賃金カーブを是正したい	42.0
イノベーション、新規事業を創出できる人材を獲得したい	38.3
グローバル支社や拠点の人事制度を統一させたい	34.7
特にこれといった目的や目標はない	0.5
その他	0.2
この中にはない	3.1

n=426

3. 「自社型雇用システム」確立に向けた検討の視点

処遇制度
➤ 成果や業績を適切に処遇へ反映する人事評価の実施
➤ 職務の価値や難易度、役割・ポストの重要度・責任の度合いなどによって決定
　※職務給・仕事給・役割給の導入・活用、職務・役割等級制度による運用
➤ 単一給（シングル・レート）のほか、一定の幅（上限額）を設定した
　範囲給（レンジ・レート）での運用も選択肢

採用・人材育成
➤ 新卒者も対象とした通年採用の活用
➤ 業務遂行に直結する研修・セミナーの実施
➤ リスキリングやリカレント教育の活用

キャリアパス
➤ 社内公募やFA制度の導入・拡充
➤ より上位の職務やポスト就任に伴う昇進・昇格の実施
➤ 管理職や経営層へ登用していくキャリアパスの形成

出典：1．2．㈱パーソル総合研究所「ジョブ型人事制度に関する企業実態調査」（2021年6月）

▶「自社型雇用システム」の検討

　グローバル化や産業構造変革を見据えながら、企業が競争力を高めるためには、社外から必要な人材を採用して定着を図るとともに、社内においては自社の事業ポートフォリオの組替えに合わせて、成長を見込まれる事業分野・部門等に人材を重点配置していく必要がある。そのためには、ジョブ型雇用の検討とともに、メンバーシップ型雇用のメリットを活かしながら、各企業にとって最適な「自社型雇用システム」の確立を目指すことが望ましい。

　パーソル総合研究所の調査によると、ジョブ型雇用・人事制度について、「すでに導入されている」または「導入を検討している（導入予定含む）」と回答した企業は57.6%と半数を超えている。導入目的（複数回答）としては、「従業員の成果に合わせて処遇の差をつけたい」と回答した企業が65.7%で最も多く、次いで、「戦略的な人材ポジションの採用力を強化したい」と回答した企業が55.9%に上る。ジョブ型雇用の導入・活用により、社内外で通用するエンプロイアビリティの高い働き手が増えることで、社会全体での円滑な労働移動の促進が期待される。

▶ 具体的な検討の論点

　導入・活用に向けては、自社の業種業態や事業戦略、企業風土を踏まえ、処遇制度、採用・人材育成、キャリアパスなどを見直すことが必要となる。成果や業績を適切に反映する評価・賃金体系や新卒者も対象とした通年採用の活用、働き手が担う業務の遂行に直結する知識・スキルが習得できる研修・セミナーの実施、社内公募やFA制度の導入・拡充等による主体的かつ複線的なキャリアパスの構築などが有効であると考えられる。

1．社員のエンゲージメントの現状

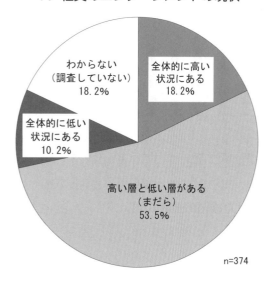

n=374

2．エンゲージメントが高い層
（複数回答／あてはまるものすべて）

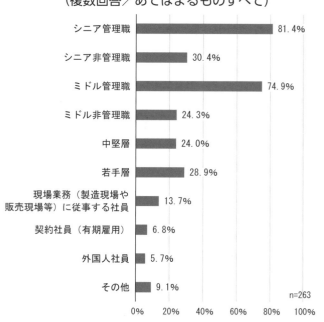

注：2．社員のエンゲージメントの現状について「全体的に高い傾向にある」「高い層と低い層がある（まだら）」と回答した企業が対象。
出典：1．2．経団連「2022年人事・労務に関するトップ・マネジメント調査結果」

▶ エンゲージメントの定義

　エンゲージメントの定義は様々あるが、経団連では「働き手にとって組織目標の達成と自らの成長の方向性が一致し、『働きがい』や『働きやすさ』を感じられる職場環境の中で、組織や仕事に主体的に貢献する意欲や姿勢を表す概念」と整理している。企業には、働き手と自社の持続的な成長を図るため、エンゲージメント向上に資する働き方改革の取組みを「人への投資」として位置付け、労働生産性の向上に取り組むことが求められる。

▶ 社員のエンゲージメントの現状

　働き手のエンゲージメントを高めるため、企業は、多様な働き手の就労ニーズに対応した働き方やマネジメント、就労環境の整備、自社の存在意義や価値観の働き手との共有、働き手一人ひとりが成長を実感できる機会・支援の提供などにより、働き手から選ばれる企業・組織を目指すことが重要である。そこで、エンプロイアビリティの向上につながる仕事の提示や、働き手にできるだけ裁量を委ねる社風の醸成、評価に基づく処遇への適切な反映など、企業全体での取組みに加え、年代や雇用形態、部署、職種などの区分ごとにエンゲージメントの状況を把握し、必要な対策を講じることが有効となる。

　経団連の調査によると、8割以上（81.9%）の企業が、社員のエンゲージメントの現状を把握しており、そのうち、「全体的に高い状況にある」企業は18.2%、「高い層と低い層がある（まだら）」企業は53.5%であった。エンゲージメントが高い層（複数回答／あてはまるものすべて）では、「シニア管理職」（81.4%）、「ミドル管理職」（74.9%）が多く、非管理職層に比べ、管理職層のエンゲージメントが相対的に高い傾向がみられる。

重要テーマ（1）エンゲージメントの向上②

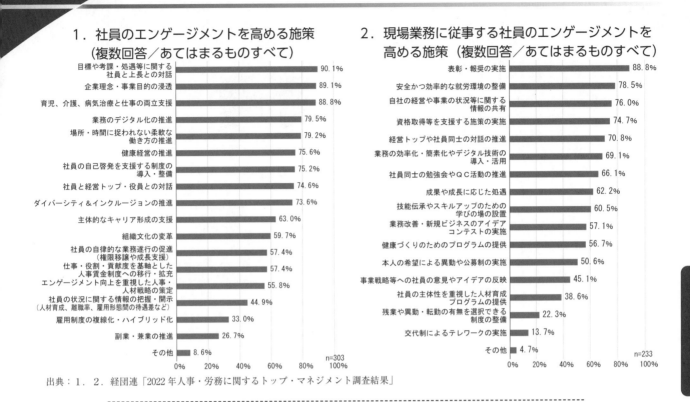

1．社員のエンゲージメントを高める施策
（複数回答／あてはまるものすべて）

目標や考課・処遇等に関する社員と上長との対話	90.1%
企業理念・事業目的の浸透	89.1%
育児、介護、病気治療と仕事の両立支援	88.8%
業務のデジタル化の推進	79.5%
場所・時間に捉われない柔軟な働き方の推進	79.2%
健康経営の推進	75.6%
社員の自己啓発を支援する制度の導入・整備	75.2%
社員と経営トップ・役員との対話	74.6%
ダイバーシティ＆インクルージョンの推進	73.6%
主体的なキャリア形成の支援	63.0%
組織文化の変革	59.7%
社員の自律的な業務遂行の促進（権限移譲や成長支援）	57.4%
仕事・役割・貢献度を基軸とした人事賃金制度への移行・拡充	57.4%
エンゲージメント向上を重視した人事・人材戦略の策定	55.8%
社員の状況に関する情報の把握・開示（人材育成、離職率、雇用形態間の待遇差など）	44.9%
雇用制度の複線化・ハイブリッド化	33.0%
副業・兼業の推進	26.7%
その他	8.6%

n=303

2．現場業務に従事する社員のエンゲージメントを高める施策（複数回答／あてはまるものすべて）

表彰・報奨の実施	88.8%
安全かつ効率的な就労環境の整備	78.5%
自社の経営や事業の状況等に関する情報の共有	76.0%
資格取得等を支援する施策の実施	74.7%
経営トップや社員同士の対話の推進	70.8%
業務の効率化・簡素化やデジタル技術の導入・活用	69.1%
社員同士の勉強会やQC活動の推進	66.1%
成果や成長に応じた処遇	62.2%
技能伝承やスキルアップのための学びの場の設置	60.5%
業務改善・新規ビジネスのアイデアコンテストの実施	57.1%
健康づくりのためのプログラムの提供	56.7%
本人の希望による異動や公募制の実施	50.6%
事業戦略等への社員の意見やアイデアの反映	45.1%
社員の主体性を重視した人材育成プログラムの提供	38.6%
残業や異動・転勤の有無を選択できる制度の整備	22.3%
交代制によるテレワークの実施	13.7%
その他	4.7%

n=233

出典：1．2．経団連「2022年人事・労務に関するトップ・マネジメント調査結果」

▶ エンゲージメントを高める施策

　多くの企業は、画一的な働き方やマネジメントから脱却しつつあり、職場での積極的なコミュニケーションや働き手の自律性を重視した多様で柔軟な働き方のさらなる推進に努めている。経団連の調査によると、社員のエンゲージメントを高める施策（複数回答／あてはまるものすべて）では、「目標や考課・処遇等に関する社員と上長との対話」（90.1%）、「企業理念・事業目的の浸透」（89.1%）、「育児、介護、病気治療と仕事の両立支援」（88.8%）などが多い。また、現場業務に従事する社員のエンゲージメントを高める施策（複数回答／あてはまるものすべて）では、「表彰・報奨の実施」（88.8%）、「安全かつ効率的な就労環境の整備」（78.5%）、「自社の経営や事業の状況等に関する情報の共有」（76.0%）などが多くなっている。働き手のエンゲージメント向上のためには、現場業務に従事する社員や有期雇用等社員といった多様な働き手にも配慮しながら、各職場の状況や働き方を踏まえた対応が求められる。

▶ 施策の効果測定・評価

　エンゲージメントを高める各施策については、イノベーション創出や労働生産性向上に寄与しているのか、その効果を測定・評価することが必要である。具体的には、①社員1人当たりあるいは部門・全社の「生産性」「収益性」「付加価値」の動向などといった測定指標の設定、②社内アンケートの実施等によるエンゲージメントレベルの現状把握、③結果の分析と阻害要因・課題の把握、④阻害要因を取り除く施策の実行、⑤施策の効果測定とイノベーション創出や労働生産性向上への寄与度の測定・評価の5つのステップによるサイクルを構築・実行することが基本となる。指標は必要に応じて見直すとともに、把握・分析した結果はできるだけ開示して、自社の強み・弱みを社内で共有し、企業全体で改善に取り組むことが有益である。

重要テーマ(2)円滑な労働移動①

1．平均勤続年数の国際比較（2021年）

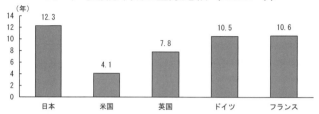

2．円滑な労働移動に向けて求められる取組み

①主体的なキャリア形成	②能力開発・スキルアップ
【働き手】自身のキャリアパス・ビジョンの形成に主体的に取り組む 【企業】働き手の希望と自社の人事戦略とをすり合わせながら、 　　　　主体的なキャリア形成を継続的に支援することが必要 　・副業・兼業等の促進 　・社内公募制・フリーエージェント制度の導入・拡充 　・社内起業制度の創設・拡充 　・スタートアップ企業を含む出向の実施　等	【働き手】主体的かつ継続的に能力開発・スキルアップを図ることが必要 【企業】働き手が能力開発等に主体的に取り組めるよう、能力開発プログラム 　　　　の提供や費用面での支援に加え、学習時間の確保に向けた制度面での 　　　　サポートが重要 　・自己啓発のための休暇・休日制度や時短勤務制度の導入・拡大 　　（選択的週休3日制、企業版サバティカル休暇を含む） 　・働き手の「学び」の成果を実際の業務に活かす機会の提供 　・大学等の教育機関と連携した能力開発プログラムの提供　等

雇用マッチング機能の強化、雇用セーフティーネットの確保・充実（政府に求められる取組み、次頁参照）

注：1．日本は短時間労働者を除く。米国は中央値。
出典：1．厚生労働省「賃金構造基本統計調査」、米国労働省「Employee Tenure in 2022」、OECD.Stat
　　　2．経団連「2023年版経営労働政策特別委員会報告」をもとに経団連事務局にて作成

▰ 円滑な労働移動の必要性

　厚生労働省「雇用動向調査」によれば、日本の労働者全体に占める転職者の割合である転職入職率（一般労働者）は7～9％で長期間推移している（2021年7.3％）。また、わが国の労働者の平均勤続年数（2021年）は12.3年と主要先進国の中で最も長く、国際的に雇用の流動性が低い。

　こうした中、わが国は人口減少の進行に加え、デジタルトランスフォーメーション（DX）やグリーントランスフォーメーション（GX）の推進による産業構造の転換とそれに伴う労働需要の変化に対応する必要がある。そこで、持続的な成長の実現に向けて、新たな成長分野・産業等への円滑な労働移動を促進し、わが国全体の生産性向上を図ることが極めて重要である。

▰ 円滑な労働移動に向けた課題

　円滑な労働移動の推進に向けては、雇用保険制度をはじめとした雇用のセーフティーネットの再整備を前提に、働き手・企業・政府等の各主体による取組みと、社会全体の意識変革が必要となる。そのために、働き手・企業には大きく2つの取組みが求められる。

　1つ目は、主体的なキャリア形成である。働き手には、自身のキャリアパス・ビジョンの形成に主体的に取り組むことが期待される。企業は、働き手の希望と自社の人事戦略とをすり合わせながら、社内公募制の導入・拡充などにより、働き手のキャリア形成を支援する必要がある。

　2つ目は、能力開発・スキルアップである。働き手には、リスキリングやリカレント教育を通じて、自身のキャリアの実現に必要な能力開発等が望まれる。企業は、大学等の教育機関と連携した能力開発プログラムの提供や費用面での支援に加え、自己啓発のための休暇・休日制度の導入・拡大など学習時間の確保に向けた制度面でサポートすることが重要である。

重要テーマ（2）円滑な労働移動②

「人への投資」の施策パッケージ（5年1兆円）の概要

	2021年度補正予算	2022年度予算	2022年度補正予算	2023年度予算	～2026年度
人材開発支援助成金	216億円	504億円	—	505億円	
キャリアアップ助成金	251億円	268億円	—	268億円	
トライアル雇用助成金	50億円	—	—	—	
特定求職者雇用開発助成金	—	150億円	—	155億円	
専門実践教育訓練給付	—	96億円	—	117億円	
産業雇用安定助成金	—	—	—	182億円	
受講者の特性に対応した新たな教育訓練手法の構築・普及促進事業（仮称）	—	—	—	6.1億円	計5,500億円程度
「キャリア形成・学び直し支援センター（仮称）」の整備	—	—	—	22億円	※民間からの提案を踏まえて引き続き検討
個々の女性労働者のキャリア形成支援	—	—	—	0.16億円	
副業・兼業に関する情報提供モデル事業	—	—	—	0.26億円	
働く人のワークエンゲージメント向上に向けた支援	—	—	—	0.19億円	
労働移動支援助成金	—	—	—	167億円	
公的職業訓練のデジタル分野の重点化によるデジタル推進人材の育成	—	—	—	86億円 ※一部一般会計等を含む	
紹介予定派遣活用研修・就労支援事業（一般会計）	508億円	—	—	—	
リスキリングを通じたキャリアアップ支援事業（経産省）	—	—	753億円	—	
副業・兼業支援補助金（経産省）	—	—	43億円	—	
計	1,024億円	1,019億円	796億円	1,510億円	

注1：枠囲みは雇用保険二事業で、費用は全額事業主負担。
注2：2021年度補正予算は文部科学省の事業と経済産業省の事業で計133億円であり、政府全体では総計1,156億円。
出典：厚生労働省資料をもとに経団連事務局にて作成

円滑な労働移動の実現には、雇用のマッチング機能強化と雇用のセーフティーネットの再整備が前提となる。以下、現状および今後の課題を整理する。

▶ 雇用のマッチング機能強化

わが国の雇用のマッチング機能は、国が運営する公共職業安定所（ハローワーク）などの公共職業紹介と民間の職業仲介事業に大別される。ハローワークによる就職件数は、東京都や大阪府以外の地域で、民間の職業紹介事業者を上回る場合が多い。引き続き、全国にネットワークを有する強みを活かし、地域をまたいだマッチング推進や好事例・ノウハウの横展開などの取組み強化が重要となる。一方、民間の職業紹介事業は、近年デジタル技術の進展などにより、求職者支援や求人企業の採用プロセスの効率化など、様々なサービスを展開している。今後も、求職者と求人者の双方にとって有益なサービスを開発・拡充していくことが求められている。

▶ 雇用のセーフティーネットの再整備

日本の雇用のセーフティーネットは、①「雇用保険制度」（135頁参照）、②雇用保険被保険者以外の者を主な対象とした「求職者支援制度」、③健康で文化的な最低限度の生活を営むことができない者に対する「生活保護制度」などが重層的に張り巡らされている。コロナ禍においても、失業予防対策、雇用維持策として十分機能したといえる。一方で、現行の「雇用維持型」のセーフティーネットは円滑な労働移動を阻害しているとの指摘もある。今後は「労働移動推進型」への移行が課題となる。こうした中、政府は「人への投資」の施策パッケージ（5年1兆円）を打ち出し、人材開発支援助成金の拡充等を図っている。働き手の主体的な能力開発・スキルアップをセーフティーネットの再整備に資するものと位置付けて、さらに円滑な労働移動の実現につなげていくことが望まれる。

重要テーマ（3）人材育成①

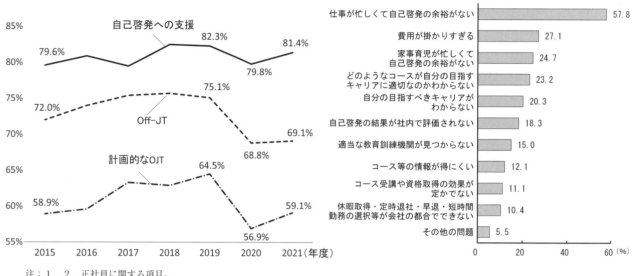

1. 計画的な OJT および Off-JT、自己啓発への支援を実施した事業所の割合

2. 自己啓発を行う上での問題点（複数回答）

注：1. 2. 正社員に関する項目。
出典：1. 2. 厚生労働省「能力開発基本調査」（2021 年度）

企業における人材育成とリカレント教育

　企業が行う人材育成には、日常業務を通して上司や先輩社員などから知識や仕事の進め方などを学ぶ「OJT（On the Job Training）」や、業務命令に基づき、研修やセミナーなどによって業務に必要な知識や技術の習得を図る「Off -JT（Off the Job Training）」のほか、働き手の自己啓発への支援などがある。企業は、OJT や Off -JT、自己啓発支援を適切に組み合わせ、自社に必要な人材の育成・確保や働き手の主体的な能力開発・スキルアップのサポートをすることが求められている。

　また、近年は、ＧＸ・ＤＸの推進による労働需要の変化を見据え、働き手が自身のキャリアプランに基づき、現在もしくは将来の業務・キャリアのために行うリスキリングなどリカレント教育が注目されている。政府としても、在職者への学び直し支援強化の方針を打ち出している。

人材育成の現状と課題

　厚生労働省の「能力開発基本調査」（2021 年度）によれば、計画的な OJT や Off -JT を正社員に対して実施した事業所の割合は上昇傾向にあったが、コロナ禍により 2020 年度は大きく低下した。翌 2021 年度は、計画的な OJT の実施企業が 59.1%、Off-JT の実施企業が 69.1%で、前年度より改善したものの、コロナ禍前の 2019 年度の水準に比べて低くなっている。「人への投資」促進の観点から、計画的な OJT や Off-JT の拡充が求められる。

　他方、社員の自己啓発支援を行う企業は、コロナ禍においても大きく減少せず、80%前後で推移している（2021 年度は 81.4%）。同調査によると、働き手が自己啓発を行う上での問題点（複数回答）として、「仕事が忙しくて自己啓発の余裕がない」（57.8%）の回答が最も多く挙げられている。自己啓発をさらに促進していくためには、働き方改革や業務の効率化を進めながら、制度面でのサポートが重要になる。

重要テーマ(3) 人材育成②

1．人材開発支援助成金

訓練コース名	対象者・対象訓練
人への投資促進コース	国民からの提案を踏まえた右図の5つの助成（2024年度まで）
人材育成支援コース 訓練コース統合	職務に関連した知識・技能習得のための10時間以上のOff-JTの経費助成等
	中核人材育成のためのOJTとOff-JTを組み合わせた訓練経費助成等
	有期雇用労働者等の正社員転換を目的とするOJTとOff-JTを組み合わせた訓練経費助成等
教育訓練休暇等付与コース	教育訓練休暇制度などを導入した事業主への制度導入助成等
事業展開等リスキリング支援コース 創設	事業展開に伴い、新たな分野での必要知識・技能を習得させるための訓練を実施した場合の経費助成等（2026年度まで）

デジタル／成長分野	**高度デジタル人材訓練／成長分野等人材訓練** 高度デジタル人材の育成のための訓練や大学院での訓練を行う事業主に対する高率助成
ＩＴ分野未経験	**情報技術分野認定実習併用職業訓練** ＩＴ分野未経験者の即戦力化のための訓練を実施する事業主に対する高率助成（Off-JTとOJTを組み合わせた訓練）
サブスクリプション	**定額制訓練** サブスクリプション型の研修サービスによる訓練への助成
自発的能力開発	**自発的職業能力開発訓練** 労働者が自発的に受講した訓練費用を負担する事業主への助成
教育訓練休暇	**長期教育訓練休暇等制度** 働きながら訓練を受講するための休暇制度や短時間勤務等制度を導入する事業主への助成

2．教育訓練給付金

（1）一般教育訓練給付金
・対　　象：雇用保険の被保険者期間が3年以上（初回の場合は1年以上）の在職者等
・給付内容：受講費用の20%（上限年間10万円）の支給
・資格・講座（例）：TOEIC、簿記、Microsoft Office Specialist
（2）特定一般教育訓練給付金
・対　　象：雇用保険の被保険者期間が3年以上（初回の場合は1年以上）の在職者等
・給付内容：受講費用の40%（上限年間20万円）の支給
・資格・講座（例）：介護職員初任者研修、税理士、大型自動車第一種免許
（3）専門実践教育訓練給付金
・対　　象：雇用保険の被保険者期間が3年以上（初回の場合は2年以上）の在職者等
・給付内容：受講費用の最大70%（上限年間56万円）の支給
・資格・講座（例）：看護師、介護福祉士、キャリアコンサルタント、ＭＢＡ

出典：1．2．厚生労働省資料をもとに経団連事務局にて作成

　働き手のスキルアップやキャリア形成など人材育成の支援を目的として、政府による事業主と労働者に対する様々な助成金や給付金が用意されている。

▶ 事業主への支援

　事業主が雇用する労働者に対して、職務に関連した専門的な知識および技能を習得させるために職業訓練を実施した場合、その経費や期間中の賃金の一部等を助成する制度として「人材開発支援助成金」がある。同助成金には、様々な訓練コースが設定されている。

　このうち、同助成金を利用しやすくするという観点から、2023年4月以降、従来の①特定訓練コース、②一般訓練コース、③特別育成訓練コースを「人材育成支援コース」に統合し、雇用形態を問わず訓練の受講が可能となっている（一部の訓練を除く）。また、デジタル人材・高度人材の育成や労働者の自発的な能力開発の促進等を目的として、2022年度から「人への投資促進コース」が設けられている（2024年度まで）。さらに、2022年12月からは、同コースにおける助成限度額および経費助成率が引き上げられるとともに、「事業展開等リスキリング支援コース」が創設されている（2026年度まで）。

　このほかの支援としては、有期雇用労働者やパートタイム労働者、派遣労働者に対し、正社員への転換や処遇改善を実施した場合に助成するキャリアアップ助成金がある。

▶ 労働者の主体的なスキルアップの支援

　労働者個人に対する支援策としては、雇用保険制度の「教育訓練給付金」がある。厚生労働大臣指定の講座（約1万4,000件）を修了した場合に受講費用の一部が支給される制度で、教育訓練のレベルに応じて、一般・特定一般・専門実践の3種類がある。特定一般と専門実践においては、受講前にキャリアコンサルティングを受ける必要がある。

重要テーマ(4)副業・兼業①

「副業・兼業の促進に関するガイドライン」における管理モデルのイメージ
(A:本業先企業、B:副業・兼業先企業を想定)

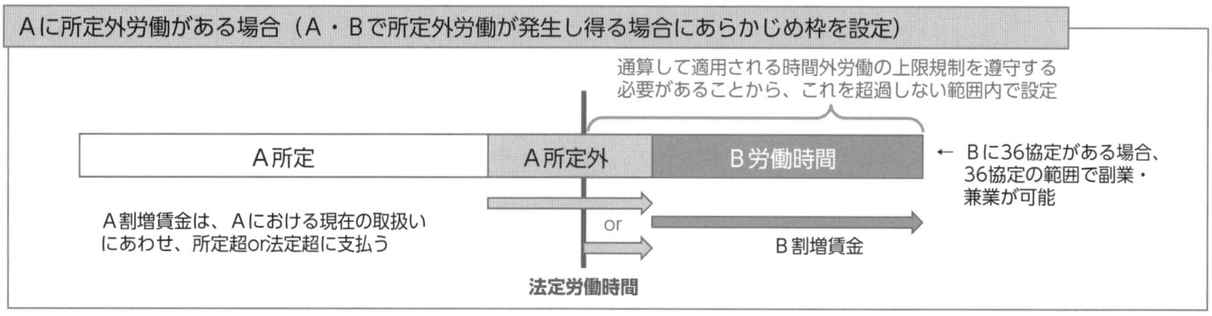

※副業・兼業によって労働時間を通算して法定労働時間を超える場合には、時間外労働の上限規制(月100時間未満、複数月平均80時間以内)の遵守はもとより、長時間の時間外労働とならないようにすることが望ましい。

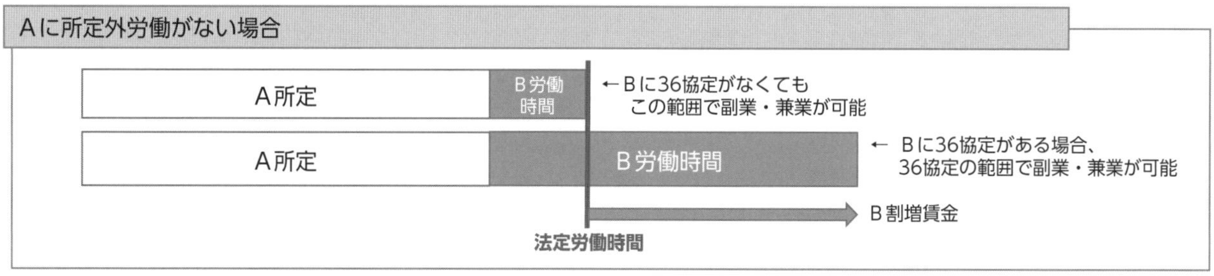

※Aが法定労働時間の範囲内で所定外労働の上限を設定するような場合においても、同様の考え方で対応することが可能。

政府は、副業・兼業の促進に向けて「副業・兼業の促進に関するガイドライン」を策定した(2018年1月)。その後、労働時間の把握・通算方法等の明確化や、副業・兼業の許容状況や条件等の公表などについて改定されている。また、厚生労働省が策定しているモデル就業規則は、原則、副業・兼業を認める内容に見直された。経団連の調査(2022年10月。275社回答)によると、約7割(70.6%)の企業が「副業・兼業を認めている」(「認める予定」を含む)と回答している。

「副業・兼業の促進に関するガイドライン」のポイント

ガイドラインでは、副業・兼業に関する裁判例(マンナ運輸事件ほか)において、労働時間以外の時間は、基本的に労働者の自由として判断されていることを踏まえ、原則、副業・兼業を認めることが適当としている。ただし、①労務提供上の支障がある場合、②業務上の秘密が漏洩する場合、③競業により自社の利益が害される場合、④自社の名誉や信用を損なう行為や信頼関係を破壊する行為がある場合はこの限りでない。

労働基準法38条は、「労働時間は、事業場を異にする場合においても、労働時間に関する規定の適用については通算する」としている。「事業場を異にする場合」には、“事業主”を異にする場合も含むと解されることから、労働者が副業・兼業を行っている場合であっても、自社と副業・兼業先の労働時間を通算した上で労働時間管理を行わなければならない。このため、ガイドラインでは、企業は労働者の自己申告をもとに、原則的な通算方法に加え、簡便な労働時間管理の方法をもって労働時間の管理・把握を行うことができる「管理モデル」を提示している。なお、本業先企業、副業・兼業先企業は、契約締結の先後(先契約が本業先企業)によって決められる。

重要テーマ(4)副業・兼業②

社会保険、労働保険のポイント

1. 社会保険

	自社	他社	加入可否
1	満たす	満たさない	自社のみで加入
2	満たさない	満たす	他社のみで加入
3	満たす	満たす	それぞれの会社で加入

◎事業所の選択
社員が副業をする場合、いずれかの会社の保険者が一括して手続きを行う。選択に関する特段の定めはないため、社員が保険者を自由に選択する。

◎標準報酬月額と保険料額の決定
それぞれの会社が支給する報酬月額を合算し、標準報酬月額をとする。決定された標準報酬月額をもとに算出した保険料額を、それぞれの会社の報酬月額の比率で按分し、それぞれが負担する。

◎標準賞与額と保険料額の決定
賞与を支給する会社は、支給する賞与額を標準賞与額とし、保険料額を算出、負担する。
それぞれの会社が同月に賞与を支給する場合は、それぞれの会社が支給する賞与を合算し、標準賞与額とする。決定された標準賞与額をもとに算出した保険料額を、それぞれの賞与額の比率で按分し、それぞれが負担する。

出典：佐保田藍他著「副業・兼業対応の実務」（第一法規）2022年2月をもとに経団連事務局にて作成

2. 雇用保険

	自社	他社	加入可否
1	満たす	満たさない	自社のみで加入
2	満たさない	満たす	他社のみで加入
3	満たす	満たす	主たる賃金を受ける会社のみで加入

◎主たる賃金を得ている会社の判断
主たる賃金とは、生計を維持するために必要な賃金を指す。高い賃金を受けている会社で被保険者になることが一般的ではあるが、特段の定めはないことから、本人の選択（申出）に基づき、手続きを進める。

3. 労災保険

給付に係る算定基礎の合算

【具体例】
就業先A(月額賃金20万円)と就業先B(同15万円)で兼業していた労働者が、就業先Bで事故にあい、ABともに休業した場合、複数就業先からの合計収入を労災保険給付の算定基礎とする。

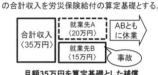

月額35万円を算定基礎とした補償

労災認定

【具体例】
就業先Aで週40時間、就業先Bで週26時間働いている労働者が脳・心臓疾患を発症した場合、個々の就業先での時間外労働はゼロだが、合算して月100時間超の時間外労働をしたものとして労災認定される。

ただし、就業先A・Bともにメリット制への反映はなく、保険料への影響もない。

【参考：脳・心臓疾患の認定基準】
発症前1ヵ月間に100時間を超える時間外労働が認められる場合、業務起因性が高いと評価

社会保険の適用

　社会保険（厚生年金保険および健康保険）の適用要件は、事業所ごとに判断する。そのため、複数の雇用関係に基づき複数の事業所で勤務する者が、いずれの事業所においても適用要件を満たさない場合、労働時間等を合算して適用要件を満たしたとしても適用されない。また、複数就業者が、それぞれの事業所で被保険者要件を満たす場合、被保険者は、いずれかの事業所の管轄の年金事務所および医療保険者を選択し、各事業所の報酬月額を合算して、標準報酬月額を算定し、保険料を決定する。その上で、各事業主は、被保険者に支払う報酬の額により按分した保険料を、選択した年金事務所に納付（健康保険の場合は、選択した医療保険者等に納付）することとなる。

雇用保険の適用

　同時に複数の事業主に雇用されている者が、それぞれの雇用関係において、雇用保険制度の被保険者要件を満たす場合、その者が生計を維持するに必要な主たる賃金を受ける雇用関係についてのみ被保険者となる。なお、雇用保険法が改正（2022年1月施行）され、本人の申出により、2つの事業所の労働時間を合算して「週の所定労働時間が20時間以上」となる65歳以上の労働者も雇用保険の対象とされた。

労災保険の適用

　複数就業者が労働災害にあった場合、従来は災害が発生した事業場からの収入に基づいた保険給付しか受けることができなかったが、労災保険法の改正（2020年9月施行）により、①合算した収入に基づいて給付が受けられること、②それぞれの事業場の業務上の負荷を総合評価して労災認定を行うことになった。

「テレワークの適切な導入及び実施の推進のためのガイドライン」の構成

形態	在宅勤務
	サテライトオフィス勤務
	モバイル勤務

導入に際しての留意点	対象業務の選定
	対象者の選定
	既存業務の見直し・点検
	円滑なコミュニケーションの促進
	グループ企業単位等での実施の検討

労務管理上の留意点	人事評価制度
	費用負担の取扱い
	テレワーク状況下における人材育成
	テレワークを効果的に実施するための人材育成

| ルールの策定と周知 | 労働基準関係法令の適用 |

| 様々な労働時間制度の活用 | 労働時間の柔軟な取扱い |

労働時間管理の工夫	労働時間管理の考え方
	労働時間の把握
	テレワークに特有の事象の取扱い

| 安全衛生の確保 | メンタルヘルス対策 |
| | 作業環境整備 |

労働災害の補償

ハラスメントへの対応

セキュリティへの対応

出典：厚生労働省「テレワークの適切な導入及び実施の推進のためのガイドライン」をもとに経団連事務局にて作成

テレワークは、働く時間や場所を柔軟に活用することができる働き方として、その定着・活用が期待されている。通勤時間の短縮や育児・介護と仕事の両立の一助になるなど、労働者にとってメリットは多い。使用者にとっても、業務効率化による生産性の向上に資することや、育児や介護等を理由とした労働者の離職の防止、遠隔地の優秀な人材の確保、オフィスコストの削減につながるなどメリットがある。他方で、長時間労働につながる可能性もあることから、厚生労働省は、使用者が適切に労務管理を行い、労働者が安心して働くことができる良質なテレワークの推進に向けて、「テレワークの適切な導入及び実施の推進のためのガイドライン」を2021年3月に公表した。

▶ 労働関係法令の適用および留意点

労働基準法や労働安全衛生法等は、テレワークを行う労働者にも適用される。このため、テレワークの実施にあたっては、導入目的、対象業務、対象となり得る労働者の範囲、実施場所、テレワーク可能日（労働者の希望、当番制、頻度等）、申請等の手続き、費用負担、労働時間管理の方法や中抜け時間の取扱い、通常または緊急時の連絡方法等について、あらかじめ労使で十分に話し合い、ルールを定めておくことが重要となる。また、テレワークにおける労働時間管理に関して、同ガイドラインでは、「労働時間の適正な把握のために使用者が講ずべき措置に関するガイドライン」（2017年1月）を踏まえた対応が求められることに加えて、一定程度業務から離れる時間（中抜け時間）が生じやすいなどテレワーク特有の事象への対応の考え方も整理されている。加えて、人事評価、人材育成、メンタルヘルス、ハラスメントへの対応に関する考え方や、テレワークを行う労働者の安全衛生の確保および自宅等においてテレワークを行う際の作業環境を確認するためのチェックリストを公開している。

重要テーマ（5）テレワーク ②

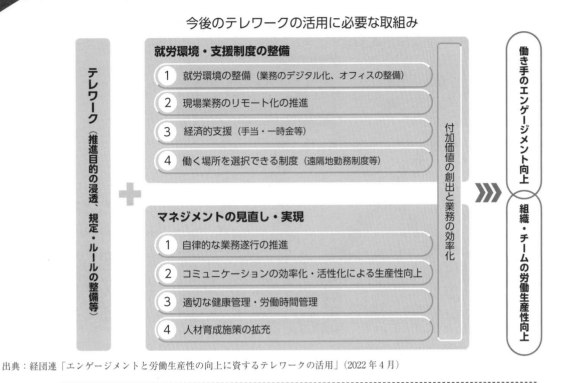

今後のテレワークの活用に必要な取組み

就労環境・支援制度の整備

1 就労環境の整備（業務のデジタル化、オフィスの整備）
2 現場業務のリモート化の推進
3 経済的支援（手当・一時金等）
4 働く場所を選択できる制度（遠隔地勤務制度等）

マネジメントの見直し・実現

1 自律的な業務遂行の推進
2 コミュニケーションの効率化・活性化による生産性向上
3 適切な健康管理・労働時間管理
4 人材育成施策の拡充

テレワーク（推進目的の浸透、規定・ルールの整備等）

付加価値の創出と業務の効率化

働き手のエンゲージメント向上

組織・チームの労働生産性向上

出典：経団連「エンゲージメントと労働生産性の向上に資するテレワークの活用」（2022年4月）

▸ 多様で柔軟な働き方の実現に向けたテレワークの活用方針

経団連調査によると、テレワークの活用方針として、「部門や職種の特性等に応じて、各社員がテレワークと出社を選択できる働き方を推進」との回答（68.4％）が最も多い。これに「テレワークを中心とした働き方を推進」（3.5％）を加えると、7割超（71.9％）の企業がテレワークを推進する方針としている。

▸ テレワークの導入・活用に必要な取組み

テレワークの導入に向けては、経営トップが自社の目指す働き方のビジョンやテレワーク推進の目的を示すことがまず重要である。次に、人事部門や情報システム部門等が連携し、全社で多面的に柔軟な働き方に適した環境を整備する必要がある。その上で、各部門・職場では、自律的な業務遂行やコミュニケーションの効率化、テレワークと出社のベストミックスを検討・実践していくことが求められる。

テレワークの活用にあたっては、「就労環境・支援制度の整備」と「マネジメントの見直し・実現」の両面から取り組むことが必要となる。就労環境・支援制度の整備としては、①業務のデジタル化やオフィスの機能・魅力の強化など就労環境の整備、②業務の自動化等による現場業務のリモート化の推進、③手当・一時金など経済的な支援、④遠隔地勤務制度やワーケーションなど働く場所を選択できる制度の導入・拡充などが求められる。また、マネジメントの見直し・実現に向けては、①業務の手順・範囲や求められる役割等の認識をあらかじめ合わせることによる自律的な業務遂行の推進、②ICTツールを活用したコミュニケーションの効率化・活性化、③適切な健康管理・労働時間管理、④効果的なOJT・Off-JTの実施による人材育成施策の拡充などを着実に進めることが有効である。

Ⅲ 人事・労務管理

重要テーマ（6）治療と仕事の両立支援

治療と仕事の両立に向けたスクエア型支援のイメージ

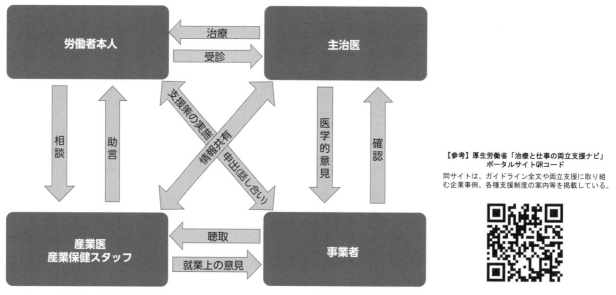

【参考】厚生労働省「治療と仕事の両立支援ナビ」
ポータルサイトQRコード
同サイトは、ガイドライン全文や両立支援に取り組む企業事例、各種支援制度の案内等を掲載している。

出典：厚生労働省「事業場における治療と仕事の両立支援のためのガイドライン」をもとに経団連事務局にて作成

近年、診断技術や治療方法の進歩に伴い、定期的な通院等で病気治療を続けながら、可能な限り働きたいと望む社員が増えている。今後、職場における社員の高齢化が一層進むと見込まれる中、治療と仕事の両立支援に向けた事業者の環境整備が求められる。その際に参考となるのが、厚生労働省が策定した「事業場における治療と仕事の両立支援のためのガイドライン」（2023年3月改訂）と「疾病別の留意事項」（がん、脳卒中、肝疾患、難病、心疾患、糖尿病）である。

▶ スクエア型支援

私傷病である疾病に罹患した労働者は、主治医の指示等に基づき、治療や疾病の憎悪防止に努める必要がある。その上で、労働者本人からの支援の申出を端緒に、事業者は治療と仕事の両立支援に取り組むことが基本となる。その際に大切なことは、労働者と主治医、産業医・産業保健スタッフ、事業者（人事労務担当者）等が、それぞれの役割を十分に認識して連携する「スクエア型支援」を形成していくことである。

スクエア型支援では、主治医が、患者である労働者の治療を行うことはもちろん、両立支援に向けて必要な情報や医学的意見を事業者や産業医にしっかりと伝えることが重要となる。そして事業者には、産業医・産業保健スタッフの意見を聞くとともに、労働者と十分に話し合い、適切な支援策を実施していくことが求められる。また、周囲の上司や同僚等に必要な情報を開示して理解を得るとともに、過度な負担がかからないようにすることが望ましい。

症状や治療方法は一人ひとりで異なるため、取るべき対応やその時期等は個別事例の特性に応じて変えるべきである。治療と仕事の両立支援に向け、事業者は、労働者に対する安全配慮義務等が課せられていることに留意し、個々の労働者の健康状態や業務遂行能力を踏まえながら適切に配慮することが必要である。

重要テーマ(7) 人的資本経営の開示

サステナビリティ開示の概観

□有価証券報告書の「サステナビリティに関する考え方及び取組」と「従業員の状況」に以下の事項を記載

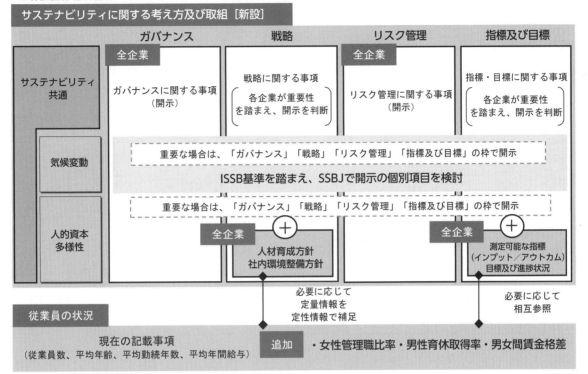

注：ＩＳＳＢは国際サステナビリティ基準審議会、ＳＳＢＪはサステナビリティ基準委員会のこと。
出典：金融庁「サステナビリティ情報の記載欄の新設等の改正について（解説資料）」

▶ 人的資本や多様性に関する事項の開示

　近年、長期的な企業価値に関連する情報として、人的資本・多様性に関する事項が着目されている。こうした中、「企業内容等の開示に関する内閣府令」の改正（2023年1月）に伴い、2023年3月期以降の有価証券報告書より、「サステナビリティに関する考え方及び取組」（新設）において、人的資本や多様性に関する事項が記載されることになる。同開示は、ＴＣＦＤ（気候関連財務情報開示タスクフォース）フレームワーク（「ガバナンス」「戦略」「リスク管理」「指標及び目標」）に基づいて行われる。

　具体的には、①「戦略」の領域における「人材育成方針」（多様性の確保を含む）や「社内環境整備方針」の開示と、②「指標及び目標」の領域における①に関する「測定可能な指標（インプット／アウトカム）」と同指標による「目標及び進捗状況」の開示が、すべての提出会社に義務付けられる。

　また、「従業員の状況」の領域において、有価証券報告書の提出会社やその連結子会社が「女性活躍推進法」または「育児・介護休業法」に基づき、「女性管理職比率」や「男性育休取得率」「男女間賃金格差」の情報を公表する場合には、提出会社に開示が義務付けられる。

　このほか、内閣官房は2022年8月に「人的資本可視化指針」を公表した。同指針は、①指針策定の背景、指針の役割、②人的資本の可視化の方法、③可視化に向けたステップの3つを柱に、人的資本の可視化に関して、各関係者に期待される役割や対応すべき事項、具体的な開示事項の検討方法および留意点などを示している。

社員区分制度と格付け制度

人事管理体系と基盤となる社員区分制度・格付け制度のイメージ

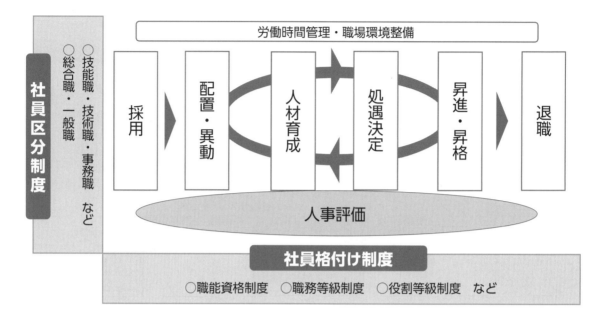

企業における人事管理は、人材の採用から退職までの一連の管理や、労働時間管理・職場環境の整備等、多様な分野から構成される。このうち、配置・異動や人材育成、処遇や昇進・昇格等の決定には、各社員の人事評価の結果が活用される。これらの人事管理体系のあり方を決定する基盤となるのが社員区分制度と社員格付け制度である。

▶ 多様化する社員区分制度

社員区分制度は、仕事内容（職種）や期待されるキャリア形成、役割の違い等に基づき、社員を複数のコースに区分し、配置・異動、人材育成、処遇、昇進・昇格等の人事管理について、異なる体系を適用する仕組みである。代表的な例として、期待されるキャリア形成の違い等に基づく総合職と一般職の区分や、職種の違いに基づく技能職・技術職・事務職等の区分がある。近年は、転勤のない勤務地限定社員や、高度な専門能力を要する業務を担う専門職等のいわゆる「ジョブ型」の新しい社員区分を創設する等、社員の働き方に対するニーズやキャリアに対する考え方の多様化を踏まえて、社員区分を細分化するケースもみられる。

▶ 重視する評価要素の違いで異なる社員格付け制度

社員格付け制度は、自社の社員を評価する際に重視する要素から設定した基準により、社内での序列を決めていく仕組みである。主なものとしては、担当する仕事の内容にかかわらず職務を遂行する能力により評価する「職能資格制度」、担当する仕事の重要度・難易度等の職務価値を尺度とする「職務等級制度」、担う役割や権限・責任の程度を基準とする「役割等級制度」等がある。賃金制度のうち基本給は、社員格付け制度における等級に対応するように設計されていることが多い。

採用（1）募集・採用時の留意点

1．年齢にかかわりない均等な機会の確保（労働施策総合推進法）

（募集及び採用における年齢にかかわりない均等な機会の確保）
9条　事業主は、労働者がその有する能力を有効に発揮するために必要であると認められるときとして厚生労働省令で定めるときは、労働者の募集及び採用について、厚生労働省令で定めるところにより、その年齢にかかわりなく均等な機会を与えなければならない。

※ 例外として年齢制限が認められる場合
・定年年齢を上限として、その上限年齢未満の労働者を募集・採用（期間の定めのない労働契約）
・長期勤続によるキャリア形成を図る観点から、若年者等を募集・採用（期間の定めのない労働契約）
・技能・ノウハウの継承の観点から、特定の職種において労働者数が相当程度少ない特定の年齢層に限定し、募集・採用（期間の定めのない労働契約）
・60歳以上の高年齢者等に限定して募集・採用
・就職氷河期世代の不安定就労者・無業者に限定して募集・採用（2024年度末までの暫定措置）　　　など

2．3年以内既卒者の新卒枠での応募受付（若者雇用促進法に基づく事業主等指針）

第二　事業主等が青少年の募集及び採用に当たって講ずべき措置
三　意欲・能力に応じた就職機会の提供等
（一）　学校等の卒業者の取扱い
　意欲や能力を有する青少年に応募の機会を広く提供する観点から、学校等の卒業者についても、学校等の新規卒業予定者の採用枠に応募できるような募集条件を設定すること。当該条件の設定に当たっては、学校等の卒業者が卒業後少なくとも三年間は応募できるものとすること。
　また、学校等の新規卒業予定者を募集するに当たっては、できる限り年齢の上限を設けないようにするとともに、上限を設ける場合には、青少年が広く応募することができるよう検討すること。

▶ 募集・採用時に留意すべき法律等

　企業は、憲法上の経済活動の自由や財産権の保障、民法上の契約の自由を根拠として、法律その他による特別の制限がない限り、採用条件や採否等について原則として自由に決定することができる（三菱樹脂事件、最高裁1973年12月12日）。募集・採用にかかる法律面の主な制限としては、①年齢による制限を設けることの原則禁止（労働施策総合推進法9条、59頁参照）、②男性または女性のみとすることの禁止、労働者の身長・体重・体力や転勤の要件を合理的な理由なく設けること（間接差別）の禁止（男女雇用機会均等法5条、7条、56頁参照）、③障害者雇用促進法に基づく障害者に対する差別禁止と合理的配慮の提供義務（障害者雇用促進法34条、36条の2、51頁参照）、法定雇用率に相当する障害者の雇用義務（同43条、50頁参照）、④労働組合への不加入、もしくは組合からの脱退を条件とすることの禁止（労働組合法7条1号、73頁参照）に加え、⑤新規学卒者（予定者を含む）の採用における青少年雇用情報の提供義務（若者雇用促進法13条、14条、53頁参照）等がある。

　また、募集時の労働条件等の明示に関する義務（職業安定法5条の3）の対象項目として、「業務内容」「労働時間」「賃金」「就業場所」「労働保険・社会保険の適用」「受動喫煙を防止するための措置」などが規定されている。

▶ 多様な就業機会の提供

　若者雇用促進法に基づく「事業主等指針」では、若者に多様な就業機会を提供する観点から、①学校等卒業後少なくとも3年間の新卒採用枠への応募受付、②地域限定正社員制度等、一定の地域に限定して働ける勤務制度の積極的な検討と将来のキャリア展望にかかる情報開示、③個々の事情に配慮した柔軟な対応（通年採用等）の積極的な検討等を呼びかけている。

1．政府要請における採用選考活動スケジュール

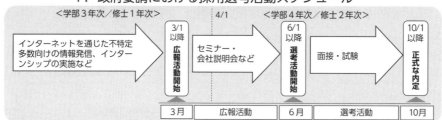

2．採用選考活動スケジュール以外の主な政府要請事項（2024年度卒業・修了予定者）

3．産学協議会 基準準拠マーク

学事日程等への配慮	・採用選考活動は、土日・祝日、平日の夕方以降の時間帯、長期休暇期間等を活用するとともに、学生の健康状態に配慮する
インターンシップ	・キャリア形成支援における産学協働の取組みのうち、タイプ1（オープン・カンパニー）、タイプ2（キャリア教育）は、「インターンシップ」に該当しないため、インターンシップと称して行ったり、情報発信したりしない ・就職・採用活動開始日以降に限って、タイプ3のインターンシップで取得した学生情報を活用できる
オンラインの活用	・オンラインによる企業説明会や面接・試験を実施する場合には、その旨を積極的に情報発信する ・通信手段や使用ツールなどを事前に明示し、学生が準備する時間を確保する
オワハラの防止の徹底	・正式な内定前に他社への就職活動の終了を迫ったり、誓約書等を要求したりするなど、採用選考における学生の職業選択の自由を妨げる行為を行わない

注：2．このほか、「卒業後3年以内の既卒者の新卒応募受付」「多様な採用選考機会の提供」「成績証明書等の一層の活用」「公平・公正で透明な採用、個人情報の不適切な取扱いの防止の徹底」「セクシュアルハラスメント防止の徹底」「学生からの苦情・相談への対応」について記載。
出典：1．2．内閣官房、文部科学省、厚生労働省、経済産業省「2024（令和6）年度卒業・修了予定者等の就職・採用活動に関する要請等について」（2023年4月）をもとに経団連事務局にて作成
　　　3．採用と大学教育の未来に関する産学協議会

▐ 就職・採用活動に関する政府要請

　大学など新卒者に対して秩序ある採用選考活動を企業に求めるため、経団連は2013年以降、「採用選考に関する指針」を策定してきた。しかし、採用方法が多様化していることや、政府や大学、経済界など幅広い関係者で議論する必要があることなどの理由から、経団連は2020年度以降、指針を策定しないことを表明した。そこで、政府は「就職・採用活動日程に関する関係省庁連絡会議」を設置し、2020年度から毎年、就職・採用活動に関する要請を策定し、経済団体等に要請している。

　2024年度卒業・修了予定者を対象とした政府要請は、広報活動（会社説明会等）を3月1日以降、選考活動（面接・試験）を6月1日以降、正式な内定日を10月1日以降と、これまでの採用選考活動の日程ルールを維持している。このほか、学事日程等への配慮やオンラインの活用、学生の職業選択の自由を妨げる行為（いわゆるオワハラ）の防止徹底等についても、各企業に求めている。

▐ 「採用と大学教育の未来に関する産学協議会」における産学の合意事項

　2019年1月、経団連と国公私立大学トップが直接対話する枠組みとして設置された「採用と大学教育の未来に関する産学協議会」では、産学協働によるSociety 5.0人材の育成策を検討している。その一環として、学生のキャリア形成支援活動を推進する観点から、タイプ1（オープン・カンパニー）、タイプ2（キャリア教育）、タイプ3（汎用能力・専門活用型インターンシップ）、タイプ4（高度専門型インターンシップ）の4分類を推進することで産学が合意している。特に、就業体験を伴う質の高いインターンシップを普及させるべく、タイプ3については、実施時期や情報開示など5項目にわたる「産学協議会が最低限遵守すべきと考える基準」を策定した。同基準を満たす場合、インターンシップを通じて取得した学生情報を採用活動開始後に限り活用できるとし、募集要項等に「産学協議会基準準拠マーク」（図3）を記載可能である。本基準は、2023年度から実施されるタイプ3のインターンシップに適用される。

1. 大学生の就職内定率

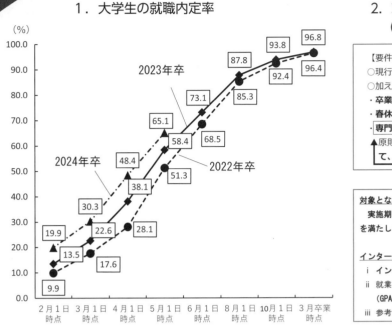

2. 就職・採用日程ルールの弾力化
（2025年度卒業・修了以降の学生対象）

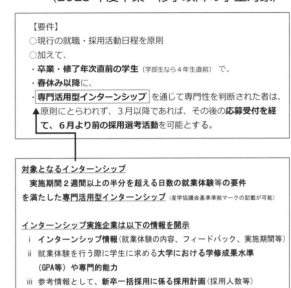

注：1．1,270人を対象。性別、専攻、所属大学の設置主体をもとに、実際の母集団の構成比に近づけるよう、文部科学省「学校基本調査」の数値
　　　を参照し、ウェイトバック集計を行ったもの。
出典：1．リクルート就職みらい研究所「就職プロセス調査（2024年卒）「2023年5月1日時点内定状況」」をもとに経団連事務局にて作成
　　　2．内閣官房資料をもとに経団連事務局にて作成

▶ 就職・採用活動の状況

　通年採用や経験者採用の導入・拡大など、採用・キャリアパスの多様化・複線化が一層進展する中、近年、新規学卒・修了者の就職・採用活動はますます早期化の様相を呈している。

　内閣府「学生の就職・採用活動開始時期等に関する調査報告書」（2022年11月）によると、2023年卒業・修了予定者の約9割が、4月までに最初の採用面接を受けていることが判明している。さらに、リクルート就職みらい研究所の調査では、2024年卒業予定の大学生の就職内定率は5月1日時点で65.1％と、毎年増加している（2023年卒58.4％、2022年卒51.3％）。政府要請における採用選考活動（面接・試験）開始日の6月1日を待たず、多くの企業が採用面接や内定提示を行うなど、日程ルールと実態に大きな乖離が生じている状況にある。

▶ インターンシップを活用した就職・採用日程ルールの弾力化

　専門知識・技能を有する人材の獲得競争が激化する中、政府は2023年4月、現行の日程ルールを原則とした上で、専門性の高い人材に関する採用日程の弾力化を図ることとした。具体的には、卒業・修了年度に入る直前の春休み以降に実施する「専門活用型インターンシップ」を通じて専門性を有すると企業が判断した学生（2025年度卒業・修了以降）に対しては、3月の広報活動開始以降であれば、6月の採用選考活動開始時期を待たず内々定を出すことが可能となる。対象となる「専門活用型インターンシップ」は、タイプ3のインターンシップ（前頁参照）のうち、実施期間は2週間以上、その半分を超える日数の就業体験が要件となっている。実施企業は、就業体験の内容や必要な専門能力などインターンシップの情報につき、ホームページ等での公表が求められる。

配転命令権と権利の濫用

1．配転命令権とは

①労働協約や就業規則に配転を命ずることができる旨の定めがあり、②勤務場所を限定する合意がなされなかったこと、という事情が認められる場合には、労働者の個別的同意なく配転（転勤）を命じることができるとする権利。

2．権利の濫用とは

（1）配転命令に業務上の必要性が存しない場合

労働力の適正配置、業務の能率増進、労働者の能力開発、勤務意欲の高揚、業務運営の円滑化など、企業の合理的運営に寄与する点が認められる限りは、業務上の必要性は肯定される傾向にあり、余人をもって容易に替え難いといった高度の必要性に限定されるものではない。しかし、配転命令に業務上の必要性が存しない場合には権利の濫用となる。

（2）配転命令が不当な動機や目的に基づく場合

退職勧奨に応じない労働者を退職に追い込むために発令された配転命令や、会社批判の中心人物に対する配転命令などは権利の濫用とされる傾向にある。

（3）労働者に対し通常甘受すべき程度を著しく超える不利益を負わせる場合

要介護状態にある親や、転居が困難な病気を持った家族を抱える労働者に対する遠隔地への配転命令、あるいは労働者本人が転勤困難な病気を持っている場合の配転命令については権利の濫用とされる傾向にある。

▶ 配置転換（配転）の意義と実務上の留意点

わが国企業は、労働者との長期的な雇用関係の下で、職種・職務内容を柔軟に変更することを通じて、社員の能力開発や適正な人員配置を図っている。そのために実施される職務内容や長期間にわたる勤務場所の変更を「配置転換（配転）」と呼ぶ。

職務内容や勤務場所の決定権限を有することを労働協約・就業規則に規定し、勤務場所を限定する合意がなされていなかったという事情が認められる場合、使用者は、労働者の個別同意なしに配転を行う権限（配転命令権）を有する。ただし、使用者に配転命令権がある場合であっても、①業務上の必要がない場合、②業務上の必要があっても他の不当な動機・目的によってなされた場合、③労働者に通常甘受すべき程度を著しく超える不利益を負わせるものである場合は、権利の濫用として命令が無効となり得るとの司法判断が示されている（東亜ペイント事件、最高裁1986年7月14日）。

▶ 労働者への転勤に関する配慮

多くの企業において、転居を伴う配転である「転勤」を実施しているが、共働き世帯や育児・介護を抱える社員の増加等により、労働者の事情や意向に配慮する必要性が高まっている。育児・介護休業法26条では、転勤により育児や介護が困難となる労働者がいる場合、その状況に配慮する旨が規定されている。厚生労働省「転勤に関する雇用管理のヒントと手法」（2017年3月）では、勤務地を限定しない場合、事前に社員の家庭状況や転勤の意向を把握してきめ細やかな説明をする等、納得感を高めることや、社員のキャリア形成のためにも転勤の時期や頻度等の予見可能性を高めることが望ましいとしている。企業の経営戦略施策としての転勤と、社員の事情や意向への配慮のバランスが重要である。

Ⅲ-6 出向・転籍

1．出向の権利義務関係

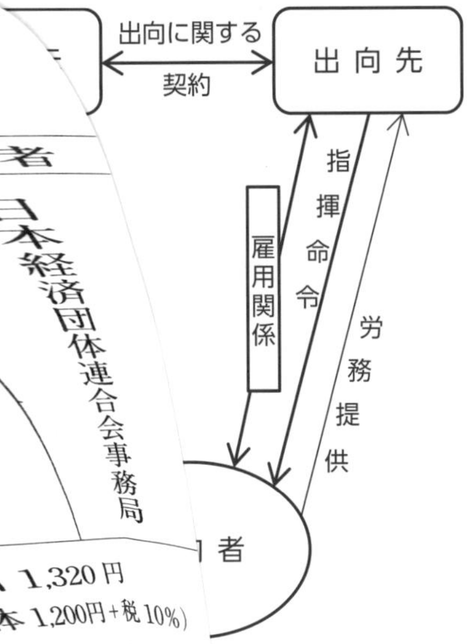

2．転籍の権利義務関係

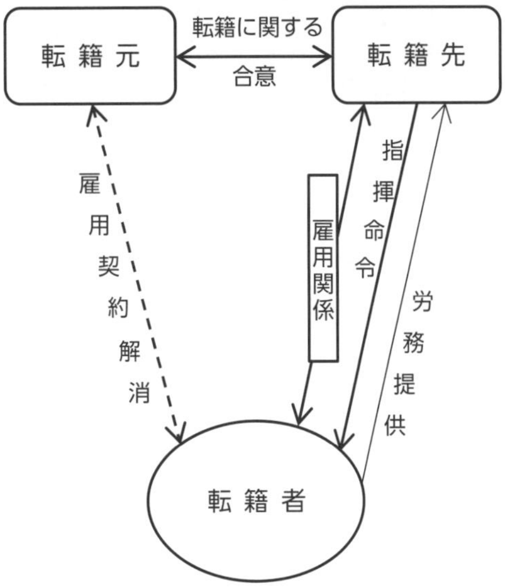

出向は、対象者が所属する会社との雇用契約を維持しながら、一定の期間において別の会社と雇用契約を締結して労務提供を行うものであり、期間中は二重の雇用関係が生じる。一方、転籍は、所属する会社との雇用契約を解消した上で、別の会社と新たに雇用契約を締結するものである。出向と転籍の違いは、所属する会社との雇用契約関係が続くか否かにある。

出向を命じる場合の留意点

労働者に出向を命じるには、就業規則・労働協約・労働契約等で出向させる場合がある旨とその手続き、労働条件を具体的に規定する必要がある。実際に出向させるに際は、出向元と出向先の会社間で出向契約を締結しなければならない。労働関係法令や労働条件について、労働時間・休日など就労や服務に関するものは「出向先の労働者」、賃金や退職・解雇など雇用や身分に関するものは「出向元の労働者」として適用を受けることが一般的である。

なお、労働契約法 14 条では、出向の必要性や対象労働者の選定等において、その権利を濫用したと認められる場合は、当該出向命令が無効となる旨を定めている。また、出向が「業として」行われる場合は、職業安定法 44 条により禁止されている労働者供給事業に該当することも留意すべきである。

転籍に関する実務上の留意点

転籍は、労働者本人の個別の同意を得ることが法的根拠となる。円滑に同意を得るためには、就業規則等において対象となる人選基準等をあらかじめ規定しておくことが考えられる。なお、対象者の労働条件は転籍先のものが適用されることが一般的であり、不利な内容であったとしても、対象者が転籍先での労働条件も含めて同意している限り、補填等を行う必要はない。

人事評価制度

人事評価項目の実態

(%)

評価項目	全体 (n=800)	企業規模別		
		100人～1000人未満 (n=479)	1000人～5000人未満 (n=167)	5000人以上 (n=154)
成果の達成度（業績・売上・納期などの達成度合いの評価）	80.9	79.1	80.8	86.4
行動・プロセス（行動評価）	70.8	68.7	71.3	76.6
勤務態度・業務への取組み姿勢・情意（態度評価）	65.0	66.2	62.9	63.6
保有能力・スキル（能力評価）	51.8	52.2	48.5	53.9
コンピテンシー（行動特性・発揮能力の評価）	44.4	38.6	48.5	57.8
企業理念・ビジョンの体現（理念浸透の度合いの評価）	28.3	26.7	24.6	37.0
その他	3.5	3.5	4.8	1.9

出典：㈱パーソル総合研究所「人事評価と目標管理に関する定量調査」（2021年）

▶ 人事評価制度のカギ

　人事評価制度は、従業員に経営方針や経営戦略を浸透させて、組織目標に貢献する個人の業務目標を設定し、その達成と能力の伸長度合いなどを評価し、その結果を賃金や昇進・昇格、配置・異動、能力開発などの処遇へ適切に反映させることを主な目的としている。

　制度の構築・運用にあたっては、企業が従業員に対して求める職務遂行能力（職能）や役割、評価の項目・基準を明確にして、透明性や納得性を担保することがカギとなる。このうち、評価項目については、短期で成果が出やすく数値化しやすい業務や目立つ仕事だけでなく、中長期的な課題や能力の伸長を促す目標へのチャレンジ、職務遂行のプロセス、チームワークの発揮、職場内でのコミュニケーションの状況、後進の指導・育成などを考慮して設定することが望ましい。

▶ 人事評価制度の現状と方向性

　パーソル総合研究所の調査によると、企業で設定されている人事評価項目（複数回答）としては、「成果の達成度（業績・売上・納期などの達成度合いの評価）」（80.9%）が最も多く、以下「行動・プロセス（行動評価）」（70.8%）、「勤務態度・業務への取り組み姿勢・情意（態度評価）」（65.0%）、「保有能力・スキル（能力評価）」（51.8%）の順となっている。また、「コンピテンシー（行動特性・発揮能力の評価）」（44.4%）や「企業理念・ビジョンの体現（理念浸透の度合いの評価）」（28.3%）は、企業規模が大きいほど、人事評価項目として設定している傾向にある。

　多様な人材の活躍推進によるイノベーション創出に向けて、働き手のエンゲージメントを高めるべく、自社の人事評価制度を再点検した上で、必要に応じて、職務評価による査定昇給や昇格・昇進に伴う昇給のウェートを増大させるなど、成果や職責をはじめ、多様な項目に基づく人事評価の結果を一層処遇に反映する仕組みへと見直していくことが求められる。

労務管理

▶ 賃金の定義

労働基準法11条において、賃金とは「賃金、給料、手当、賞与その他名称の如何を問わず、労働の対償として使用者が労働者に支払うすべてのもの」と定められている。

具体的に、第一の要件である「労働の対償」に当たるか否かの判断については、行政実務上では「労働の対償たる賃金と区別されるべきもの」として、①任意的恩恵的給付、②福利厚生給付、③企業設備・業務費が示されており、これらに当たるものは賃金でないとされている。なお、①に加えて、家族手当や住宅手当、通勤費（通勤定期代）については、就業規則や労働協約で支給基準が明確な場合、賃金に当たると解釈される。

また、「使用者が労働者に支払うもの」であることが第二の要件とされている。

▶ 賃金請求権

民法の規定によると、「労働者は、その約した労働を終わった後でなければ、報酬を請求することができない」（民法624条）。つまり、賃金は労働と同時履行ではなく、後払いが原則とされるが、これは任意規定であり、当事者間で異なる定めをしたときはそちらが優先される。

また、雇用が履行の中途で終了した場合は、履行の割合に応じ報酬を請求できる（民法624条の2）。

▶ 賃金支払いの5原則

労働者へ賃金が確実かつ全額が支払われるよう、①通貨で、②労働者に直接、③賃金の全額を、④毎月1回以上、⑤一定期日に支払わなければならないという5原則が定められている（労働基準法24条）。ただし、賃金の口座振込みや、法令に定められた所得税等の徴収および社会保険料の控除、労使協定による組合費のチェック・オフなど、実務上の例外が認められている。

				各様な制度
➢ 戦後の生計費の維持のため、生活保障給が基本給の約7割を占める ➢ 社員の年齢や家族数に応じて支給する年功的賃金が特徴	➢ 仕事の難易度、責任度合いで決定する ➢ 運用において柔軟性を欠いたことから、定着に至らず	➢ 職務を遂行する能力（職能）に対して賃金を支払う ➢ 適切な評価が行われない場合、年功的な運用に陥りやすい	➢ 社員の成果・貢献に対して賃金を支払う ➢ 短期業績志向の増大、部下育成の軽視、個人の成果重視などの弊害が発生	➢ 職種や職掌ごとに異なる賃金体系を適用する複線型制度の導入 ➢ 複数の賃金項目を自社の実態に適した形で組み合わせた多様な賃金制度へ

▶ 時代に応じた制度の見直し

　わが国企業の賃金体系の原型として、1946年に電力の産業別労働組合である日本電気産業労働組合が提案した「電産型賃金」が挙げられる。これは、社員の年齢や家族数に応じて支給される生活保障給が基本給全体の約7割を占めるという年功色の強い賃金であった。

　1950年代半ばに入ると、仕事の難易度や責任度合いによって賃金を決定する「職務給」を導入する動きが一部にみられたが、技術革新による職務価値の急激な変化の中で、仕事（職務内容）を変えるたびに賃金額を変動させる等、柔軟性を欠いたため、定着に至らなかった。

　高度成長期以降、職務を遂行する能力（職能）に対して賃金を支払う「職能給」が普及した。職能給は、異動や職務内容を変更しても職務給のように賃金額を変える必要がなく、様々な職務の経験を通じた人材育成が図りやすいこと等から、多くの企業で導入が進んだ。しかし、抽象的な評価基準が用いられ、将来への期待感も含めた人物評価がなされる等、客観的な事実に基づいた適切な評価が行われないことも多く、年功的な運用に陥りやすかった。

　1990年代以降は、企業・事業の成果への貢献度合いを考慮するという発想の下、賃金の構成要素における成果の割合を高めた「成果主義賃金」を志向する企業が増加した。しかし、成果が数値に表れやすい仕事や短期間で結果の出やすい仕事を希望する社員が増加したほか、部下育成・後輩指導の敬遠や、個人の成果重視・チームワーク軽視の傾向が強まる等の弊害も生じた。

　そこで、多くの企業では、プロセスや人材育成も評価項目として扱うとともに、職種や職掌ごとに異なる賃金体系を適用する複線型の制度を導入している。加えて、仕事や役割・貢献度を基軸として賃金水準との整合性を高めるべく、職能給や職務給、役割給等の複数の賃金項目を自社の実態に適した形で組み合わせた多様な賃金制度へと見直しが進展している。

その他

（%）

出典：2．経団連「2022年人事・労務に関するトップ・マネジメント調査結果」

労務管理

賃金体系と賃金項目

　賃金制度は、①賃金体系、②賃金項目、③昇給方法から成っている。賃金体系は、その企業の賃金がどのように構成されているかを表したもので、全社員一律に適用する「単一型」と、職種や職掌、職群ごとに異なる賃金体系を適用する「複線型」がある。賃金体系の内訳は、所定労働時間を働いた場合に支払う「所定内賃金」と、所定労働時間を超えた労働に対して支払う「所定外賃金」、時々の業績に応じて支給する「賞与・一時金」などで構成される。所定内賃金はさらに「基本給」と「諸手当」に大別される。基本給は、職務を遂行する能力（職能）に対して支払う「職能給」、担当する仕事の重要度・難易度などの職務価値で決まる「職務（仕事）給」、担う役割や権限・責任の程度に基づいて設定する「役割給」、業績や成果に応じて支給する「業績・成果給」、年齢・勤続年数等を反映する「年齢・勤続給」など、複数の賃金項目によって構成している企業が多い。

賃金決定の考慮要素

　労働基準法11条において、賃金は「労働の対償」とされているが、実際には、各企業が、「経済・景気の動向」「物価の動向」「世間相場」などの外的要素と、「企業業績」「労使関係の安定」などの内的要素といった様々な考慮要素を総合的に勘案して決定している。

　経団連調査によれば、2022年の賃金改定にあたって特に考慮した要素（複数回答）としては、「企業業績」（55.6%）が最も多い傾向に変わりはない。一方で、人材不足などを背景として、「人材確保・定着率の向上」が前年より10.3ポイント増加して34.4%となり、2番目に多い回答となっている。

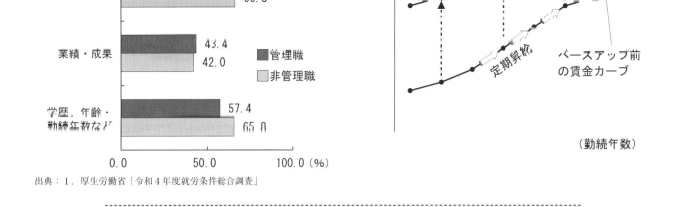

業績・成果　43.4 / 42.0

■ 管理職
□ 非管理職

学歴、年齢・
勤続年数など　57.4 / 65.8

0.0　　　50.0　　　100.0（%）

定期昇給　バースアップ前
の賃金カーブ

（勤続年数）

出典：1．厚生労働省「令和4年度就労条件総合調査」

▶ 人事・賃金制度における基本給の決定要素

　日本企業の賃金は、年齢や勤続年数の上昇に伴い昇給するウェイトが高い年功的賃金が特徴とされてきた。厚生労働省の2022年調査において基本給の決定要素（複数回答）を確認すると、「学歴、年齢・勤続年数など」の回答（管理職57.4%、非管理職65.8%）が一定程度あるものの、「職務・職種などの仕事内容」（管理職79.3%、非管理職：76.4%）や「職務遂行能力」（管理職66.6%、非管理職：66.3%）の回答のほうが多くなっている。また、同調査によれば、過去3年間で賃金制度の改定を行った企業（40.4%）の6割強（65.7%）が、「職務・職種などの仕事内容に対応する賃金部分の拡大」を行ったと回答するなど、仕事内容に重点を置いた賃金制度にシフトする傾向がみられる。

▶ 基本給の昇給方法

　基本給の昇給方法は、①一定の時期にあらかじめ定めた額を原則として毎年引き上げる「定期昇給＝賃金カーブ上の移動」、②生産性の向上等に基づき必要に応じて月例賃金の水準自体を底上げする「ベースアップ（ベア）＝賃金カーブの上方へのシフト」に大別される。

　定期昇給には、年齢や勤続年数の上昇に伴って増える「自動昇給（年齢給、勤続給等）」、職務遂行能力や成果、人事評価によって金額が決まる「査定昇給（職能給、成果給等）」、昇格・昇進した際に資格給や役割給などが増加する「昇格・昇進昇給」がある。近年、査定給の比重を高めながら、自動昇給と昇格・昇進昇給を組み合わせて賃金を改定している。

　他方、ベースアップは、全社員を対象として一定額を引き上げる「一律定額配分」や、基本給に一定の率を乗じた額を引き上げる「一律定率配分」のほか、職務・資格別の配分、若年層や子育て世代、業績・人事評価等に基づく優秀層といった特定層への重点配分など、自社の実情を踏まえて、多様な方法により実施している。

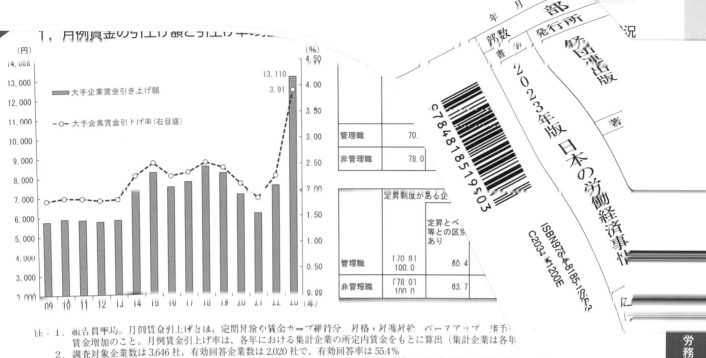

1. 月例賃金の引上げ額と引上げ率

管理職	70.	
非管理職	78.0	

	定昇制度がある企	
		定昇とベ等との区別あり
管理職	〔70.9〕100.0	60.4
非管理職	〔78.0〕100.0	63.7

注：1．組合員平均。月例賃金引上げとは、定期昇給や賃金カーブ維持分、昇格・昇進昇給、ベースアップ、諸手当等の賃金増加のこと。月例賃金引上げ率は、各年における集計企業の所定内賃金をもとに算出（集計企業は各年
2．調査対象企業数は3,646社、有効回答企業数は2,020社で、有効回答率は55.4%
出典：1．経団連「春季労使交渉・大手企業業種別妥結結果」（2009〜2022年は最終集計値、2023年は第1回集計値）
2．厚生労働省「令和4年賃金引上げ等の実態に関する調査」

▶ 月例賃金の引上げ状況の推移

リーマン・ショックに端を発した世界同時不況による業績不振の影響等で、2009年以降、定期昇給実施（ベースアップなし）の企業が大勢を占め、月例賃金の引上げは、6,000円前後、2.0%前後の水準となっていた（経団連調査、大手企業）。

しかし、2012年末頃から円安基調となったことで企業収益の改善が進み、賃金引上げへの社会的期待と相まって、2014年以降、ベースアップ実施企業が大幅に増え、2019年まで8,000円前後、2.2%を超える引上げ水準で推移してきた。

2020年と2021年は、コロナ禍の影響により額・率ともに低下したが、2022年には、7,562円、2.27%と上昇に転じた。さらに、近年にない物価上昇という状況の下で賃金交渉が行われた2023年は、第1回集計ではあるものの、13,110円、3.91%と1993年以来の30年ぶりとなる1万円超かつ3%台後半という大幅引上げを記録している。

▶ 定期昇給制度とベースアップ等の実施状況

厚生労働省の2022年調査によると、定期昇給制度を導入している企業の割合は、管理職・非管理職ともに7割超に達している（管理職70.9%、非管理職78.0%）。

さらに、定期昇給制度を有する企業において、定期昇給とベースアップ等を区別している割合をみると6割を上回っている（管理職60.4%、非管理職63.7%）。また、2022年度にベアを行った・行うと回答した企業は、管理職24.6%、非管理職29.9%と、非管理職の方が高い結果となっている。

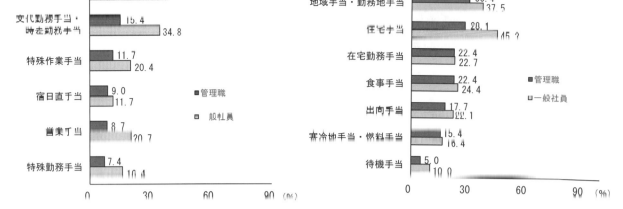

交代勤務手当・
時差勤務手当　15.4　34.8

特殊作業手当　11.7　20.4

宿日直手当　9.0　11.7

営業手当　8.7　20.7

特殊勤務手当　7.4　10.4

地域手当・勤務地手当　37.5

住宅手当　20.1　45.2

在宅勤務手当　22.4　22.7

食事手当　22.4　24.4

出向手当　17.7　22.1

寒冷地手当・燃料手当　15.4　16.4

待機手当　5.0　10.0

■管理職
□一般社員

注：集計対象企業を100とし、当該手当を導入している企業の割合を示したもの（規模計）。
出典：労務行政研究所「諸手当の支給に関する実態調査・2022年」をもとに経団連事務局にて作成

▶ 職務関連手当と生活関連手当

　諸手当は、所定内賃金のうち、基本給に加えて、企業が様々な要件・基準を設けて支給しているもので、一般的に、役職手当や営業手当、公的・民間資格手当などの「職務関連手当」と、家族（扶養）手当や住宅手当などの「生活関連手当」に大別される。職務関連手当には、担っている仕事の難易度や責任の程度などを反映する基本給の補完的役割のほか、仕事に関係する公的資格等の取得促進などの目的がある。他方、生活関連手当は、家族構成や住宅事情等が社員ごとに異なることに着目して、生計費を補助する観点から支給されている。

▶ 導入状況と今後の動向

　労務行政研究所の2022年調査で手当の導入状況をみると、「職務関連手当」では、「役職手当」（管理職67.9%、一般社員48.5%）が最も多く、次いで「公的・民間資格手当」（管理職29.1%、一般社員39.5%）が多いことは管理職・一般職で共通しているものの、導入割合には10ポイント以上の差がみられる。「生活関連手当」では、「通勤手当」がほぼ全回答企業で導入されている（管理職、一般社員とも99.3%）。次に多い「単身赴任手当」は管理職・一般社員とも約8割（管理職82.3%、一般社員82.9%）であるのに対し、3番目に多い「家族手当・子ども手当」は、管理職（40.5%）と一般社員（71.2%）で大きく異なっている。

　諸手当は、同一労働同一賃金法制への対応や働き手のエンゲージメントの向上のため、そのあり方を再確認し、必要に応じて見直すことが望まれる。例えば、女性活躍の推進や子育て世代支援の観点から、配偶者を対象に支給する手当（配偶者手当）を廃止・縮小し、子どもを対象に支給する手当（家族・扶養手当等）や基本給を増額するといった対応も考えられる。

1. 賞与・一時金の推移（全産業、組合員平均）

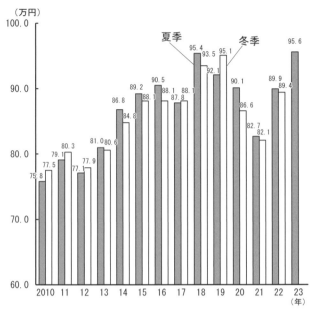

2. 賞与・一時金の配分割合

＜非管理職＞　　　　　　　　　　（％）

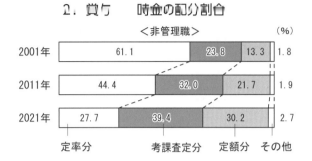

	定率分	考課査定分	定額分	その他
2001年	61.1	23.8	13.3	1.8
2011年	44.4	32.0	21.7	1.9
2021年	27.7	39.4	30.2	2.7

＜管理職＞　　　　　　　　　　　（％）

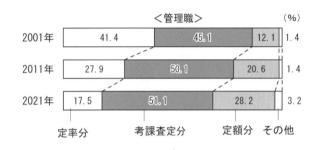

	定率分	考課査定分	定額分	その他
2001年	41.4	45.1	12.1	1.4
2011年	27.9	50.1	20.6	1.4
2021年	17.5	51.1	28.2	3.2

注：1．2023年の金額は第1回集計値。
出典：1．経団連「夏季賞与・一時金妥結結果」、同「年末賞与・一時金妥結結果」
　　　2．経団連「2021年夏季・冬季 賞与・一時金調査結果」

▶ 賞与・一時金の意義、支給決定方法、支給額

　日本企業の多くは、月例賃金とは別に夏季と冬季ごとに賞与・一時金（ボーナス）を支給している。賞与の性格や意義として、①盆・暮れに恩恵的に金品を与えていたことに起因する「恩恵的給与説」、②生活給の補塡的な機能を重視する「賃金後払い説」、③企業収益と従業員の業績への貢献度を反映した「利益配分説」など諸説があり、③が有力とされている。

　賞与・一時金の金額は、自社の業績を踏まえて、夏季・冬季ごとに労使交渉によって決定されてきたが、近年は大手を中心に、春季労使交渉において年間の支給額を決める企業も増えている。また、企業業績を反映するという賞与本来の性格に鑑み、業績との連動性を一層高める観点から、労使の合意を基本として、営業利益や経常利益などの業績指標に基づいた算式によって総額原資を決定する「業績連動方式」を採用している企業割合が増加傾向にある。経団連の調査では、業績連動方式を導入している企業割合は5割を超えている。

　支給額は、2013年以降企業の業績改善・拡大を反映して夏季・冬季とも高水準が続いていた。その後、2020年および2021年はコロナ禍の影響などで減少したが、2022年は前年を大きく上回った。2023年夏季（第1回集計値）は95.6万円の高水準となった。

▶ 賞与・一時金の配分割合

　経団連の調査で賞与支給額における個人への配分割合を経年でみると、非管理職・管理職ともに「定率分」の割合が減少する一方で、「定額分」の割合は増加している。また、とりわけ非管理職において「考課査定分」の増加傾向が顕著となっている。

Ⅲ
人事・労務管理

賃金制度（8）退職金制度

1．退職金制度の形態（2021年）

退職一時金制度と退職年金制度の併用　66.1%	退職一時金制度のみ 15.9%	退職年金制度のみ 10.3%	その他 7.7%

2．標準者退職金（2021年総額）
―会社都合、大学卒、総合職―

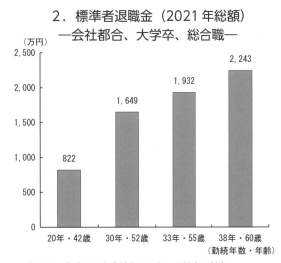

3．ポイント方式の導入企業割合の推移

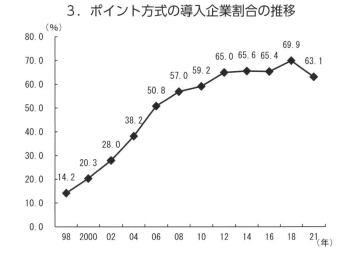

注：3．集計した企業数を100とした場合の割合。
出典：1．2．3．経団連「2021年9月度退職金・年金に関する実態調査結果」（隔年実施、直近のみ2021年実施）

▶ 長期雇用を前提

　退職金は、労働契約終了時に、労働協約や就業規則などの定めにより社員に支給される退職給付の総称であり、支払形態によって「退職一時金」と「退職年金」に大別される。近年は退職一時金と退職年金の併用が主流となっており、経団連の2021年調査では、その割合が66.1%を占めている。

　退職金の性格と意義については、①在職中の企業への貢献に対する「功労報償説」、②労働者が提供した労働力の価値と実際に支払われた賃金との差額を補填する「賃金後払い説」、③公的な社会保障給付を補うための老後・失業期間中の「生活保障説」などの考え方がある。これらの諸説が示すように、日本の退職金制度は、長期雇用を前提とした年功的な色合いが濃く、高度成長期における企業成長と安定雇用に貢献してきたといわれている。

▶ 退職金算定方法の見直し

　退職金額は、「退職金算定基礎額（退職時の基本給）×勤続年数別・退職事由別の支給率」によって算定し、基本給の増額や勤続年数の上昇に連動して退職金額が引き上がる制度が多くみられていた。しかし、近年では、仕事・役割・貢献度を基軸とした賃金制度への移行や年金資産の運用環境の変化、退職給付会計導入による退職給付債務の発生などを背景に、退職金算定方法の見直しが進んでおり、退職金算定基礎額を退職時の賃金と別建てとする企業が増えている。特に、職能等級や考課査定結果といった在職期間中の従業員の成果・功績を毎年ポイントに置き換えて付与し、退職時の累積ポイント数に単価を乗じて退職金額を算定する「ポイント方式」が大企業を中心に導入されている。経団連調査では導入企業の割合が2006年に5割を超え、2012年以降は6割以上で推移している。

賃金制度（9）総額人件費管理

総額人件費（1人1ヵ月当たり）の内訳（推計値）

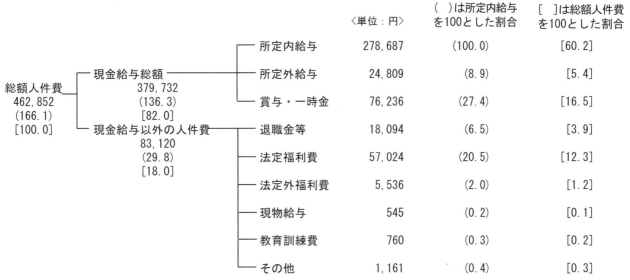

	〈単位：円〉	（　）は所定内給与を100とした割合	［　］は総額人件費を100とした割合
所定内給与	278,687	(100.0)	[60.2]
所定外給与	24,809	(8.9)	[5.4]
賞与・一時金	76,236	(27.4)	[16.5]
退職金等	18,094	(6.5)	[3.9]
法定福利費	57,024	(20.5)	[12.3]
法定外福利費	5,536	(2.0)	[1.2]
現物給与	545	(0.2)	[0.1]
教育訓練費	760	(0.3)	[0.2]
その他	1,161	(0.4)	[0.3]

総額人件費 462,852 (166.1) [100.0]
現金給与総額 379,732 (136.3) [82.0]
現金給与以外の人件費 83,120 (29.8) [18.0]

注：常用雇用労働者数30人以上の事業所における一般労働者とパートタイム労働者が対象（調査産業計）。
　　四捨五入の関係により、（　）内および［　］内の合計は必ずしも一致しない。
　　所定内給与、所定外給与、賞与・一時金は「毎月勤労統計調査」による。それ以外は「就労条件総合調査」の構成比に基づき推計。
出典：厚生労働省「毎月勤労統計調査」（2022年）、同「就労条件総合調査」（2021年）

▶ 総額人件費とは

　総額人件費とは、企業が従業員に支払っている賃金をはじめ、従業員を雇用するために負担している費用の総和である。具体的には、所定内給与と所定外給与、賞与・一時金からなる「現金給与」と、健康保険や厚生年金保険など法律で企業に義務付けられている法定福利費（社会保険料等）や法定外福利費、退職金等の費用、現物給与、教育訓練費などからなる「現金給与以外の人件費」で構成される（法定福利費と法定外福利費については次頁参照）。

▶ 総額人件費管理の重要性

　多くの企業は、従業員の所定内給与をベースに、時間外手当や賞与・一時金、退職金等の支給額を算定しているため、所定内給与の引上げに連動して他の項目も増加する。経団連の試算では、所定内給与を100とした場合、総額人件費は166.1に上る（事業所規模30人以上）。ベースアップや諸手当の増額といった所定内給与の引上げの検討にあたっては、実施する年度だけではなく、翌年度以降も増額分を含めた人件費を継続して確保できる収益体質、財務状況にあるのかを確認するなど、中長期にわたる総額人件費の増加の影響を十分に考慮しなければならない。

　さらに近年は、所定内給与の引上げの有無にかかわらず、社会保険料など法定福利費の増大や、定年後再雇用社員の増加、無期雇用社員と有期雇用社員等との間の均衡・均等待遇への対応などにより、総額人件費が自ずと増加していく可能性が高まっていることにも留意が必要である。企業がコントロールしにくい様々な要因を踏まえながら、自社が生み出す付加価値と総額人件費とのバランスを適切に管理することが一層重要になっている。

Ⅲ 人事・労務管理

賃金制度（10）福利厚生費

1. 福利厚生費の推移

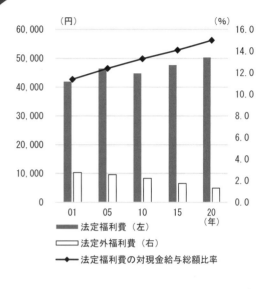

凡例：
- 法定福利費（左）
- 法定外福利費（右）
- 法定福利費の対現金給与総額比率

2. 福利厚生費の支給状況（2020年）

項　目	金額（円）	対前回調査比増減率（%）
現金給与総額	334,845	△0.7
福利厚生費	55,165	1.7
法定福利費	50,283	5.4
健康保険・介護保険	17,496	3.6
厚生年金保険	27,905	7.7
雇用保険・労災保険	3,695	△12.9
子ども・子育て拠出金	987	118.4
障害者雇用納付金	96	29.7
法定補償費	4	△60
その他	98	△16.9
法定外福利費	4,882	△25.2
住居に関する費用	2,509	△18.8
医療保健に関する費用	729	△16.9
食事に関する費用	493	△20.0
文化・体育・娯楽に関する費用	163	△57.4
私的保険制度への拠出金	373	△32.4
労災付加給付の費用	88	△31.2
慶弔見舞等の費用	184	△17.1
財形貯蓄奨励金、給付金及び基金への拠出金	48	△70.2
その他	296	△40.8

注：1．2．2007年以前は「本社の常用労働者が30人以上の民営企業」、2008年以降は「常用労働者が30人以上の民営企業」が調査対象となっている。
出典：1．2．厚生労働省「就労条件総合調査」をもとに経団連事務局にて作成

▶ 法定福利費と法定外福利費

　福利厚生費は、法定福利費と法定外福利費に大別される。法定福利費は、健康保険や介護保険、厚生年金保険、雇用保険、労災保険など法律によって事業主に義務付けられている費用である。一方、法定外福利費は、人材の確保・育成・定着、従業員の生活の安定や心身の健康の確保、職場の一体感の醸成などを目的に、企業が任意で実施している施策費用である。賃金のように労働の直接の対償として支払われるものではなく、企業の意向と従業員のニーズに合わせて費用が配分されるものである。具体的には、従業員の健康サポート、育児・介護支援、財産形成、レクリエーション、社宅の管理・運営等がある。

▶ 福利厚生費の動向

　厚生労働省の就労条件総合調査で福利厚生費の推移を確認すると、法定福利費は総じて増えており、現金給与総額に占める比率は一貫して上昇している。一方、法定外福利費は減少傾向にある。

　直近の同調査において支給状況をみると、2020年（または2019年会計年度）に企業が負担した福利厚生費は、常用労働者1人1ヵ月当たり55,165円（前回2015年調査比1.7%増）となった。内訳は、法定福利費が50,283円（同5.4%増）、法定外福利費が4,882円（同25.2%減）で、法定福利費の現金給与総額に対する比率は15.0%（同0.9%ポイント増）であった。

　さらに細かくみると、主要な法定福利費では、雇用保険・労災保険以外の全項目で前回調査比プラスとなり、特に、料率改定が実施された子ども・子育て拠出金（987円、同118.4%増）で大幅増となった。一方、法定外福利費は前回調査と比べて、すべての項目で減少した。

賃金制度（11）労働条件の見直し、不利益変更

1. 就業規則等の変更による
   労働条件の不利益変更

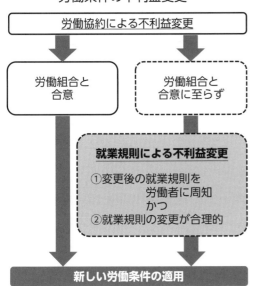

2. 労働条件の不利益変更の合理性が争われた裁判例

①定年年齢延長と同時に高齢者の賃金引下げの適否が争われた事例
（第四銀行事件・最高裁1997年2月28日判決）
［判示］
　高齢者には大きな不利益となるが、定年年齢延長には高度な必要性が
あり、変更後の賃金水準も相当である。また多数組合の同意もあること
から有効とした。

②成果主義賃金制度の導入による、降格と年齢給の引下げの適否が争わ
れた事例　（ノイズ研究所事件・東京高裁2006年6月22日判決）
［判示］
　成果主義導入により、労働生産性を高めることは「高度の経営上の必
要性」が認められ、また、賃金原資を減少させるものではなく、その配
分を合理的に改めようとするものである等に鑑み有効とした。

③退職金規定を変更し、計算基礎となる勤続年数に上限を設けたことの
適否が争われた事例　（御国ハイヤー事件・最高裁1983年7月15日判決）
［判示］
　不利益を一方的に課すものであり、その代償となる労働条件を提供し
ていないことからも合理性が認められず、無効とした。

Ⅲ
人事・労務管理

▌ 労働条件の不利益変更

　賃金や退職金等、労働者にとって重要な権利や労働条件に関して、労働者に不利益となる変更を行う場合、労働契約法（労契法）の規定に留意する必要がある。第一に、使用者は労働者と合意することなく、就業規則を労働者の不利益に変更することはできない（9条）。逆にいえば、労働者との個別合意により労働条件を変更することはできる。山梨県民信用組合事件（最高裁2016年2月19日）が判示するように、労働者の合意の有無は、不利益の内容および程度、経緯、態様、労働者への情報提供または説明の内容に照らして、労働者の自由な意思に基づいてされたものと認めるに足りる合理的な理由が客観的に存在するか否かから、慎重に判断される。第二に、個別合意がない場合においても、変更後の就業規則を労働者に周知し、かつ、①就業規則の変更により労働者が受ける不利益の程度、②労働条件の変更の必要性、③変更内容の相当性、④労働組合等との交渉の状況、⑤その他の就業規則の変更にかかる事情に照らし「合理的なもの」であれば、使用者による一方的変更を例外的に認めている（10条）。

▌ 就業規則変更の合理性の判断要素

　第四銀行事件（最高裁1997年2月28日）において、①「労働者が受ける不利益の程度」については、その大きさや不利益に対する代償措置や緩和措置、他の労働条件の改善等の状況、②「変更の必要性」については、賃金など重要な労働条件が不利益に変更される場合、特に高度の合理性が求められること、③「変更内容の相当性」については、世間一般の労働条件や同業他社の労働条件との比較、④「労働組合等との交渉経過」については、職場の大多数の労働者を組織する労働組合等の同意を総合的に考慮すると判示されている。

Ⅲ-9 懲戒

1．懲戒の種類

①けん責・戒告	口頭または文書（始末書）で反省を求め、将来に向けて戒める。
②減給・降格	賃金の減額（減給）。職位または資格制度上の等級、格付けの一方、あるいは両方を引き下げる（降格）。
③出勤停止	一定期間の就労禁止。通常、賃金が支給されず、勤続年数にも加算されない。
④諭旨退職（諭旨解雇）	一定期間内に退職願等の提出を勧告し、提出があれば依願退職扱い、所定期間内に提出がなければ懲戒解雇とする（懲戒解雇に該当する事由の存在が前提）。
⑤懲戒解雇	予告期間を置かずに即時退職させる。

2．懲戒処分に要請される諸条件

①不遡及の原則	問題の行動をとった時点で懲戒の定めがなかったにもかかわらず、後日、就業規則を作成・変更して懲戒処分とすることはできない。
②一事不再理の原則	すでに懲戒処分を受けた行為について、重ねて懲戒処分とすることはできない。
③平等扱いの原則	同程度の行為について、不平等な処分（1人は減給、1人は懲戒解雇など）を行うことはできない。
④相当性の原則	軽微な違反に対して不利益が著しい処分（遅刻に対する懲戒解雇など）を行ってはならない。
⑤適正手続きの原則	就業規則に定められている手続きを踏まなかったり、本人に弁明の機会を与えなかったり、証拠不十分のまま処分することはできない。

懲戒の種類、根拠規定

懲戒とは、企業秩序を維持・確保して事業の円滑な運営を可能とする目的で使用者が労働者に課す制裁罰である。懲戒の種類には、①けん責・戒告、②減給・降格、③出勤停止、④諭旨退職（諭旨解雇）、⑤懲戒解雇などがある。懲戒事由には、(a) 経歴詐称、(b) 職務上の非違行為、(c) 業務命令違反、(d) 職場規律違反・不正行為、(e) 私生活上の非行などがある。

労働基準法では、懲戒（制裁）は就業規則の相対的必要記載事項とされている。使用者が懲戒を行う場合には、懲戒事由とこれに対する懲戒の種類・程度を就業規則に定める（89条9号）とともに、当該就業規則を労働者に周知しておかなければならない（106条1項、19頁参照）。また、一定額以上の減給制裁は禁止されている（91条）。

懲戒権行使にあたっての留意点

労働契約法15条では、「使用者が労働者を懲戒することができる場合において、当該懲戒が、当該懲戒に係る労働者の行為の性質及び態様その他の事情に照らして、客観的に合理的な理由を欠き、社会通念上相当であると認められない場合は、その権利を濫用したものとして、当該懲戒は、無効とする」と定めている。使用者が違反行為に対する情状を適切に酌量せずに重過ぎる処分をしたり、手続き的な適正性を欠いたりする場合には、社会通念上相当なものと認められず、懲戒権の濫用とみなされる。懲戒処分は、労働者に対して経済的不利益や精神的苦痛を与える措置であるため、懲戒権の濫用と判断されないよう留意が必要である。

また、懲戒処分は、刑事罰に類似する機能を持つことから、刑罰に関する諸原則、すなわち不遡及の原則や一事不再理の原則等が適用される。

Ⅲ-10　解雇

1．解雇に関する主な法規制

◆民法 627 条（期間の定めのない雇用の解約の申入れ）
　　当事者が**雇用の期間を定めなかったときは、各当事者は、いつでも解約の申入れをすることができる。**
　　この場合において、雇用は、解約の申入れの日から二週間を経過することによって終了する。
◆労働契約法
　16 条（解雇）
　　解雇は、**客観的に合理的な理由を欠き、社会通念上相当であると認められない場合**は、その権利を濫用したものとして、無効とする。
　17 条（期間の定めのある労働契約）
　　使用者は、期間の定めのある労働契約について、やむを得ない事由がある場合でなければ、
　　その契約期間が満了するまでの間において、労働者を解雇することができない。
◆労働基準法
　20 条（解雇の予告）
　　使用者は、労働者を解雇しようとする場合においては、**少なくとも 30 日前にその予告をしなければならない。**
　　30 日前に予告をしない使用者は、30 日分以上の平均賃金を支払わなければならない。
　89 条（就業規則の作成及び届出の義務）
　　常時 10 人以上の労働者を使用する使用者は、**次に掲げる事項について就業規則を作成し、行政官庁に届け出なければならない。**
　　3．退職に関する事項（解雇の事由を含む。）

2．特別の事由がある場合に解雇を制限する規定の例

◆労働基準法
　・**国籍、信条又は社会的身分を**理由とした差別的取扱としての解雇（3 条）
　・労働者が**業務上負傷し、又は疾病にかかり療養のために休業する期間、及びその後 30 日間**における解雇（19 条）
　・**産前産後の女性が休業する期間**（産前 6 週間［多胎妊娠の場合は 14 週間］、産後 8 週間）、及び**その後 30 日間**における解雇（19・65 条）
　・事業主による労働基準法などの違反行為について、**労働者が行政官庁などに申告したことを理由とする解雇**（104 条など）
◆男女雇用機会均等法
　・**性別を理由とした差別的取扱**としての解雇、**女性労働者の婚姻、妊娠、出産等**を理由とした解雇（6・9 条）
◆育児・介護休業法
　・**育児休業・介護休業・看護休暇等の申し出やそれらを利用したこと**を理由とする解雇（10 条など）
◆パートタイム・有期雇用労働法
　・短時間・有期雇用労働者から**通常の労働者との待遇の相違内容及び理由等の説明**を求められたことを理由とする解雇（14 条）
　・短時間労働者が都道府県労働局長に**紛争解決の援助**を求めたことなどを理由とする解雇（24 条など）

▶ 解雇権濫用法理の形成、明確化

　解雇とは「使用者の意思表示に基づく労働契約の解約」である。期間の定めのない労働契約の解約は、民法上、使用者・労働者双方の権利として保障されている。一方で、解雇は経済的耐久力のない労働者への影響が大きいことから、客観的に合理的な理由を欠き、社会通念上相当と認められない解雇については、解雇権の濫用として無効とする法理が判例上確立し、2004 年 1 月施行の旧労働基準法で明文化された後、労働契約法（16 条）に移された。客観的に合理的な解雇は、①労働者の労務提供の不能、能力または適格性の欠如・喪失に基づく解雇（普通解雇）、②労働者の企業秩序違反行為に基づく解雇（懲戒解雇、前頁参照）、③経営上の必要性に基づく人員削減のための解雇（整理解雇）、④ユニオン・ショップ協定に基づく解雇の 4 つに大別される。

▶ 解雇相当性が認められる範囲は狭い傾向

　一般的に、解雇する理由が重大であること、解雇する以外の手段がないことなどの使用者側の事情があり、労働者側に配慮すべき事情がほとんどない場合にのみ、解雇相当性が認められる傾向にあるため、個別事情に応じて慎重に対処することが求められる。とりわけ整理解雇については、裁判上、①人員削減の必要性、②解雇回避努力義務の履行、③被解雇者選定の合理性、④手続きの妥当性（労働組合との協議、労働者への十分な説明など）の 4 つの要素に着目して有効性が判断されることを念頭に置く必要がある。なお、特別の事由がある労働者の解雇を制限する規定を設けている法令も存在するため、あわせて留意する必要がある。

IV

労使関係

日本の労使関係における主な出来事

戦前	1912年	友愛会結成（労働運動の発祥）、1920年 初のメーデー
	1930年代〜	思想統制（労働運動の「冬の時代」）
1945年	労働組合法公布	労働三権（団結権、団体交渉権、争議権）の保障を具体化
1948年	日経連結成	激しい労働争議に対応するため経営者団体を結成　「経営者よ正しく強かれ」
1960年	三井三池闘争	大規模ストライキ⇒「労使協調路線」「パイの拡大・分配中心」の賃金闘争へ
1973年〜	第1次オイルショック	石油価格の急上昇に伴う物価狂乱⇒「経済整合性」による賃金決定と安定成長
1985年〜	プラザ合意による円高不況	急速な円高による輸出不況 ⇒ 労働時間短縮や雇用の維持など「賃金以外の労働条件交渉」
1989年	連合の発足	官民を含めた労働戦線の統一
1991年〜	バブル崩壊とグローバル化の進展	リストラによる雇用調整、グローバル競争の激化⇒賃金引上げより「雇用の維持・確保」を重視
2002年	経団連と日経連の統合	労働問題と経済問題の総合的な取組み体制の構築
2008年〜	リーマン・ショック	世界的金融危機に伴う雇用情勢悪化⇒政労使で雇用の安定・創出に向けた取組み
2011年〜	東日本大震災	震災からの復旧・復興への取組み、積極的な雇用創出など被災地支援
現　在	コロナ禍により企業を取り巻く環境が激変	SDGsの達成やデジタルトランスフォーメーションを通じたSociety 5.0の実現

▶ 闘争至上的な労働組合活動から労使協調へ

　わが国の労働組合活動は、終戦直後の1945年に労働組合法が公布（1946年施行）されて以降、本格化し始めた。1947年には労働組合員数が雇用者全体の45％に達する中、労働争議が頻発するようになった。そこで使用者側は、1948年に「経営者よ 正しく強かれ」をスローガンに、全国組織として日本経営者団体連盟（日経連、現：経団連）を結成して対応した。

　以降、労働組合活動は闘争至上的な様相を強め、労使間の対立は深刻の度合いを増していく。その最たるものが社会問題にまで発展した「三井三池闘争」（1959年〜1960年）である。この大規模ストライキを契機に、労使協調路線に転換が図られるとともに、生産性向上・成果の分配という賃金闘争が中心となった。また、第1次オイルショック（1973年）によって生じた危機的インフレと、収益増大を伴わない大幅な賃金引上げの悪循環を回避するため、労使双方が物価安定と経営改善を図るべく、賃金引上げ率を一定程度抑制する方針で合意したことから、経済整合性による賃金決定と安定成長へと大きく舵が切られた。

▶ 未来志向の労使関係を目指して

　その後、日本経済は、プラザ合意（1985年）後の急速な円高や、バブル崩壊（1991年）とグローバル競争の激化、リーマン・ショック（2008年）に端を発した世界同時不況、東日本大震災（2011年）からの復旧・復興など幾多の困難に遭遇した。そのたびに労使で「自社の存続と発展」「従業員の雇用維持・確保」を最優先に話し合い、危機的状況を乗り越えてきた。現在は、新型コロナウイルスの影響により事業環境が大きく変化し、さらに国際情勢の不安定化により急激な物価上昇に見舞われる中で、企業と労働組合は、「経営のパートナー」として未来志向の労使関係を目指すことが望まれる。

1. 日本のナショナルセンターの概要

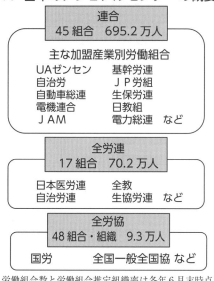

連合
45組合　695.2万人

主な加盟産業別労働組合

UAゼンセン	基幹労連
自治労	JP労組
自動車総連	生保労連
電機連合	日教組
JAM	電力総連　など

全労連
17組合　70.2万人

| 日本医労連 | 全教 |
| 自治労連 | 生協労連　など |

全労協
48組合・組織　9.3万人

| 国労 | 全国一般全国協　など |

2. 労働組合員数と労働組合推定組織率の推移

推定組織率（右目盛）

労働組合員数（左目盛）

35.6　35.4　999　16.5

注：2. 労働組合数と労働組合推定組織率は各年6月末時点。推定組織率＝労働組合員数／雇用者数。
出典：1. 厚生労働省資料をもとに経団連事務局にて作成
　　　2. 厚生労働省「労働組合基礎調査報告」（2022年）

▶ 日本の労働組合の特徴

　わが国の労働組合の特徴としては、①産業や職種ごとではなく企業単位で組織した企業別労働組合が中心、②製造業や卸売業・小売業、建設業部門に属する組合員数が多い、③長期雇用の正社員が組合員の多数を占める、④ユニオン・ショップ協定（社員は原則として労働組合に加入しなければならない協定）を締結している大企業が多いことなどが挙げられる。

　企業別労働組合は、労使交渉・協議の実施や労働協約の締結などを通じて、組合員の意見を企業経営の意思決定に反映する機会の確保を図っているほか、付加価値の適正な分配の実現による労働条件の向上や、組合員の要望実現・苦情解決に向けた取組みなどを行っている。

▶ ナショナルセンターと産業別労働組合の役割

　企業別組合の上部団体として産業別組合があり、産業特有の課題への取組みや傘下の企業別組合の意見集約などを行っている。さらに、産業別組合が集う中央労働団体（ナショナルセンター）が、日本では日本労働組合総連合会（連合）をはじめとして3つあり、各々が加盟組合間の利害調整や闘争方針の作成、雇用・社会保障など構造的な問題に取り組んでいる。

▶ 労働組合員数・推定組織率の推移と労働組合の対応

　有期雇用労働者の増加や就労ニーズの多様化などにより、労働組合に属さない労働者が増えている。厚生労働省の調査によると、2022年の労働組合員数は999万人となり、横ばいであった。また、推定組織率は16.5％となり、前年から0.4ポイント減少し、長期的な低下傾向が続いている。連合や産業別・企業別労働組合は、組合が存在しない企業における組合の結成（組織化）などを積極的に推進し、組合への未加入者が多いパートタイム労働者等への働きかけを行うなど、組織拡大・強化を図っている。その結果、2022年のパートタイム労働者の労働組合員数および推定組織率は、ともに上昇している。

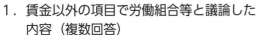

IV-3　　春季労使交渉（1）変遷と今日的意義

IV-3

1．賃金以外の項目で労働組合等と議論した内容（複数回答）

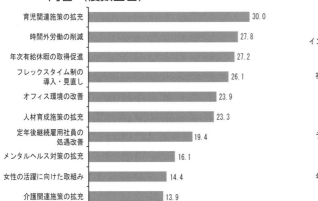

育児関連施策の拡充	30.0
時間外労働の削減	27.8
年次有給休暇の取得促進	27.2
フレックスタイム制の導入・見直し	26.1
オフィス環境の改善	23.9
人材育成施策の拡充	23.3
定年後継続雇用社員の処遇改善	19.4
メンタルヘルス対策の拡充	16.1
女性の活躍に向けた取組み	14.4
介護関連施策の拡充	13.9

2．労働組合等と議論するに当たり今後も最も重視したい内容（複数回答）

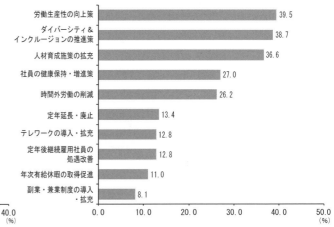

労働生産性の向上策	39.5
ダイバーシティ＆インクルージョンの推進策	38.7
人材育成施策の拡充	36.6
社員の健康保持・増進策	27.0
時間外労働の削減	26.2
定年延長・廃止	13.4
テレワークの導入・拡充	12.8
定年後継続雇用社員の処遇改善	12.8
年次有給休暇の取得促進	11.0
副業・兼業制度の導入・拡充	8.1

注：1．2．それぞれ上位10項目までを抽出。
出典：1．2．経団連「2022年人事・労務に関するトップ・マネジメント調査結果」

春季労使交渉の変遷

　春季労使交渉は、1955年に民間の8つの産業別労働組合が共闘して賃金引上げ要求を行ったことが初めとされる。その特徴は、毎年春の時期に、交渉力の強い産業別・企業別労働組合が先導役として高い回答・妥結額を引き出して相場を形成し、その後に交渉を行う他の労働組合へ波及させて全体的な引上げを図る点にあった。1960年代の高度経済成長下では、横並びの大幅な引上げが続き、第1次オイルショック後の1974年には月例賃金引上げ額が過去最高（経団連調査28,675円・アップ率31.8%）となったが、企業経営の安定性確保の観点から、経済成長や収益動向と整合性のとれた賃金決定が図られた。その後、1985年の円高不況を契機に、労働時間など賃金以外の労働条件交渉も重視する傾向が強まった。

　1991年のバブル経済崩壊、2000年代に入ってからのデフレ等により、企業ごとの経営状況や収益に差が生じたことから、横並びの引上げによる相場形成機能は失われた一方、自社の実情を踏まえた企業労使の話し合いによる賃金決定の色彩がより強まっている。

春季労使交渉の今日的意義

　2008年秋のリーマン・ショックによる世界同時不況や、2011年の東日本大震災などを経て、春季労使交渉は、自社の経営状況や事業戦略などを共有しながら、労働条件のみならず、様々な事項を協議して自社の課題を解決していく「労使パートナーシップ対話」へと深化している。具体的には、賃金引上げとあわせて、多様で柔軟な働き方の実現や能力開発・自己啓発の支援など総合的な処遇改善に関する議論が行われ、様々な施策の導入・拡充が進んでいる。

　デジタル化やテレワークの進展など、企業を取り巻く事業環境が大きく変化し、労使が直面する課題が多様化する中、社員が「働きやすさ」と「働きがい」を実感できる職場環境を整備し、労働生産性の飛躍的な向上と社員のエンゲージメントを高めていくことが不可欠である。良好で安定的な労使関係を前提とした春季労使交渉を通じて、「経営のパートナー」としてともに取り組むことが一層重要となっている。

春季労使交渉（2）交渉の流れと2023年の妥結結果

1．春季労使交渉の流れ

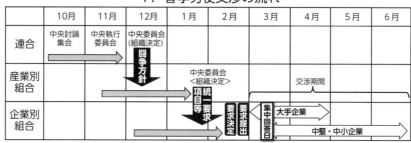

2．春季労使交渉妥結結果（月例賃金引上げ額）の推移（全産業）

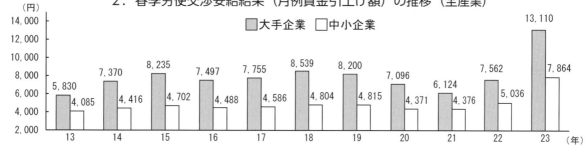

注：2．2023年の金額は第1回集計値。
出典：2．経団連「春季労使交渉・大手企業業種別妥結結果」、同「春季労使交渉・中小企業業種別妥結結果」

春季労使交渉の流れ

　日本労働組合総連合会（連合）が11月～12月上旬に翌年の「春季生活闘争方針」をまとめ、それを踏まえ、傘下の産業別労働組合が翌年1～2月に統一要求を公表する。それらをベースに、企業別労働組合が具体的な要求内容を決定して2月頃から要求書を提出し始める。その後、数度の団体交渉を経て、3月中旬から大手企業で回答が示され、それを参考に中堅・中小企業が交渉を行う。特に、電機や自動車など5つの産業別労働組合から成る全日本金属産業労働組合協議会（金属労協）が、原則3月第3週の水曜日に設定する回答指定日（集中回答日）に示す内容が、他業種やその後の労使交渉に大きな影響を与えるといわれている。

2023年春季労使交渉の要求と妥結結果

　「物価動向」への対応が社会的に強く求められるという状況の中、早い時期から、ベースアップを長年行っていなかった企業の実施表明や大幅な賃金引上げの宣言など、近年と明らかに異なる動きがみられた。労使交渉では、総額人件費管理（113頁参照）の下、自社の状況と支払能力に基づいて賃金を決定するとの大原則に則り、「物価動向」を最も重視しながら、ベースアップなど月例賃金引上げや諸手当、賞与・一時金など多様な選択肢から自社に適した積極的な検討が行われた。その結果、経団連の2023年調査では、月例賃金の引上げ額は、大手企業13,110円（アップ率3.91％）、中小企業7,864円（同2.94％）となり、約30年ぶりの高い水準での引上げとなった。また、夏季賞与・一時金（ボーナス）の平均妥結額は、前年比3.91％増の95万6,027円（大手企業・第1回）となった。

　さらに近年、企業労使は、総合的な処遇改善にも重点を置いている。デジタル化を見据えた人材育成施策や、フレックスタイム制等の導入・拡充、育児・介護支援策など「働きがい」と「働きやすさ」の向上に資する施策についても時間を割いて交渉・協議を行っている。

V

労働・社会保険

社会保障制度の概要

企業・従業員と各種保障制度との関係

		制度	給付対象	事業主負担
医療	職域	健康保険制度 ・組合健保 　（組合管掌健康保険） ・協会けんぽ 　（旧政府管掌健康保険）	（業務外の）負傷・傷病・死亡、傷病・出産による休業	労使折半
	地域	国民健康保険制度		被保険者の定額負担
	原則75歳以上の高齢者を対象	後期高齢者医療制度 （長寿医療制度）	負傷・疾病・健康相談	支援金の形で拠出 （総報酬割）
介護		介護保険制度	介護給付（訪問・通所・施設等）予防給付	労使折半
年金	自営業者等	国民年金（基礎年金）	老齢・障害・死亡	なし
	被用者	厚生年金		労使折半
		各種企業年金・個人年金		制度により異なる
労働災害補償		労働者災害補償保険制度	業務上および通勤途上の負傷・疾病・障害・死亡	事業主負担 （料率は事業の種類による）
失業保障		雇用保険制度	失業、高齢者雇用、教育訓練、育児・介護休業	被保険者・事業主の負担 （料率は事業の種類による）

▉ 日本の社会保障制度の変遷

　わが国の社会保障制度は、社会保険（医療保障、失業保障等）、公的扶助（生活保護等）、社会福祉（母子世帯、心身障害者、高齢者への支援等）、公衆衛生（伝染病予防等）などからなり、国民の健康を保持し、生活の安定を確保する上で大きな役割を果たしている。

　戦前において、1922年に健康保険法、1938年に国民健康保険法が公布され、1931年には労働者災害補償保険制度が開始された。さらに、1941年に労働者年金保険法が公布され、戦後の社会保障体系の原型が概ねこの頃までに形づくられた。

　戦後の社会保障制度は、すべての国民が健康で文化的な最低限度の生活を営むことができるよう努めなければならないとした「社会保障制度に関する勧告」（1950年社会保障制度審議会）を指針として整備されてきた。その後、国民健康保険制度と国民年金制度の全面施行により、1961年に「国民皆年金・皆保険」体制が確立した。「福祉元年」とも呼ばれる1973年には、年金給付の物価スライド制や賃金スライド制の導入、医療保険の家族給付率の引上げ、老人医療費の無料化などが行われた。その後、1985年には国民共通の基礎年金制度を導入、2000年には介護保険制度を創設、2008年には後期高齢者医療制度が施行された。

　高度成長期に基盤が作られたわが国の社会保障制度は、少子・高齢化の進行のもとで、持続可能性を確保するために累次の制度改正を行っているが、2020年度の社会保障給付費は総額132.2兆円にまで増加している。社会保障給付費の増大は、現役世代、特に中低所得層にとって保険料負担増として重くのしかかり、給付と負担の見直しが焦眉の課題となっている。

医療保険制度の概要

	制度名	対象被保険者	保険者	加入者数	保険料（平均）	国庫補助
被用者保険	組合管掌健康保険（組合健保）	主に大企業の従業員	各健保組合 1,380 （2023年度）	2,852万人 （2023年度）	9.272% （2023年度）	なし
	全国健康保険協会管掌健康保険（協会けんぽ）	主に中小企業の従業員	全国健康保険協会	3,944万人 （2023年3月）	10.00% （2023年度）	あり
		日々雇い入れられる者（健保法3条2項被保険者）		16,482人 （2023年3月）		
	国民健康保険	農業者、退職者、自営業者など	市町村 1,716 国保組合 161 （2020年度）	市町村 2,620万人 国保組合 271万人 （2020年度）	市町村 88,862円 国保組合 180,832円 （2020年度）	あり

出典：健康保険組合連合会「令和5年度健保組合予算早期集計結果」（2023年4月）、全国健康保険協会「協会けんぽ月報」（2023年3月）、厚生労働省「国民健康保険事業年報」（2020年度）をもとに経団連事務局にて作成

医療保険制度は、一般被用者や、一定の条件を満たす日雇労働者・季節労働者・パートタイム労働者等を対象とする職域保険の「健康保険」と、農業者・自営業者・被用者保険の退職者等を対象とする地域保険の「国民健康保険」に大別される。このほか、船員保険や共済組合（公務員等）、後期高齢者医療制度（75歳以上の高齢者）がある。健康保険制度には「組合管掌健康保険（組合健保）」と「全国健康保険協会管掌健康保険（協会けんぽ）」がある。組合健保は、単独の事業所で常時概ね700人以上の従業員が在籍する場合、および同業種の複数事業所または一定地域に集まる異業種の複数事業所で常時概ね3,000人以上の従業員が在籍する場合に設立でき、従業員とその家族を対象とした保険を管掌する。組合健保に加入している事業所以外の事業所の被用者とその家族の健康保険は、協会けんぽが管掌する。

健康保険からは傷病・出産・死亡に対して給付が行われる。費用は、被保険者が療養の給付を受けるときに支払う「一部負担金」と、加入者が支払う「保険料」で賄っている（協会けんぽと国民健康保険については国庫負担による補助あり）。自己負担割合は現在、義務教育就学前児童は2割（地方自治体による補助あり）、義務教育就学後から70歳未満は3割、70歳以上75歳未満は2割、75歳以上は1割または2割負担（70歳以上の現役並み所得者は3割）となっている。

▶ 75歳以上の後期高齢者の自己負担割合の引上げ

75歳以上の後期高齢者医療にかかる費用は16.6兆円（2020年度。国民医療費の38.6%）で、給付に要する財源の4割が組合健保や協会けんぽ等が負担する後期高齢者支援金により賄われている。2017年度からの支援金の全面総報酬割への移行もあり、組合健保の財政は大きく圧迫されている。2025年には団塊世代全体が後期高齢者になることに伴い、給付費のさらなる増加も想定される中、現役世代の負担の上昇抑制の観点などから、2022年10月より、一定以上の所得のある75歳以上の後期高齢者の自己負担割合が2割に引き上げられた。

介護保険制度を取り巻く状況

被保険者

第1号被保険者
（65歳以上）

第2号被保険者
（40歳以上
65歳未満）

要介護認定

原則年金
から天引き

健保組合
・国保等

社会保険
診療報酬
支払基金

市町村

第1号
23%

第2号
27%

国
25%

都道
府県
12.5%

市町村
12.5%

保険料50%　公費50%

介護保険料（第2号）の増加

（月額）　　　　　　　　　5,788円
6,000　　　　　　　　　（2021年度）
5,500
5,000
4,500
4,000
3,500
3,000
2,500
2,000
　　2000　2005　2010　2015　2020（年度）

2025年には・・・
　高齢者人口　3,677万人
　介護給付費　14.6兆円
2040年には・・・
　高齢者人口　3,921万人
　介護給付費　24.6兆円
⇒高齢化の進展に伴い、
　給付費増加が見込まれる

利用料の
支払い

サービス提供事業者

・在宅サービス
（訪問介護、通所介護等）
・施設サービス
（特養・老人ホーム等）

介護サービスの
提供

介護報酬の
支払い

出典：厚生労働省「介護保険制度の概要」（2021年5月）、厚生労働省関係告示などをもとに経団連事務局にて作成

　介護保険制度とは、加齢により要支援・要介護状態になったときに備えて保険料を負担し、介護が必要になった際、介護サービスなどの保険給付を受けることができる社会保険であり、2000年4月より導入された。保険者である市町村が、利用者のニーズに応じ、在宅や施設などのサービス給付にかかる基盤整備をはじめとした運営を担う一方、国・都道府県は財政面と事務面から市町村を支援している。

　被保険者は、65歳以上の第1号被保険者と、40歳以上65歳未満の第2号被保険者とに分かれる。費用負担については、利用者負担を除くと、介護給付・予防給付にかかる費用のうち50%を公費、残りの50%を被保険者からの保険料で賄っている。第1号被保険者と第2号被保険者の負担割合は人口比率に応じて按分される。なお、被用者にかかる第2号被保険者の保険料は原則労使折半である。第2号被保険者が加入する被用者保険等が負担する介護納付金は、各保険者の総報酬額に比例して負担する仕組み（総報酬割）となっており、報酬水準の高い保険者の負担が増している。

▶ 介護保険制度・介護報酬の見直し

　介護保険制度をめぐっては、今後、次期介護保険事業計画（2024～2026年度）の策定に向け、負担能力のある高齢者への保険料負担を求める等の「給付と負担の見直し」や3年に一度の介護報酬改定に向けた議論が行われる予定である。

年金制度の体系（1）公的年金保険制度

年金制度の全体像

注：加入者数は 2022 年 3 月末時点。ただし、企業型確定拠出年金、確定給付企業年金、厚生年金基金、個人型確定拠出年金は 2023 年 3 月時点。個人型確定拠出年金は、企業型確定拠出年金の加入者の一部を除き、基本的に 20 歳以上 60 歳未満の誰でも加入可能。2022 年 5 月以降は国民年金に加入する 65 歳未満に対象拡大、2022 年 10 月以降は企業型確定拠出年金の加入者は規約の定め等がなくても原則加入可能。
国民年金保険料は、17,000 円（2004 年度価格）に、名目賃金変動に応じた保険料改定率を乗じた額。
出典：厚生労働省、国民年金基金連合会、一般社団法人生命保険協会、一般社団法人信託協会、全国共済農業協同組合連合会、運営管理機関連絡協議会の各資料をもとに経団連事務局にて作成

▶ 公的年金保険制度の概要

　公的年金保険は、被保険者自身や家族の加齢、障害、死亡等のリスクに備えて、あらかじめ保険料を納めることで、老齢年金、障害年金、遺族年金の給付を受けられる社会保険である。現役世代が支払う保険料は、高齢者の年金給付に充てられ、世代間での支え合いの仕組み（賦課方式）となっている。なお、年金給付には、国庫負担や積立金も用いられている。

　日本の公的年金保険制度は、1961 年にいわゆる「国民皆年金」となったが、①自営業者対象の「国民年金」、②会社員等民間被用者対象の「厚生年金」、③公務員等対象の「共済年金」に分立し、制度間での給付と負担両面の格差等の問題が生じていた。1985 年改正において、制度間格差や、自営業者の減少といった運営基盤の変化等に対応するため、全国民共通の「基礎年金」を導入するとともに、厚生年金等の被用者年金は、基礎年金に上乗せして報酬比例年金を給付する制度へと再編成された。

　現在の制度は、基礎的給付を行う全国民共通の基礎年金（1 階部分）と、それに上乗せして民間被用者や公務員等を対象に報酬比例年金を給付する厚生年金（2 階部分）がある。さらに、公的年金に上乗せして給付する制度として、確定拠出年金（個人型、企業型）、確定給付企業年金等が 3 階部分として位置付けられている（131 頁参照）。とりわけ、個人型確定拠出年金（iDeCo）の加入者は、近年増加している。

　働き方の多様化が進む中、次回の 2025 年制度改正では、勤労者皆保険の実現に向けて、短時間労働者への被用者保険の適用に関する企業規模要件の撤廃や個人事業所の非適用業種の解消等が政府において検討、実現が図られる見込みである。さらに、基礎年金の給付水準の低下への対応等の課題も指摘されている。

V 労働・社会保険

年金制度の体系（2）厚生年金保険制度

1．厚生年金保険料の算出について

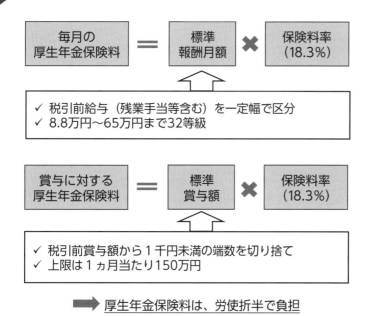

| 毎月の厚生年金保険料 | ＝ | 標準報酬月額 | ✕ | 保険料率（18.3％） |

✓ 税引前給与（残業手当等含む）を一定幅で区分
✓ 8.8万円〜65万円まで32等級

| 賞与に対する厚生年金保険料 | ＝ | 標準賞与額 | ✕ | 保険料率（18.3％） |

✓ 税引前賞与額から1千円未満の端数を切り捨て
✓ 上限は1ヵ月当たり150万円

➡ 厚生年金保険料は、労使折半で負担

2．短時間労働者への適用拡大について

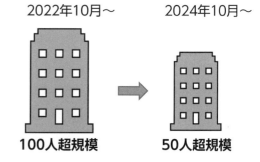

2022年10月〜　　　2024年10月〜

100人超規模　　　**50人超規模**

短時間労働者の適用要件

✓ 企業規模要件：100人超（2024年10月〜50人超）
✓ 勤務期間要件：2ヵ月超の雇用見込み
✓ 労働時間要件：週20時間以上
✓ 賃金要件：月8.8万円以上
✓ 学生ではない

出典：1．2．厚生労働省資料をもとに経団連事務局にて作成

▶ 給付と保険料負担

　厚生年金保険制度は、基礎年金に加え在職時の報酬に比例した給付を支給する制度であり、老齢・障害・死亡に対して、それぞれ老齢厚生年金・障害厚生年金・遺族厚生年金を支給する。このうち、老齢厚生年金の支給開始年齢について、男性は2013年度、女性は2018年度から支給開始年齢を3年ごとに1歳ずつ引き上げ、男性は2025年度、女性は2030年度までに65歳支給に移行することになっている。

　厚生年金の保険料は、被保険者が受け取る給与（標準報酬月額）と賞与（標準賞与額）に保険料率を乗じた額を労使折半で負担し、納付義務は事業主が負う。実務的には、厚生年金保険料と子ども・子育て拠出金（厚生年金の標準報酬月額と標準賞与額に0.36％（2023年4月以降）を乗じた額で算出、全額事業主負担）をあわせて年金事務所に納付している（協会けんぽに加入する企業については、健康保険料もあわせて納付）。

▶ 2020年の年金制度改正法による制度見直し

　働き方の多様化が進む中、働き方や勤め先の企業規模・業種にかかわらず広く被用者保険が適用されるよう、各種見直しが行われた。

　短時間労働者に対する被用者保険の適用要件（上図2参照）については、企業規模要件と勤務期間要件が変更となった。このうち、企業規模要件は、2022年10月には、500人超から100人超とし、2024年10月にはさらに50人超まで引き下げる予定である。勤務期間要件は1年以上から2ヵ月超まで短縮された。これらの適用拡大は、被用者保険として、健康保険についても厚生年金保険と一体として行われる。

1．企業年金制度の体系

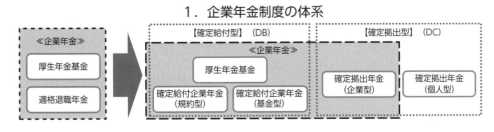

2．各企業年金の基金数等の推移

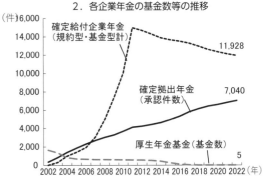

3．ＤＢ・ＤＣの加入者・支給開始年齢等の全体像 （現行：2022年5月〜）

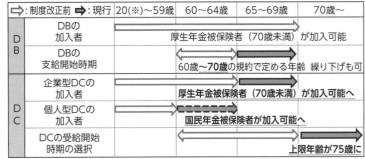

注：2．2022年3月末時点の数値。　3．20歳未満の者についても、適用事業所に使用される場合には被保険者となる。
出典：2．一般社団法人生命保険協会・一般社団法人信託協会・全国共済農業協同組合連合会・運営管理機関連絡協議会の資料をもとに経団連事務局にて作成
　　　3．厚生労働省資料

▶ 企業年金の概要

　企業年金とは、企業が従業員を対象に実施する年金制度の総称である。2001年に、確定給付型年金（退職後の受給額を前もって決定した年金：ＤＢ）と、確定拠出型年金（掛金と運用収益の合計額をもとに年金額が決まる制度：ＤＣ）が創設された。このほか、確定給付と確定拠出の中間的な性質を持つ「キャッシュ・バランス型」や、リスク対応掛金を活用し、運用リスクを事業主と加入者で柔軟に分け合う「リスク分担型」などがある。

　ＤＢには、規約に基づいて信託会社などの外部運用機関と契約して行う「規約型」と、労使合意に基づき別法人の基金を設立して実施する「基金型」がある。ＤＣには、掛金を企業が拠出する「企業型」と、加入者自身が拠出する「個人型」（iDeCo）がある。「企業型」においては、労使が規約に定めることで、事業主掛金に従業員が上乗せして拠出できる「マッチング拠出」の導入割合が年々増加している。「個人型」（iDeCo）についても、2017年1月より、専業主婦、公務員を含め加入対象が拡大され、加入者が年々増加している。

▶ 近年の見直しの動向

　近年の制度改正では、ＤＢ・ＤＣの受給開始時期の選択肢の拡大、ＤＣの加入可能年齢の引上げが図られ、2022年10月には「企業型」ＤＣ加入者の「個人型」ＤＣ（iDeCo）への加入の要件緩和が施行された。また、2021年度税制改正では、公平でわかりやすい制度を構築する観点から、「企業型」ＤＣ・「個人型」ＤＣ（iDeCo）の拠出限度額の見直しが行われ、2024年12月に施行する予定となっている。さらに、ＤＢ・ＤＣの積立金に対する特別法人税は、ＤＢ・ＤＣの制度創設時から課税が凍結されているが、2023年度税制改正において、改めて2025年度末まで課税凍結が延長されることになった。

Ｖ
労働・社会保険

労働者災害補償保険制度（1）概要

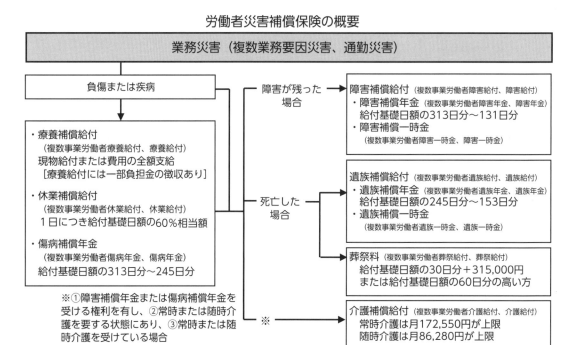

労働者災害補償保険の概要

注：丸括弧内は複数業務要因災害および通勤災害の場合の給付名。
　　このほかの保険給付として二次健康診断等給付がある。また、保険給付とは別に、社会復帰促進等事業としての特別支給金などがある。
出典：厚生労働省資料をもとに経団連事務局にて作成

▶ 業種ごとの保険料率の設定

　労働者災害補償保険（労災保険）制度は、業務上の事由、複数の事業に使用される労働者の複数の事業の業務を要因とする事由、通勤による労働者の負傷・疾病・障害・死亡等に対して迅速かつ公正な保護をするため、必要な保険給付を行うとともに、被災労働者の社会復帰の促進や当該労働者・遺族の援護、労働者の安全衛生の確保等を図る制度である（労災保険法1条）。労災保険の適用を受ける事業に使用される全労働者が対象となり、保険料は全額を事業主が負担する。

　労災保険の保険料率は、事業の種類（現行54業種）に応じて定められ、災害発生状況や保険給付実績の収支率等を勘案し、原則3年ごとに見直される（次期の改定検討は2024年度に予定）。現在は、全業種平均で1,000分の4.5（1,000分の2.5〜1,000分の88）。

▶ 社会復帰促進等事業

　労災保険の適用対象となる労働者と遺族を対象に、附帯事業として社会復帰促進等事業が行われている。事業内容として、①被災労働者の円滑な社会復帰を促進する事業、②被災労働者と遺族の援護を図る事業、③労働者の安全・衛生の確保や賃金支払いの確保を図る事業がある。このうち、①の一環として、全国32ヵ所に労災病院が整備され、働き手の早期職場復帰の支援に加え、地域の中核病院としての役割を果たしている。また、各都道府県に設置された産業保健総合支援センターは、産業保健関係者の支援や事業主・人事労務担当者への啓発を目的に研修や相談業務を行っている。さらに、各労働基準監督署管内に設置された地域産業保健センターは、産業医の選任義務のない労働者数50人未満の事業場を対象に、保健指導等の産業保健サービスを無料で提供している。

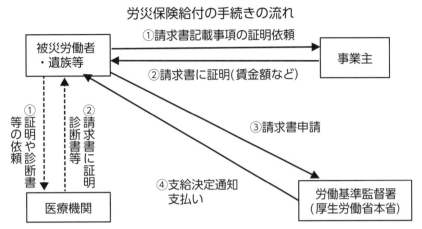

労災保険給付の手続きの流れ

注：療養費用、休業(補償)等給付、障害(補償)等給付、遺族(補償)等給付、葬祭料等(葬祭給付)、介護(補償)等給付の際の請求の場合の流れである。
　　療養費用について、第2回目以降の請求が離職後の場合、事業主証明は不要。
　　休業(補償)給付について、第2回目以降の請求が離職後の場合、事業主証明は不要。ただし離職後に請求する場合でも、療養のために労働できなかった期間の全部または一部が離職前であった場合は、事業主証明が必要。
出典：厚生労働省資料をもとに経団連事務局にて作成

業務災害

　労働者が事業主の支配・管理下で負傷した場合、業務災害として労災保険給付の対象となる。ただし、①私的行為や業務を逸脱した恣意的行為が原因の場合、②故意に災害を発生させた場合、③私的怨恨等に基づき第三者から暴行を受けた場合等については、業務災害と認められない。事業主の支配・管理下にあっても、業務に従事していない休憩時間や就業時間前後に私的行為によって発生した災害は対象とならない。事業場の施設・設備やその管理状況が原因で発生した災害、用便や飲水等の生理的行為の際に発生した災害は就業中と同様に業務災害となる。出張や社用外出により事業場施設外で業務に従事している間に発生した災害も業務災害と認められる。

　業務との間に相当因果関係が認められる疾病も業務災害となる。例えば、就業時間外に脳出血を発症したとしても、業務に内在する有害因子にさらされたことで発症したと認められれば、労災保険給付の対象となる。脳・心臓疾患、精神障害、石綿による疾病等認定基準が作られており、このうち、「心理的負荷による精神障害の労災認定基準」は2020年5月に、「脳・心臓疾患の労災認定基準」は2021年9月に改正された（次頁参照）。

通勤災害

　「通勤」とは、就業に関し、①住居と就業場所との間の往復、②就業場所から他の就業場所への移動、③単身赴任先住居と帰省先住居との間の移動を、合理的な経路および方法で行うことと定義されている。移動経路の逸脱や中断があった場合には対象とならない（例外あり）。

保険給付の手続き

　労災保険給付を受けるに当たり、被災労働者やその遺族等は、事業主等から証明を受けた上で所定の給付請求書を所轄労働基準監督署長に提出する必要がある。保険給付に必要な証明を求められた事業主は速やかに対応しなければならない（労災保険法施行規則23条2項）。

V
労働・社会保険

脳・心臓疾患の労災認定基準のポイント

●業務の過重性の評価

改正前の基準を維持	新たに認定基準に追加
長期間の過重業務	**長期間の過重業務**
労働時間	**■労働時間と労働時間以外の負荷要因を総合評価して労災認定することを明確化**
・発症前1ヵ月間に100時間または2〜6ヵ月間平均で月80時間を超える時間外労働は、発症との関連性は強い(※)	左記(※)の水準には至らないがこれに近い時間外労働 ＋ 一定の労働時間以外の負荷　}業務と発症との関連が強いと評価することを明示
・月45時間を超えて長くなるほど、関連性は強まる	**■労働時間以外の負荷要因を見直し**
・発症前1〜6ヵ月間平均で月45時間以内の時間外労働は、発症との関連性は弱い	・勤務間インターバルが短い勤務 ・身体的負荷を伴う業務 など　}評価対象として追加
労働時間以外の負荷要因	**短期間の過重業務・異常な出来事**
・拘束時間が長い勤務 ・出張の多い業務 など	**■ 業務と発症との関連性が強いと判断できる場合を明確化** →「発症前おおむね1週間に継続して深夜時間帯に及ぶ時間外労働を行うなど過度の長時間労働が認められる場合」等を例示

●**対象疾病：認定基準の対象疾病に「重篤な心不全」を追加**

出典：厚生労働省「脳・心臓疾患の労災認定基準の改正概要」

脳・心臓疾患の労災補償状況

　厚生労働省「過労死等の労災補償状況」によれば、2022年度の脳・心臓疾患の労災請求件数は803件あり、同年度以前の請求も含めて「業務上」の災害として労災保険給付を決定した件数は194件であった。いずれの件数も前年度から増加しており、過重な仕事を原因とした脳・心臓疾患の発症は後を絶たない状況にある。

　国が労災の該当可否を判断する際の「脳・心臓疾患の労災認定基準」は、前回の改正から約20年近く経過し、働き方の多様化や職場環境の変化が生じていた。そこで、厚労省は医学および法学の専門家による最新の医学的知見に基づいた検討会を設置し、同検討会が2021年7月にとりまとめた報告書を踏まえ、同年9月に認定基準を改正した。

認定基準の主なポイント

　認定基準は、①長期間の加重業務、②短期間の加重業務、③異常な出来事の遭遇——のうち、①、②、または③の業務による明らかな過重負荷を受けたことにより発症した脳・心臓疾患を「業務上の疾病」としている。2021年改正により、①について、労働時間と労働時間以外の負荷要因を総合評価して労災認定されることが追加された。時間外労働がいわゆる「過労死ライン」に到達しない場合も労災と認定され得ることに留意が必要である。労働時間以外の負荷要因には、休日のない連続勤務や勤務間インターバルが短い勤務、身体的負荷を伴う業務が含まれる。

　また、短期間の過重業務・異常な出来事の評価における業務と発症との関連性が強いと判断できる場合の例示が明確化され、「発症直前から前日までの間に特に過度の長時間労働が認められる場合」「業務に関連した重大な人身事故や重大事故に直接関与した場合」等が示されている。

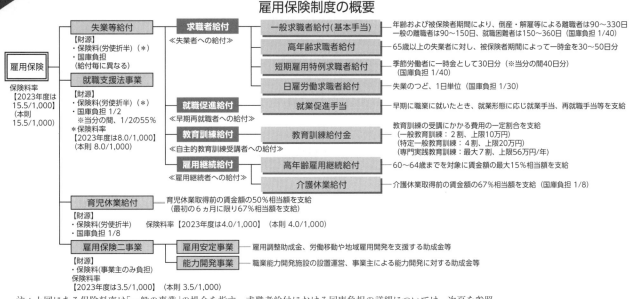

雇用保険制度の概要

注：上図にある保険料率は「一般の事業」の場合を指す。求職者給付における国庫負担の詳細については、次頁を参照。
　　基本手当の国庫負担は雇用情勢および雇用保険の財政状況が悪化している場合1／4（日雇労働求職者給付は1／3）。加えて、一定の要件を満たした際には、別枠で、機動的に国庫からの繰入が可能。
　　介護休業給付および育児休業給付における国庫負担は2017年度から2024年度に限って本来の負担額の10％に引き下げ。

　雇用保険制度は、失業等給付とこれに附帯する事業で成り立っている。原則、労働者を1人でも雇用している事業であれば、一部を除き適用事業となり、そこで働く労働者は雇用保険の被保険者となる。一定条件を満たした短期雇用者や日雇労働者も含まれる。

雇用保険制度の主たる事業

　失業等給付は、労働者の生活および雇用の安定と就職の促進を図るため、①失業した場合、②雇用継続が困難となる事由が生じた場合、③自ら教育訓練を受けた場合に支給される。給付目的ごとに4種類から構成され、対象者に応じてさらに細分化されている。

　育児休業給付は、子を養育するために休業した労働者の生活および雇用の安定を図るために給付されている。2022年10月より、男性の育児休業取得の促進等を目的とした出生時育児休業制度（62頁参照）の創設に伴い、出生時育児休業給付が新設された。

　主な附帯事業として、雇用保険二事業（二事業）がある。二事業は、失業の予防、雇用状態の是正および雇用機会の増大を図る雇用安定事業と、労働者の能力開発・向上を促進する能力開発事業で種々の施策を実施している。雇用安定事業においては、雇用調整助成金、労働移動や地域雇用開発を支援する助成金の運営等、能力開発事業においては、職業能力開発施設の設置運営や事業主が行う能力開発への支援等が行われている。

各事業の財源

　失業等給付と育児休業給付は労使折半の保険料と国庫負担、二事業は事業主のみの保険料を財源としている。保険料率は基本料率が法定され（本則）、財政状況等に照らし一定の要件を満たす場合には料率変更を可能としている（弾力条項）。各年度の剰余金は、失業等給付は積立金、育児休業給付は育児休業給付資金、二事業は雇用安定資金に積み立てている。

Ⅴ　労働・社会保険

雇用保険制度（2）求職者給付（基本手当）

1. 基本手当の給付率

①60歳未満

賃金日額	給付率	基本手当日額
2,657 - 5,030 円	80%	2,125 - 4,024 円
5,030 - 12,380 円	80 - 50%	4,024 - 6,190 円
12,380 - 16,710 円	50%	6,190 - 8,355 円

②60歳以上65歳未満

賃金日額	給付率	基本手当日額
2,657 - 5,030 円	80%	2,125 - 4,024 円
5,030 - 11,120 円	80 - 45%	4,024 - 5,004 円
11,120 - 15,950 円	45%	5,004 - 7,177 円

2. 離職理由による基本手当の給付制限期間・被保険者期間・所定給付日数

離職理由による区分		給付制限期間	給付日数	受給に必要な被保険者期間
特定受給資格者	倒産・解雇等の理由により再就職の準備をする時間的余裕なく離職を余儀なくされた者	なし	90日～330日	離職前1年以内に6ヵ月
特定理由離職者	期間の定めのある労働契約が、更新を希望したにもかかわらず更新されなかったことにより離職した者	なし	90日～330日	離職前1年以内に6ヵ月
	その他やむを得ない理由により離職した者	なし		
その他	定年退職・期間満了		90日～150日	離職前2年以内に12ヵ月
	正当な理由がなく自己の都合により離職した者	2ヵ月 ※5年以内に2回を超える場合は3ヵ月 ※災害時は1ヵ月に短縮	90日～150日	離職前2年以内に12ヵ月
	自己の責めに帰すべき重大な理由によって解雇された者	3ヵ月		
※ 就職困難者 (障害者等)		(離職理由による)	150日～360日	(離職理由による)

出典：1. 2. 厚生労働省資料をもとに経団連事務局にて作成

▶ 求職者給付（基本手当）の概要

　基本手当は、定年、倒産、契約期間の満了等により離職した者の失業中の生活の安定を図りつつ、再就職を支援することを目的としている。給付率は、高所得者の再就職意欲を阻害しないようにするとともに、低所得者に対して十分な保護を図る目的で上限・下限が設けられている。基本手当日額の算定の前提になる賃金日額も同様の趣旨で上限を設け、最低賃金との逆転が生じないよう下限が設定されている。給付日数は、基本手当が失業中の生活の安定を図るため支給されるものであることに鑑み、再就職の難易度に応じた日数となっている。

　基本手当を受給するためには、①必要な被保険者期間を満たした者が、②公共職業安定所（ハローワーク）で求職の申込みを行い、③働く意思と能力を有しているにもかかわらず失業状態にあると認定されることが必要である。受給に必要な被保険者期間は、安易な離職や循環的な給付の防止、給付と負担のバランスを考慮して設定され、離職理由により期間が異なる。

▶ 自己都合により離職した場合の給付制限

　基本手当は、倒産・解雇など自らの意思によらない失業に対して給付することを本来の趣旨としている。自らの意思により離職する者をそうでない者と同様に取り扱うことは、①基本手当を受給することを目的とする離職者の発生を助長しかねない、②倒産や解雇等で、急に収入を失った者とは生活保障の必要性が相当異なる、などの理由から、自己都合による離職の場合、待期満了（受給資格決定日から7日間）の翌日から2ヵ月間（5年以内に2回を超える場合は3ヵ月）の給付制限期間がある。

雇用保険制度（3）財政状況

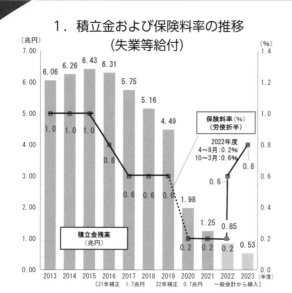

1. 積立金および保険料率の推移（失業等給付）

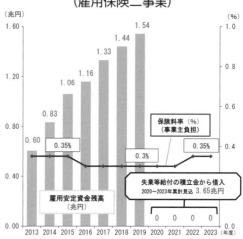

2. 雇用安定資金および保険料率の推移（雇用保険二事業）

注：1. 2020年度から育児休業給付にかかる雇用保険料率(0.4%)を切り離している。
2021年度までは決算額、2022年度は前年度の決算を踏まえた見込額（補正予算後）、2023年度は当初予算額。
2. 2020～2022年度の雇用安定資金残高には、失業等給付の積立金から借入額（2020年度：1兆3,951億円、2021年度：1兆4,447億円、2022年度：3,500億円程度、2023年度4,600億円程度）を織り込んでいる。
2021年度までは決算額、2022年度は前年度の決算を踏まえた見込額（補正予算後）、2022年度は当初予算額。

出典：1. 2. 厚生労働省資料をもとに経団連事務局にて作成

　雇用保険財政は経済状況の変動による影響を色濃く受けるため、単年度ごとではなく、中期的に収支の均衡を図る仕組みとなっている。具体的には、好況期に生じる剰余金は積み立てておき、不況期に増大する給付や事業の財源に充てている。また、主な財源である保険料の料率は、積立金や雇用安定資金の財政状況に応じた機動的な変更を可能としている（弾力条項）。

▶ 失業等給付の財政状況

　積立金残高が2015年度に過去最高の6.43兆円を記録するなど、雇用保険財政の安定的な推移が見込まれていたことから、2017、2020年の雇用保険法改正および弾力条項の適用により、2017～2021年の保険料率は暫定的に引き下げられていた。しかし、新型コロナウイルスの感染拡大の影響により、2020年度以降は雇用安定資金への貸出しによる支出が膨らみ、2021年度の残高は1.25兆円となった。これを受け、2022年度に保険料率を段階的に引き上げ、2023年度は本則復帰（0.8%）となったが、2023年度の残高は0.53兆円の見込みである。

▶ 雇用保険二事業（二事業）の財政状況と累積債務の返済のあり方

　二事業の1つである雇用調整助成金（雇調金）は、コロナ禍における雇用維持策として、2020年4月から2023年3月までの期間に様々な特例措置が講じられ、大いに活用された。これにより、二事業に係る雇用安定資金は、失業等給付の積立金から累計3.65兆円を借り入れた上で、2020年度から2023年度まで4年連続して残高「0円」が見込まれている。次に有事が発生した場合、必要な雇用対策を講じることができないという極めて危機的な現状を踏まえると、政府による雇用保険財政再建に向けた道筋の早期明確化が求められている。あわせて、「2024年度末までを目途」とされている、雇用安定資金が失業等給付の積立金から借り入れている債務の返済のあり方について、検討を進めていく必要がある。

VI

国際労働関係

グローバル化の進展

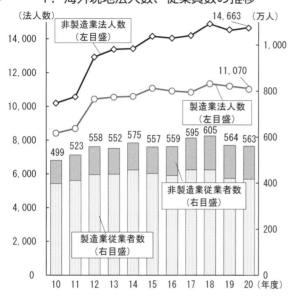

1．海外現地法人数、従業員数の推移

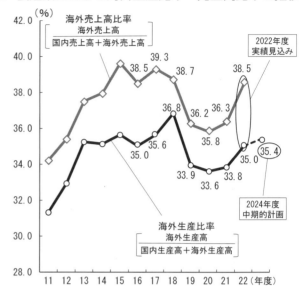

2．製造業における海外生産比率・売上高比率の推移

注：1．「現地法人」は、海外子会社（日本側出資比率が10％以上の外国法人）と海外孫会社（日本側出資比率が50％超の海外子会社が50％超の出資を行っている外国法人）の総称。
　　2．製造業で原則として海外現地法人を3社以上（うち生産拠点1社以上を含む）有する企業を対象に調査。
出典：1．経済産業省「海外事業活動基本調査」　2．国際協力銀行「わが国製造業企業の海外事業展開に関する調査報告」

▶ わが国企業の海外事業動向

　グローバル化の進展や、人口減少に伴う国内市場の縮小などを背景に、海外での事業展開を進める企業が増加傾向にある。経済産業省「海外事業活動基本調査」によると、2020年度のわが国企業の海外現地法人数は25,703社と、10年間で約1.4倍に増加しており、特に非製造業の法人数の増加が顕著である。現地法人従業員数も長期的には増加傾向にあるが、2020年度は、前年度比0.2％減の563万人となった。地域別に見ると、現地法人数のうちＡＳＥＡＮ10（マレーシア、タイ、インドネシア、フィリピン、シンガポール等）の占める割合が10年連続で拡大した一方、中国の割合は縮小した。

　国際協力銀行「わが国製造業企業の海外事業展開に関する調査報告」によると、2022年時点の今後3年程度の中期的な海外事業の展開見通しについては、「強化・拡大する」と回答した企業の割合が前年度比3.5ポイント増の67.2％、「現状程度を維持する」と回答した企業は同3.1ポイント減の31.6％となっている。また、製造業の海外生産比率と海外売上高比率の2022年度（実績見込み）は、それぞれ35.0％、38.5％とコロナ禍の影響からの回復がみられた昨年に続き大幅に増加している。

▶ グローバルな事業展開を支える人事施策

　海外拠点においては、現地従業員のマネジメントを担う人材の確保・育成が課題となっている。中堅・中小企業を中心に、日本からの海外赴任者の下での事業運営が行われている中で、現地の文化や慣習、法令等への理解不足などから、人事管理上のトラブルが発生するケースもみられる。グローバルに活躍できる国内人材の確保・育成に加え、現地司令塔機能を高めるため、現地の幹部候補人材の採用・育成の強化、権限委譲などに取り組むことが重要である。

Ⅵ-2　ＩＬＯ（国際労働機関）

1．ＩＬＯの概要

（1）創設：1919年
（2）加盟国：187ヵ国（2023年3月現在）（日本は創設当時から加盟（1940-1951年は脱退））
（3）本部：スイス・ジュネーブ
（4）事務局長：ジルベール・F・ウングボ（第11代）（トーゴ出身、2022年就任）
（5）主な活動：①国際労働基準、国際的な労働政策の策定　②加盟国の国際労働基準適用状況の監視
　　　　　　　③加盟国が労働政策を効果的に実施するための支援　④労働分野の調査研究、出版
（6）特徴：政労使三者構成主義

2．国際労働基準

2023年5月時点

	法的拘束力	加盟国の義務	対象分野
条約（190件）（うち日本の批准条約は49件）	批准した加盟国に対して法的拘束力が生じる。	・批准に際して、条約内容に抵触する国内法を改廃 ・批准後、条約の適用状況をＩＬＯの要請に基づき報告 ・未批准条約の批准に際しての障害などについて、ＩＬＯの要請に基づき報告	結社の自由・団体交渉・労使関係 強制労働 児童労働 機会・待遇の均等 雇用政策・雇用促進 職業能力開発
勧告（206件）	一定の目標を定めるものであり、法的拘束力はなく、批准も伴わない。	勧告の内容の実施状況をＩＬＯの要請に基づき報告	賃金 労働時間 安全衛生 社会保障　など

　ＩＬＯ（International Labour Organization [国際労働機関]）は、第1次世界大戦後に欧州で激しさを増した労働者保護運動に対して国際協調して取り組むことを目的に、1919年に創設された労働分野専門の国際機関である。同機関は、①国際労働基準や国際的な労働政策の策定、②加盟国の国際労働基準適用状況の監視、③加盟国が労働政策を効果的に実施するための支援、④労働分野の調査研究、出版等の活動を行っている。労働政策の策定には労使の代表も関与すべきとの考え方の下、加盟国の政府代表に加えて、労使の代表も構成員として活動に参画する「三者構成主義」を掲げている点が、他の国際機関と異なる特徴である。

▶ 国際労働基準は国内法整備にも一定の影響

　国際労働基準には、①一定の基準を定め、批准した加盟国に法的拘束力が生じる「条約」と、②一定の目標を掲げ、加盟国の批准を伴わず、法的拘束力をもたない「勧告」がある。加盟国が条約を批准するには、条約の内容に抵触するような国内法を改正・廃止するなど、条約と国内法を一致させる措置をとる必要があり、また、批准後も条約の適用状況をＩＬＯの要請に基づき報告する義務が生じる。さらに、未批准条約の批准に際しての障害や、勧告の内容の実施状況もＩＬＯの要請に基づき報告する義務を負う。このような仕組みから、国際労働基準は加盟国の国内法整備に一定の影響を与えている。

▶ 使用者代表理事を輩出

　日本は1919年創設時からの加盟国であり（1940年から1951年の間は脱退）、1975年以来、政労使ともに、執行機関である理事会の理事（総数56名）を務めている。日本の使用者代表理事には経団連の職員が就任しており、日本の使用者の見解をＩＬＯ活動に反映するため積極的な活動を行っている。

1．国連「ビジネスと人権に関する指導原則」3つの柱

①人権を保護する国家の義務
②人権を尊重する企業の責任
③救済へのアクセス

2．人権を尊重する企業の責任

企業には、自らの事業活動に関連して人権を侵害しない（負の影響を与えない）ことが求められている。
＜具体的取組み＞
①人権を尊重する方針の策定
②人権デュー・ディリジェンスの実施
③人権への悪影響が発生した場合の救済

3．人権を尊重する経営の全体像

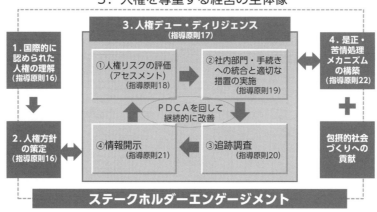

出典：1．2．国連「ビジネスと人権に関する指導原則」をもとに経団連事務局にて作成
　　　3．経団連「人権を尊重する経営のためのハンドブック」

◤ ビジネスと人権に対する関心の高まりと国際社会の対応

　1990年代後半以降に発生した、グローバルサプライチェーンにおける途上国を中心とした労働者の人権問題（児童労働・強制労働等）に端を発して、国連で、2011年に「ビジネスと人権に関する指導原則」が作られた。同原則は、法的拘束力こそ持たないものの、すべての国と企業が尊重すべきグローバル基準として位置付けられている。日本政府は同原則を踏まえ、2020年10月に行動計画を策定し、その一環として、2022年9月に「責任あるサプライチェーン等における人権尊重のためのガイドライン」を公表し、企業に自主的取組みを求めている。他方、欧州を中心に企業の人権尊重責任に関する取組みを義務化する法整備も進んでおり、欧州で事業展開する日本企業も対応を求められる可能性がある。

◤ 人権デュー・ディリジェンス

　「ビジネスと人権に関する指導原則」は、①人権を保護する国家の義務、②人権を尊重する企業の責任、③救済へのアクセスの3つの柱で構成される。企業に対しては、人権への負の影響（人権リスク）を「特定し」「防止し」「軽減し」「対処する」というPDCAプロセスを回すことを求めている（人権デュー・ディリジェンス）。

　経団連では、会員企業・団体に遵守を求めている行動原則「企業行動憲章」を2017年に改定した際、第4条「すべての人々の人権を尊重する経営を行う」を新設した。さらに、急速に進展する国内外の動きを踏まえ、指導原則に基づく企業の自主的な取組みを推進するため、「人権を尊重する経営のためのハンドブック」を2021年12月に策定した。

VII

主な労働統計・参考資料

　　　　　主な労働統計の概要

　デジタル化やグローバル化、少子・高齢化の進行などを背景に、企業を取り巻く経営環境は大きく変化している。人材の確保や定着・育成、活躍推進に向けた人事・労務管理に関する方針を明確にし、労働組合等との話し合いを建設的なものとしていくためには、政府等が公表している各種の労働統計を参考にしながら、雇用や賃金、労働時間の動向などを把握しておくことが必要となる。

　労働に関する統計としては、主に以下のものがある。ここでは、人口や雇用情勢、賃金等の動向を見る際に参考となる主な統計について紹介し、それらの読み方や活用にあたっての留意点などを説明する。

労働に関する主な統計

調査名	実施官庁等	調査対象	調査周期	主な調査内容	代表的な掲載項目
国勢調査	総務省	世帯	5年ごと	人口・世帯の実態	人口（性別、年齢別、配偶関係別、職業別、地域別）、世帯数
人口推計	総務省	―	毎月	国勢調査の実施間の時点においての各月、各年の人口の状況	人口（性別、年齢別）
日本の将来推計人口	国立社会保障・人口問題研究所	―	5年ごと	将来の人口に関する予測	将来推計人口（性別、年齢別）
労働力調査	総務省	世帯	毎月	毎月末の就業・不就業の状況	労働力人口、就業者数、雇用者数、完全失業者数、完全失業率
職業安定業務統計	厚生労働省	ハローワーク	毎月	ハローワークにおける求人、求職、就職の状況	有効求人倍率、新規求人倍率
労働経済動向調査	厚生労働省	事業所	四半期	景気の変動、労働力需給の変化等が雇用、労働時間等に及ぼしている影響	労働者過不足判断DI
毎月勤労統計調査	厚生労働省	事業所	毎月	常用労働者についての雇用、労働時間、賃金の変動	現金給与総額、総実労働時間、常用雇用（事業所規模別・産業別・就業形態別）
賃金構造基本統計調査	厚生労働省	事業所	毎年	主要産業に雇用される労働者の賃金の実態	賃金（産業別・企業規模別・就業形態別・雇用形態別・性別・年齢別・勤続年数別・学歴別）
春季労使交渉・業種別妥結結果	経団連	企業	毎年	春季労使交渉における月例賃金引上げに関する妥結結果	月例賃金引上げ額（妥結額）・引上げ率（大手企業・中小企業）
民間主要企業春季賃上げ要求・妥結状況	厚生労働省	大企業	毎年	春季労使交渉における月例賃金引上げに関する要求状況、妥結結果	月例賃金引上げに関する要求額・妥結額・引上げ率
夏季賞与・一時金大手企業業種別妥結結果 年末賞与・一時金大手企業業種別妥結結果	経団連	大企業	毎年	賞与・一時金に関する妥結結果	賞与・一時金の妥結額・増減率
就労条件総合調査	厚生労働省	企業	毎年	労働時間制度、賃金制度は毎年調査、労働費用、定年制、退職給付制度等は数年ごとに調査	所定労働時間、年次有給休暇の付与日数・取得日数・取得率、時間外労働の割増賃金率、諸手当の支給額、法定福利費、定年年齢
雇用動向調査	厚生労働省	事業所	半期	雇用労働力の産業、規模、職業および地域間の移動の実態	入職者数・離職者数、入職率・離職率
就業構造基本調査	総務省	世帯	5年ごと	ふだんの就業・不就業の状況（全国および地域別）	有業者数、雇用者数、無業者数、就業希望者数、求職者数

1．人口

○人口については、5年に1度の「国勢調査」から詳細なデータが得られる。
○国勢調査が実施されない年も含めた毎年の人口の推移は「人口推計」で把握できる。

◆人口の推移を見るには（2頁参照）

　人口に関しては、5年に1度（西暦末尾が0または5の年の10月1日）、全国のすべての人を対象に実施される**総務省「国勢調査」**が最も基本的な統計であり、性別、年齢別、配偶関係別、職業別、地域別の人口など、詳細なデータが得られる。人口を見る際には、外国人も含む「総人口」で見るのが一般的である。調査年の翌年から、人口速報集計、人口等基本集計結果などが順次公表される。

　毎年の人口の推移は、**総務省「人口推計」**の「各年10月1日現在人口」で把握できる。人口推計では、国勢調査の人口をベースに、他の統計等から得られるその後の人口動向を反映させることで、国勢調査が実施されない年の人口を算出している。各年10月1日現在の人口は翌年4月頃に公表される。

◆将来の人口の見通しを知るには（2頁参照）

　将来の人口の見通しは、**国立社会保障・人口問題研究所「日本の将来推計人口」**から得ることができる。国勢調査の結果を受け、5年に1度公表されており、最新の「令和5年推計」（2023年公表）からは、2070年までの性別、年齢別の推計人口などが得られる。推計値は、出生率や平均寿命の仮定の置き方により、高位推計、中位推計、低位推計の3種類があるが、中位推計が利用されることが多い。

2．労働力人口・就業・雇用

○労働市場の動向を把握するために幅広く用いられているのが「労働力調査」である。
○用語の定義に注意が必要である。例えば、「就業者」は自営業主を含む仕事を持っている人全体、「雇用者」は会社等に雇われている人などを指す。

◆労働力人口、労働力率、就業者数、雇用者数を見るには（3頁参照）

　労働統計では、仕事を持っている人を「就業者」という。就業者と完全失業者（定義は後述）の合計を「労働力人口」といい、15歳以上人口に占める労働力人口の割合を「労働力率」という。就業者は「自営業主」「家族従業者」「雇用者」に分けられる。雇用者は、会社、団体、官公庁等に雇われて収入を得ている人および会社、団体の役員である。

　これらのデータは、**総務省「労働力調査」**から得られる。同調査は、一定の抽出方法に基づいて選定された全国約4万世帯（15歳以上の世帯員約10万人）を対象に、毎月末の1週間における就業・不就業の状況を調査するもので、結果は翌月末に公表される。労働市場の特徴や

動向を把握するために幅広く用いられている。

同調査によると、2022年における15歳以上人口の内訳は以下のとおりである。

15歳以上人口の内訳（2022年平均）

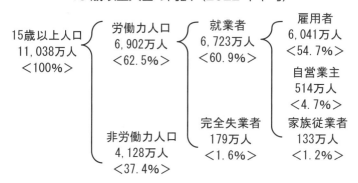

注：＜　＞内は15歳以上人口に占める割合。四捨五入の関係により、総数と内訳の合計は必ずしも一致しない。就業者には「従業上の地位不詳」を含む。
出典：総務省「労働力調査」

雇用者については、「正規の職員・従業員」と「非正規の職員・従業員」（「パート」「アルバイト」「労働者派遣事業所の派遣社員」「契約社員」「嘱託」「その他」の6区分。以下、有期雇用等労働者）で集計されている。一般的に、有期雇用等労働者数を見る際には、この「非正規の職員・従業員」の数が使用されるものの、いずれも「勤め先での呼称」に基づく区分であり、具体的な定義はないことに留意する必要がある。

3．労働力需給

○労働力需給の状況を示す代表的な指標は「完全失業率」（労働力人口に占める完全失業者数の割合）で、「労働力調査」から得られる。「完全失業者」は、現在仕事を持っていないが、求職活動をしている人である。

○全国のハローワークで取り扱った求職、求人などの件数を集計したのが「職業安定業務統計」である。「有効求人倍率」（求職者1人当たりの求人数）は、完全失業率と並び、労働力需給の状況を示す指標としてよく用いられる。

○企業における雇用の過不足の状況を示す指標としては、日銀短観の「雇用人員判断DI」が代表的。

◆失業率を見るには（4頁参照）

完全失業率を含む失業の動向は**総務省「労働力調査」**から得られる。「完全失業者」とは次の3つの条件を満たす者と定義される。

①仕事がなくて調査週間中に少しも仕事をしなかった（就業者ではない）。

②仕事があればすぐ就くことができる。

③調査週間中に、仕事を探す活動や事業を始める準備をしていた（過去の求職活動の結果を

待っている場合を含む)。

就職環境が厳しいために求職活動を諦めてしまった人は、完全失業者には含まれない。

完全失業率は、労働力人口に占める完全失業者数の割合である。労働力調査からは、性別、年齢階級別、求職理由別の完全失業者数、完全失業率が得られる。完全失業率は、景気動向を反映する指標として注目され、季節調整値が利用されることが多い。

また、完全失業率は以下のように分解されることから、その動向を見る際には、労働力需要を表す就業者数と労働力供給を表す労働力率の動きもあわせて見る必要がある。

$$\text{完全失業率（\%）} = \frac{\text{完全失業者数}}{\text{労働力人口}} = \frac{\text{労働力人口} - \text{就業者数}}{\text{労働力人口}}$$

$$= 1 - \frac{\text{就業者数}}{\text{労働力人口}} = 1 - \frac{\text{就業者数}}{\text{15歳以上人口} \times \text{労働力率}}$$

景気回復期には、企業の労働力需要が高まることで就業者数が増加し、完全失業率を低下させる要因になる一方、これまで非労働力人口であった人々が新たに求職活動を始めることで、労働力率が高まり、完全失業率を上昇させる要因となる。他方、景気が悪化している時期には、企業の労働力需要が低下することで就業者数が減少し、完全失業率を上昇させる要因になる一方、就職環境の厳しさから求職活動を諦める人が増えることで、労働力率が低下し、完全失業率を低下させる要因となる。

◆求人・求職の動向を見るには（4頁参照）

求人・求職に関する統計としては、**厚生労働省「職業安定業務統計（一般職業紹介状況）」**がよく利用される。全国の公共職業安定所（ハローワーク）で取り扱った求職、求人、就職などの件数を集計したもので、翌月末に公表される。同調査では、労働者は以下の3つに区分される。なお、新規学卒者は含まない。

①常用（雇用期間の定めがないか、または4ヵ月以上の雇用期間が定められているもの（季節労働を除く））

②臨時（1ヵ月以上4ヵ月未満の雇用契約期間が定められている仕事）・季節（季節的な労働需要に対し、または季節的な余暇を利用して一定の期間を定めて就労するもの）

③パートタイム（1週間の所定労働時間が同一の事業所に雇用されている通常の労働者に比べて短い者）

求人には「新規求人」と「有効求人」の2つの概念がある。「新規求人」は当月受け付けた求人を指し、前月から未充足のまま繰り越された求人と新規求人を合わせたものを「有効求人」という。「有効」とは、求人・求職の申込みの有効期限（原則翌々月末）以内であることを示す。

求職者1人当たりの求人数（月間有効求人数÷月間有効求職者数）を「有効求人倍率」とい

い、労働市場の需給を端的に示すことから、景気指標として注目されている。この指標が１を超えれば、労働力需給がひっ迫している状態であり、逆に１を下回れば、労働力需給が緩んでいる状態である。また、新規求職者１人当たりの新規求人数（新規求人数÷新規求職申込件数）を「新規求人倍率」といい、完全失業率など他の労働関連指標よりも先行した動きを示すため、先行きの雇用情勢を見通す際の材料となる。

これらの指標は景気指標として広く利用されているが、近年はインターネットや求人情報誌、人材紹介会社などを通じて、ハローワークを経由しない求人・求職も増加しているため、あくまでハローワークにおける労働力需給の状況を示す統計と見るべきである。また、求職側と求人側とのミスマッチが大きい場合、求人倍率の上昇が、直ちに雇用情勢の改善（就職者数の増加など）を示すものとは言えないことにも留意する必要がある。

◆雇用の過不足の状況を見るには（4頁参照）

企業における雇用の過不足の状況を示す指標としては、**日本銀行「全国企業短期経済観測調査（短観）」**における「雇用人員判断ＤＩ」が代表的である。同調査は、一定の抽出方法に基づき選出された約 9,000 社の民間企業（資本金２千万円以上）などを対象に、四半期に１度（3、6、9、12 月）、業況等に関する判断や、経常利益、設備投資等の計画などを調査するものである。結果は翌月初旬（12 月は当月中旬）に公表される。

雇用人員判断ＤＩは、雇用人員が「過剰」と回答した企業の割合から「不足」と回答した企業の割合を引いた値である。ＤＩがプラスであれば「過剰」と回答した企業の方が多く、マイナスであれば「不足」と回答した企業の方が多いことを示す。ＤＩがプラスの場合、上昇（低下）は「過剰感の強まり（緩和）」を表し、マイナスの場合、上昇（低下）は「不足感の緩和（強まり）」を表す。

また、**厚生労働省「労働経済動向調査」**における「労働者過不足判断ＤＩ」も雇用の過不足の状況を示す指標であるが、同ＤＩは、労働者数について「不足（やや不足、おおいに不足）」と回答した事業所の割合から「過剰（やや過剰、おおいに過剰）」と回答した事業所の割合を引いた値である。

4．賃金

○労働者全体の平均賃金の動向を把握するには、「毎月勤労統計調査」が用いられる。時系列比較を行う際の注意や、労働者の構成変化の影響など、留意点が多い。

○属性別の賃金水準は「賃金構造基本統計調査」から得られる。自社の賃金水準と同調査から得られる平均賃金を比較する際は、労働者の年齢など属性を揃えた上で比較する。

○労使交渉による賃金改定の状況を把握するには、経団連の調査なども参照される。

（1）平均賃金

◆労働者全体の平均賃金の動向を見るには（12頁参照）

　賃金に関する代表的な統計としては、**厚生労働省「毎月勤労統計調査」**がある。同調査は、常用労働者を常時5人以上雇用する事業所のうち約33,000事業所を抽出し、賃金、労働時間、労働者数などを調査するもので、翌々月の初旬に速報が、中旬に確報が公表される。同調査は、景気判断や各種政策決定に際しての指針、雇用保険や労災保険の給付額を改定する際の資料、企業における給与改定や人件費の算定、人事院勧告の資料として広く活用されている。

　「常用労働者」とは、同じ事業所で1ヵ月以上働いている労働者のことであり、有期雇用やパートタイム労働者も含まれる。就業形態別に「一般労働者」と「パートタイム労働者」に分けて集計されるが、パートタイム労働者とは、1日の所定労働時間または1週の所定労働日数が一般の労働者に比べて少ない者のことである。

　同調査では、規模別、就業形態別、産業別の常用労働者1人当たりの平均月間賃金などが得られる。賃金、給与、手当、賞与その他の名称の如何を問わず、労働の対償として使用者が労働者に通貨で支払うもので、税、社会保険料等を差し引く前の金額（退職金は含まない）を「現金給与総額」という。現金給与総額は、基本給などの「所定内給与」、時間外手当などの「所定外給与」、賞与・一時金などの「特別に支払われた給与（特別給与）」に分けられる。所定内給与と所定外給与の合計を「きまって支給する給与（定期給与）」という。

◆毎月勤労統計調査の利用の留意点

　賃金の動向を時系列で見るには、基準年の平均を100として作成される「賃金指数」を用いる必要がある。これは、賃金の実額のデータには、調査対象事業所の入替えなどに伴う断層が生じているためである。賃金指数はこの断層を調整したものであり、時系列比較が可能な値である。

　賃金のデータは季節性を有する。例えば、現金給与総額は、特別給与の支給時期である夏季や冬季に他の時期に比べ多くなる。このため、賃金の変動を見る際には、1年前の同じ時期と比較する必要があり、単月の場合は前年同月と比較した伸び率を見る。特別給与の支給時期のズレによる伸び率の振れを均すには、特別給与の支給時期（夏季6〜8月、冬季12〜2月）とそれ以外の時期（3〜5月、9〜11月）の3ヵ月ごとに平均値を算出し、前年同期と比較することが有効である。

　データを解釈する上では、労働者の構成変化が全体の平均賃金の伸び率に大きな影響を与えている点に留意が必要である。例えば、2022年度の現金給与総額（事業所規模5人以上、調査産業計）の前年度比上昇率は、一般労働者が2.3%、パートタイム労働者が2.8%であったが、全体では1.9%となった。これは、賃金水準が相対的に低いパートタイム労働者の比率が上昇した（2021年度31.31%→2022年度31.80%）ことにより、全体の賃金の伸びが押し下げられたためである。

　パートタイム労働者の賃金は、時給制で支払われることが多いため、その月間賃金は労働時間の影響を受ける。パートタイム労働者の賃金の実勢を見る上では、所定内給与を所定内労働

時間で割った「時間当たり給与（時給）」を見るのが有効である。

　また、賃金の購買力を示す指標としては、賃金指数を消費者物価指数（持家の帰属家賃を除く総合）で割った「実質賃金指数」が用いられる。実質賃金に対し、消費者物価で割る前の通常の賃金を「名目賃金」と呼ぶことがある。実質賃金の伸び率は、名目賃金の伸び率から物価の伸び率を引いた値に概ね等しくなる。このため、名目賃金が上昇した場合でも、その伸び率が物価の伸び率を下回った時は、実質賃金は低下することになる。

◆労働者の属性別の賃金を見るには

　企業の賃金決定にあたって、産業・企業規模・性・年齢・勤続年数・雇用形態・役職・職種・学歴などの属性別の平均的な賃金水準を確認する上では、**厚生労働省「賃金構造基本統計調査」**（賃金センサス）が参考になる。同調査は、常用労働者 5 人以上の事業所のうち約 78,000 事業所を抽出し、毎年 6 月分の賃金等を調査するもので、結果は翌年 2 ～ 3 月に公表される。

　同調査からは、産業別・企業規模別の平均賃金が得られるが、平均賃金の水準は、年齢構成など、労働者の属性別の構成割合に大きな影響を受ける。このため、自社の平均賃金と同産業・同規模の平均賃金を単純に比較するのは適切ではない。

　例えば、年齢別の賃金（所定内給与）と年齢構成が以下のような架空の企業Ａ社（電気機械器具製造業、社員数 300 人）の平均賃金は 276,400 円である。一方、賃金構造基本統計調査（2022 年）から得られる電気機械器具製造業・企業規模 100 ～ 999 人の一般労働者の平均賃金は 291,000 円であり、単純に比較すると、Ａ社の賃金水準は同産業・同規模の平均より低いように思われる。しかし、年齢階級別に見ると、いずれの階級においても、Ａ社の賃金は同産業・同規模の平均を上回っている。このような現象が起こる原因は、Ａ社では賃金水準が相対的に低い若い社員の割合が高いことにある。

【Ａ社】
電気機械器具製造業・社員数300人

	所定内給与（千円）	労働者数（人）	構成割合（%）
～19歳	179.5	20	6.7
20～24歳	200.9	25	8.3
25～29歳	225.7	35	11.7
30～34歳	250.4	45	15.0
35～39歳	284.7	50	16.7
40～44歳	289.0	40	13.3
45～49歳	328.0	35	11.7
50～54歳	353.0	30	10.0
55～59歳	363.0	20	6.7
60～64歳	－	0	0.0
65～69歳	－	0	0.0
70歳～	－	0	0.0
平均・計	276.4	300	100.0

【賃金構造基本統計調査（2022年）】
電気機械器具製造業・企業規模100～999人

	所定内給与（千円）	労働者数（人）	構成割合（%）
～19歳	178.0	2,890	1.7
20～24歳	197.9	10,800	6.5
25～29歳	219.0	17,140	10.3
30～34歳	245.9	14,690	8.8
35～39歳	282.2	18,040	10.8
40～44歳	288.0	19,600	11.7
45～49歳	327.9	26,740	16.0
50～54歳	351.1	24,740	14.8
55～59歳	360.5	18,460	11.0
60～64歳	283.2	10,910	6.5
65～69歳	212.5	2,510	1.5
70歳～	260.6	660	0.4
平均・計	291.0	167,180	100.0

年齢構成がＡ社と同じ場合の
電気機械器具製造業・企業規模100～999人の平均賃金

$$\begin{array}{l}178.0 \times 20 + 197.9 \times 25 + 219.0 \times 35 \\ + 245.9 \times 45 + 282.2 \times 50 + 288.0 \times 40 \\ + 327.9 \times 35 + 351.1 \times 30 + 360.5 \times 20\end{array} \div 300 \fallingdotseq 273.6 \text{（千円）}$$

適切に比較するためには、年齢構成を揃える必要がある。同調査のデータから、年齢構成がＡ社と同じ場合の電気機械器具製造業・企業規模100〜999人の平均賃金を求めると、273,625円となる。これとＡ社の平均賃金（276,400円）を比較すると、Ａ社の賃金水準は同産業・同規模の平均を上回るという結果が得られる。

また、労働者派遣法に基づき、派遣労働者の賃金の決定方法を労使協定によって定める際には、その方法について、「派遣労働者が従事する業務と同種の業務に従事する一般の労働者の平均的な賃金（一般賃金）の額として厚生労働省令で定めるものと同等以上の賃金の額となるものであること」等の要件を満たすことが必要とされている（48頁参照）。この一般賃金の算出には、賃金構造基本統計調査または職業安定業務統計の特別集計により算出した職種別の賃金が用いられる（一定の要件を満たす民間統計の活用も可）。

（2）賃金改定

◆月例賃金の引上げ状況を見るには（109頁、123頁参照）

春季労使交渉の結果による月例賃金の引上げ状況に関する調査としては、**経団連「春季労使交渉・業種別妥結結果」**がある。同調査では大手企業と中小企業に分け、組合員1人当たり平均の月例賃金引上げ額（妥結額）と引上げ率を業種別に集計している。大手企業の調査は、原則として従業員数500人以上の主要企業が対象であり、毎年4〜5月頃に第1回集計、7〜8月頃に最終集計が公表される。中小企業の調査は、原則として従業員数500人未満の企業が対象であり、毎年6月頃に第1回集計、8月頃に最終集計が公表される。月例賃金引上げ額・率には、定期昇給等の昇給分とベースアップ分の両方が含まれる（108頁参照）。

このほか、月例賃金引上げ状況に関する調査としては、**厚生労働省「民間主要企業春季賃上げ要求・妥結状況」**、同**「賃金引上げ等の実態に関する調査」**、日本労働組合総連合会（連合）**「春季生活闘争回答集計結果」**などがある。

◆賃金引上げ率と平均賃金上昇率の違い

経団連「春季労使交渉・業種別妥結結果」における2022年の月例賃金引上げ率は大手企業が2.27％、中小企業が1.92％であったのに対し、毎月勤労統計調査における2022年度の一般労働者の所定内給与（事業所規模5人以上、調査産業計）の上昇率は1.1％であった。こうした違いが生じる要因は、定期昇給等の影響にある。

賃金引上げ率は、前年も当年も継続して在籍している労働者（継続労働者）の賃金の1人当たり平均の上昇率である。継続労働者に限れば、前年から当年にかけ全員1歳年を取る（勤続年数が1年増える）ため、定期昇給がある場合はその分が上昇率に含まれる。

一方、毎月勤労統計調査などの平均賃金の上昇率は、前年に在籍していた全労働者（当年は退職している労働者を含む）の平均賃金と、当年に在籍している全労働者（前年は入職前だった労働者を含む）の平均賃金を比較したときの上昇率である。継続労働者で定期昇給があったとしても、若年層の入職と高齢層の退職などにより、全体の年齢構成がほぼ一定であれば、賃金総額に大きな変化はなく、定期昇給分は平均賃金上昇率にはほとんど反映されない。このため、平均賃金上昇率は賃金引上げ率よりも低くなる傾向がある。

◆**賞与・一時金の支給状況を見るには（111 頁参照）**

　賃金引上げの方法は、月例賃金の引上げに限らず、賞与・一時金（ボーナス）の増額、諸手当の改定など、多様な選択肢がある。そのうち賞与・一時金に関する調査としては、**経団連「夏季賞与・一時金 大手企業業種別妥結結果」、「年末賞与・一時金 大手企業業種別妥結結果」**がある。同調査では、原則として従業員数 500 人以上の大手企業を対象に、組合員 1 人当たり平均の賞与・一時金の額（妥結額）と増減率を業種別に集計している。夏季については、毎年 6 月頃に第 1 回集計、8 月頃に最終集計が公表される。年末については、毎年 12 月頃に集計が公表される。同様の調査としては、**厚生労働省「民間主要企業夏季一時金妥結状況」、「民間主要企業年末一時金妥結状況」**などもある。

5．労働時間

> ○労働時間の指標としては、「毎月勤労統計調査」の「総実労働時間」が用いられる。

◆**労働時間の動向を見るには（13 頁参照）**

　労働時間は、**厚生労働省「毎月勤労統計調査」**から得られる。同調査では、労働者が実際に労働した時間を「総実労働時間」という。さらに、総実労働時間は「所定内労働時間」（就業規則等で定められた正規の始業時刻と終業時刻の間の実労働時間）と「所定外労働時間」（早出、残業、休日出勤等の実労働時間）に分けられる。

　時系列比較を行う場合は、「労働時間指数」を用いる必要がある。季節性を有するデータであるため、変動を見る際には、前年同期と比較した伸び率や季節調整値を見る。労働時間の国際比較においては、総実労働時間が用いられる。また、製造業の所定外労働時間は鉱工業生産との連動性が高いため、景気指標としても参照される。

6．企業の人事・労務制度

> ○企業の人事・労務制度に関する動向を把握するには、厚生労働省「就労条件総合調査」が参考になる。同調査からは、年次有給休暇の取得率などが得られる。

◆**人事・労務制度の動向を見るには**

　企業の人事・労務に関する制度の動向を把握するために有効な統計の 1 つとして、**厚生労働省「就労条件総合調査」**がある。同調査は、常用労働者 30 人以上を雇用する民営企業のうち約 6,400 社を抽出し、労働時間制度、賃金制度などについて調査するものである。結果は毎年 10～11 月頃に公表され、企業規模別、業種別のデータが得られる。調査事項としては、毎年調査される労働時間制度、賃金制度のほか、数年ごとにローテーションで調査される労働費用、定年制、退職給付制度などがある。

労働時間制度については、1日および週の所定労働時間（1企業平均、労働者1人平均）、労働者1人平均の年次有給休暇の付与日数・取得日数・取得率（13頁参照）など、賃金制度については、時間外労働の割増賃金率などが把握できる。労働費用については、現金給与額に加え、法定福利費、法定外福利費、教育訓練費など現金給与以外の労働費用の1人1ヵ月当たりの金額が把握でき、これらのデータから総額人件費の推計が可能である（113頁参照）。

7. 統計利用に関する一般的な留意点

◆統計調査の対象・範囲、用語・統計区分の定義

統計の性質を理解する上では、当該統計のホームページや報告書において、調査の対象や範囲、用語や統計区分の定義を確認することが重要である。

労働統計において特に注意が必要なのは、労働者の区分に関する基準や用語の定義である。例えば、パートタイム労働者や短時間労働者等の名称については、労働力調査では事業所での呼称、毎月勤労統計調査等では労働時間によって定義している。

◆月次統計、四半期統計を利用する際の留意点

データを見る際には、数字の水準そのものとともに、前期からどれだけ増えたか（減ったか）の変動を見ることも重要である。年次統計の場合は、前年と比較して変動を見ればよいが、月次統計の場合はデータの季節性が問題となる。このため、月次統計については、通常、前月と比較することはぜず、1年前の同じ月（前年同月）と比較する。四半期統計についても、同様に1年前の同じ四半期（前年同期）と比較する。

季節性による変動を取り除いた季節調整値が公表されているデータもある。景気動向を見る際には、季節調整値を用いるのが一般的である。

◆改定の可能性

すでに公表されているデータについても、速報値から確報値への改定、指数の基準改定（基準となる年の変更）、季節調整値の改定等により、過去のデータが遡って変更されることがある。このため、統計を利用する際には、常に最新のデータを見る必要がある。

◆標本調査における誤差

統計調査の多くは、調査対象になりうる世帯や事業所等の一部を抽出して調査し、対象全体の様子を推定する標本調査（サンプル調査）である。あくまで推定であり、統計の数字には必ず誤差が含まれていることから、幅を持って見る必要がある。

統計データ

第1表　主要経済・労働関連指標

年度	(1) 国内総生産 名目 実額(億円)	前年度比(%)	実質 実額(億円)	前年度比(%)	(2) 労働力人口(万人)	(3) 雇用者数(万人)	(4) 労働生産性 名目(千円)	実質(千円)	(5) 労働分配率(%)	(6) 実質賃金指数	前年度比(%)
1995	5,252,995	2.6	4,621,773	3.2	6,672	5,279	8,137	7,159	70.3	115.5	1.2
96	5,386,596	2.5	4,758,061	2.9	6,737	5,347	8,272	7,307	69.3	117.1	1.6
97	5,425,080	0.7	4,752,173	△ 0.1	6,794	5,392	8,274	7,247	71.4	115.7	△ 1.3
98	5,345,641	△ 1.5	4,705,074	△ 1.0	6,789	5,353	8,230	7,244	72.1	113.7	△ 1.7
99	5,302,986	△ 0.8	4,733,201	0.6	6,775	5,325	8,215	7,333	71.2	113.1	△ 0.5
2000	5,376,142	1.4	4,856,230	2.6	6,772	5,372	8,331	7,526	69.4	114.0	0.8
01	5,274,105	△ 1.9	4,821,135	△ 0.7	6,737	5,354	8,255	7,546	70.3	113.0	△ 0.8
02	5,234,659	△ 0.7	4,865,455	0.9	6,677	5,329	8,285	7,701	68.6	110.9	△ 1.8
03	5,262,199	0.5	4,959,228	1.9	6,662	5,340	8,326	7,847	66.5	110.2	△ 0.7
04	5,296,379	0.6	5,042,694	1.7	6,639	5,355	8,364	7,964	66.0	110.0	△ 0.2
05	5,341,062	0.8	5,151,341	2.2	6,655	5,421	8,390	8,092	67.4	111.3	1.2
06	5,372,579	0.6	5,217,846	1.3	6,669	5,493	8,397	8,155	67.3	110.9	△ 0.3
07	5,384,855	0.2	5,272,716	1.1	6,686	5,539	8,373	8,199	67.7	109.9	△ 1.1
08	5,161,749	△ 4.1	5,082,620	△ 3.6	6,674	5,544	8,066	7,943	72.9	107.2	△ 2.2
09	4,973,642	△ 3.6	4,958,756	△ 2.4	6,643	5,488	7,895	7,871	71.6	105.6	△ 1.6
10	5,048,737	1.5	5,120,647	3.3	6,631	5,508	8,011	8,125	68.9	107.0	1.2
11	5,000,462	△ 1.0	5,146,867	0.5	6,584	5,506	7,956	8,189	70.5	106.6	△ 0.3
12	4,994,206	△ 0.1	5,179,193	0.6	6,567	5,520	7,945	8,239	70.2	105.9	△ 0.7
13	5,126,775	2.7	5,320,723	2.7	6,595	5,579	8,089	8,395	68.1	104.6	△ 1.1
14	5,234,228	2.1	5,301,953	△ 0.4	6,616	5,627	8,203	8,309	68.6	101.6	△ 2.9
15	5,407,408	3.3	5,394,135	1.7	6,632	5,685	8,431	8,410	66.7	101.5	△ 0.1
16	5,448,299	0.8	5,434,791	0.8	6,681	5,764	8,400	8,379	68.4	102.0	0.5
17	5,557,125	2.0	5,531,735	1.8	6,750	5,848	8,455	8,407	68.3	101.8	△ 0.2
18	5,565,705	0.2	5,545,463	0.2	6,847	5,955	8,306	8,276	70.1	101.8	0.0
19	5,568,363	0.0	5,501,377	△ 0.8	6,895	6,020	8,237	8,138	71.6	101.2	△ 0.6
20	5,375,734	△ 3.5	5,273,758	△ 4.1	6,863	5,962	8,021	7,869	75.5	100.1	△ 1.1
21	5,506,637	2.4	5,410,368	2.6	6,897	6,013	8,212	8,068	73.1	100.6	0.5
22	5,618,835	2.0	5,485,374	1.4	6,906	6,048	8,351	8,153	—	98.8	△ 1.8

注：1．前年度比の△印はマイナスを示す。
　　2．（4）および（5）は以下のとおり算出している。
　　　　労働生産性＝国内総生産÷就業者数
　　　　労働分配率＝雇用者報酬÷国民所得（要素費用表示）
　　3．（1）は2015年基準（2008ＳＮＡ）、（6）（10）は2020年基準、（12）（13）は2015年基準。
　　4．（6）（7）は事業所規模5人以上の就業形態計、調査産業計。
　　　　（7）は総実労働時間指数に基準数値（2020年平均値）を乗じて時系列接続が可能となるように修正した値。
　　5．（11）について、1995～1999年度は二人以上の世帯のうち農林漁家世帯を除く勤労者世帯、
　　　　2000年度以降は二人以上の世帯のうち勤労者世帯。

(7) 1人当たり 平均年間 総実労働時間 (時間)	(8) 有効 求人倍率 (倍)	(9) 完全 失業率 (%)	(10) 消費者物価指数		(11) 家計消費支出		平均 消費性向 (%)	(12) 鉱工業生産指数		(13) 第3次産業活動指数 (総合)	
			(全国・ 生鮮食品を 除く総合)	前年度比 (%)	(円)	前年度比 (%)			前年度比 (%)		前年度比 (%)
1,911	0.64	3.2	96.5	0.0	351,749	0.0	72.7	103.3	2.1	90.8	2.4
1,905	0.72	3.3	96.8	0.3	355,199	1.0	72.3	106.8	3.4	93.1	2.5
1,882	0.69	3.5	98.8	2.1	354,615	△ 0.2	71.2	108.0	1.1	92.7	△ 0.4
1,860	0.50	4.3	98.6	△ 0.2	351,935	△ 0.8	71.1	100.6	△ 7.0	92.8	0.1
1,848	0.49	4.7	98.6	0.0	345,121	△ 1.9	71.7	103.3	2.6	93.3	0.6
1,848	0.62	4.7	98.1	△ 0.5	342,454	—	72.5	107.7	4.3	95.2	2.0
1,829	0.56	5.2	97.3	△ 0.8	333,716	△ 2.6	71.4	97.8	△ 9.1	95.5	0.4
1,821	0.56	5.4	96.5	△ 0.8	329,231	△ 1.3	73.6	100.7	2.8	95.5	0.4
1,829	0.69	5.1	96.3	△ 0.2	329,157	0.0	74.1	103.6	3.5	97.0	1.1
1,814	0.86	4.6	96.1	△ 0.2	331,196	0.6	74.3	107.6	3.9	98.5	1.6
1,814	0.98	4.3	96.1	0.0	327,195	△ 1.2	74.7	109.3	1.6	100.7	2.2
1,816	1.06	4.1	96.2	0.1	319,722	△ 2.3	72.0	114.3	4.6	102.0	1.3
1,804	1.02	3.8	96.5	0.3	325,445	1.8	73.6	117.5	2.7	103.0	0.9
1,769	0.77	4.1	97.6	1.1	323,206	△ 0.7	73.3	102.8	△ 12.7	99.8	△ 3.1
1,741	0.45	5.2	96.1	△ 1.5	318,854	△ 1.3	74.7	93.0	△ 9.5	96.6	△ 3.2
1,757	0.56	4.9	95.3	△ 0.8	314,646	△ 1.3	73.4	101.2	8.8	97.6	1.0
1,762	0.68	4.5	95.2	△ 0.1	310,219	△ 1.4	73.3	100.5	△ 0.7	98.3	0.8
1,751	0.82	4.3	95.0	△ 0.2	317,104	2.2	74.8	97.5	△ 2.9	99.6	1.3
1,748	0.97	3.9	95.8	0.8	322,027	1.6	75.5	101.1	2.6	100.8	1.2
1,743	1.11	3.5	98.5	2.8	315,342	△ 2.1	74.2	100.5	△ 0.6	99.2	△ 1.6
1,735	1.23	3.3	98.5	0.0	313,760	△ 0.5	73.6	99.8	△ 0.7	100.3	1.1
1,718	1.39	3.0	98.2	△ 0.3	309,401	△ 1.4	72.1	100.6	0.8	100.5	0.2
1,715	1.54	2.7	98.9	0.7	313,017	1.2	71.7	103.5	2.9	101.9	1.4
1,697	1.62	2.4	99.7	0.8	318,283	1.7	69.2	103.8	0.3	103.0	1.1
1,665	1.55	2.3	100.3	0.6	320,573	0.7	66.9	99.9	△ 3.8	102.3	△ 0.7
1,615	1.10	2.9	99.9	△ 0.4	304,508	△ 5.0	61.3	90.3	△ 9.6	95.3	△ 6.8
1,631	1.16	2.8	99.9	0.0	311,207	2.2	62.8	95.5	5.8	97.5	2.3
1,637	1.31	2.6	103.0	3.1	322,841	3.7	64.3	95.3	△ 0.2	99.7	2.3

出典：（1）内閣府「四半期別ＧＤＰ速報（2023年1-3月期2次速報）」、（2）（3）（9）総務省「労働力調査」
　　　（4）内閣府「四半期別ＧＤＰ速報（2023年1-3月期2次速報）」、総務省「労働力調査」
　　　（5）内閣府「国民経済計算年次推計」、（6）（7）厚生労働省「毎月勤労統計調査」
　　　（8）厚生労働省「職業安定業務統計（一般職業紹介状況）」、（10）総務省「消費者物価指数」
　　　（11）総務省「家計調査」、（12）経済産業省「鉱工業指数」、（13）経済産業省「第3次産業活動指数」

第2表 春季労使交渉、賞与・一時金 妥結結果

年	春季労使交渉						賞与・一時金			
	大 手 企 業			中 小 企 業			大 手 企 業			
							夏季		年末	
	基準内賃金	賃金引上げ額	賃金引上げ率	基準内賃金	賃金引上げ額	賃金引上げ率	金額	増減率	金額	増減率
	円	円	％	円	円	％	円	％	円	％
1995	294,039	8,245	2.80	242,627	6,580	2.71	741,228	2.17	789,658	1.86
96	307,461	8,628	2.81	245,090	6,665	2.72	770,951	4.01	817,811	3.57
97	311,824	8,846	2.84	250,987	6,929	2.76	799,705	3.73	848,063	3.70
98	316,443	8,293	2.62	253,089	6,110	2.41	810,919	1.40	834,420	△ 1.61
99	321,660	6,879	2.14	253,499	4,619	1.82	772,150	△ 4.78	810,874	△ 2.82
2000	325,400	6,404	1.97	256,563	4,499	1.75	762,535	△ 1.25	815,200	0.53
01	329,540	6,365	1.93	256,327	4,463	1.74	777,518	1.96	815,141	△ 0.01
02	330,457	5,249	1.59	256,803	3,274	1.27	769,564	△ 1.02	789,778	△ 3.11
03	327,668	5,391	1.65	254,998	3,296	1.29	806,056	4.74	802,481	1.61
04	327,710	5,378	1.64	253,614	3,576	1.41	829,030	2.85	826,738	3.02
05	329,190	5,504	1.67	253,764	3,743	1.47	859,097	3.63	862,705	4.35
06	331,030	5,813	1.76	252,838	3,901	1.54	883,695	2.86	884,072	2.48
07	326,093	6,202	1.90	253,607	4,149	1.64	910,286	3.01	892,318	0.93
08	322,356	6,271	1.95	252,073	4,184	1.66	909,519	△0.08	889,064	△0.36
09	318,911	5,758	1.81	251,898	3,486	1.38	753,500	△17.15	755,628	△15.01
10	317,033	5,886	1.86	251,928	3,824	1.52	757,638	0.55	774,654	2.52
11	315,606	5,842	1.85	259,496	4,262	1.64	791,106	4.42	802,701	3.62
12	317,304	5,752	1.81	250,106	3,880	1.55	771,040	△2.54	778,996	△2.95
13	318,659	5,830	1.83	250,788	4,085	1.63	809,502	4.99	806,007	3.47
14	323,262	7,370	2.28	251,108	4,416	1.76	867,731	7.19	848,405	5.26
15	326,242	8,235	2.52	251,907	4,702	1.87	892,138	2.81	880,593	3.79
16	329,956	7,497	2.27	254,733	4,651	1.83	905,165	1.46	880,736	0.02
17	331,872	7,755	2.34	252,907	4,586	1.81	878,172	△2.98	880,793	0.01
18	338,056	8,539	2.53	254,649	4,804	1.89	953,905	8.62	934,858	6.14
19	337,793	8,200	2.43	255,042	4,815	1.89	921,107	△3.44	951,411	1.77
20	335,400	7,096	2.12	257,399	4,371	1.70	901,147	△2.17	865,621	△9.02
21	332,806	6,124	1.84	259,902	4,376	1.68	826,647	△8.27	820,955	△5.16
22	333,407	7,562	2.27	261,846	5,036	1.92	899,163	8.77	894,179	8.92
23	—	13,110	3.91	—	7,864	2.94	956,027	3.91	—	—

注： 1．数値は加重平均による。
　　 2．増減率（賞与・一時金）の△印はマイナスを示す。
　　 3．大手企業は原則として従業員500人以上、中小企業は原則として従業員500人未満が調査対象。
　　 4．2023年は、いずれも第1回集計。最新情報については下記経団連ホームページを参照。
　　　 (http://www.keidanren.or.jp/policy/index09a.html)
出典： 経団連「春季労使交渉・大手企業種別妥結結果」「春季労使交渉・中小企業種別妥結結果」
　　　 「夏季賞与・一時金　大手企業種別妥結結果」「年末賞与・一時金　大手企業種別妥結結果」

労働時間の適正な把握のために使用者が講ずべき措置に関するガイドライン

基 発 0 1 2 0 第 3 号
平 成 2 9 年 1 月 2 0 日

都道府県労働局長　殿

厚生労働省労働基準局長

労働時間の適正な把握のために使用者が講ずべき措置に関するガイドラインについて

　今般、標記について、別添のとおり、「労働時間の適正な把握のために使用者が講ずべき措置に関するガイドライン」（以下「ガイドライン」という。）を定めたところである。

　ついては、本ガイドラインの趣旨、遵守のための指導及び周知等については、下記のとおりであるので、この取扱いに遺漏なきを期されたい。

　なお、本通達をもって、平成13年4月6日付基発第339号「労働時間の適正な把握のために使用者が講ずべき措置に関する基準について」については廃止することとする。

記

1　ガイドラインの趣旨、内容
（1）　趣旨について
ア　使用者（使用者から労働時間を管理する権限の委譲を受けた者を含む。以下同じ。）に労働時間を管理する責務があることを改めて明らかにするとともに、労働時間の適正な把握のために使用者が講ずべき措置等を明示したところであること。
イ　労働基準法上、使用者には、労働時間の管理を適切に行う責務があるが、一部の事業場において、自己申告制（労働者が自己の労働時間を自主的に申告することにより労働時間を把握するもの。以下同じ。）の不適正な運用等により、労働時間の把握が曖昧となり、その結果、過重な長時間労働や割増賃金の未払いといった問題が生じている。このため、これらの問題の解消を図る目的で、使用者に労働時間を適正に把握する責務があることを改めて明らかにするとともに、本ガイドラインにおいて労働時間の適正な把握のために使用者が講ずべき具体的措置等を明らかにしたものであり、使用者は、ガイドラインを遵守すべきものであること。
（2）　労働時間の考え方について
　　労働時間を適正に把握する前提として、労働時間の考え方について明らかにしたものであること。
　　労働時間とは、使用者の指揮命令下にある時間のことをいい、使用者の明示又は黙示の指示により労働者が業務に従事する時間は労働時間に当たること。
　　なお、労働時間に該当するか否かは、労働契約、就業規則、労働協約等の定めのいかんによらず、労働者の行為が使用者の指揮命令下に置かれたものと評価することができるか否かにより客観的に定まるものであること。また、客観的に見て使用者の指揮命令下に置かれていると評価されるかどうかは、労働者の行為が使用者から義務づけられ、又はこれを余儀なくされていた等の

状況の有無等から、個別具体的に判断されるものであることを示したものであること。

(3)　ガイドラインの4(1)について

　　労働時間の把握の現状をみると、労働日ごとの労働時間数の把握のみをもって足りるとしているものがみられるが、労働時間の適正な把握を行うためには、労働日ごとに始業・終業時刻を使用者が確認し、これを記録する必要があることを示したものであること。

(4)　ガイドラインの4(2)について

　ア　始業・終業時刻を確認するための具体的な方法としては、ア又はイによるべきであることを明らかにしたものであること。また、始業・終業時刻を確認する方法としては、使用者自らがすべての労働時間を現認する場合を除き、タイムカード、ICカード、パソコンの使用時間の記録等（以下「タイムカード等」という。）の客観的な記録をその根拠とすること、又は根拠の一部とすべきであることを示したものであること。

　イ　ガイドラインの4(2)アにおいて、「自ら現認する」とは、使用者が、使用者の責任において始業・終業時刻を直接的に確認することであるが、もとより適切な運用が図られるべきであることから、該当労働者からも併せて確認することがより望ましいものであること。

　ウ　ガイドラインの4(2)イについては、タイムカード等の客観的な記録を基本情報とし、必要に応じ、これら以外の使用者の残業命令書及びこれに対する報告書等、使用者が労働者の労働時間を算出するために有している記録とを突合することにより確認し、記録するものであること。

　　　なお、タイムカード等の客観的な記録に基づくことを原則としつつ、自己申告制を併用して労働時間を把握している場合には、ガイドラインの4(3)に準じた措置をとる必要があること。

(5)　ガイドラインの4(3)について

　ア　ガイドラインの4(3)アについては、自己申告制の対象となる労働者に説明すべき事項としては、ガイドラインを踏まえた労働時間の考え方、自己申告制の具体的内容、適正な自己申告を行ったことにより不利益な取扱いが行われることがないこと等があること。

　イ　ガイドラインの4(3)イについては、労働時間の適正な自己申告を担保するには、実際に労働時間を管理する者が本ガイドラインに従い講ずべき措置を理解する必要があることから設けたものであること。

　　　実際に労働時間を管理する者に対しては、自己申告制の適正な運用のみならず、ガイドラインの3で示した労働時間の考え方等についても説明する等して、本ガイドラインを踏まえた説明とすることを示したものであること。

　ウ　ガイドラインの4(3)ウについては、自己申告による労働時間の把握は、曖昧な労働時間管理となりがちであることから、使用者は、労働時間が適正に把握されているか否かについて定期的に実態調査を行うことが望ましいものであること。

　　　また、労働者からの自己申告により把握した労働時間と入退館記録やパソコンの使用時間の記録等のデータで分かった事業場内にいた時間との間に著しい乖離が生じている場合や、自己申告制が適用されている労働者や労働組合等から労働時間の把握が適正に行われていない旨の指摘がなされた場合等には、当該実態調査を行う必要があることを示したものであること。

　エ　ガイドラインの4(3)エについては、自己申告による労働時間の把握とタイムカード等を併用している場合に、自己申告した労働時間とタイムカード等に記録された事業場内にいる時間に乖離が生じているとき、その理由を報告させること自体は問題のある取組ではないが、その報告が適正に行われないことによって、結果的に労働時間の適正な把握がなされないことにつながり得るため、報告の内容が適正であるか否かについても確認する必要があることを示したも

のであること。

オ　ガイドラインの4(3)オについては、労働時間の適正な把握を阻害する措置としては、ガイドラインで示したもののほか、例えば、職場単位毎の割増賃金に係る予算枠や時間外労働の目安時間が設定されている場合において、当該時間を超える時間外労働を行った際に賞与を減額する等不利益な取扱いをしているものがあること。

　また、実際には労働基準法の定める法定労働時間や時間外労働に関する労使協定（いわゆる36協定）により延長する時間を超えて労働しているにもかかわらず、記録上これを守っているようにすることが、実際に労働時間を管理する者や労働者等において慣習的に行われていないかについても確認することを示したものであること。

(6)　ガイドラインの4(4)について

　労働基準法第108条においては、賃金台帳の調製に係る義務を使用者に課し、この賃金台帳の記入事項については労働基準法施行規則第54条並びに第55条に規定する様式第20号及び第21号に、労働日数、労働時間数、休日労働時間数、時間外労働時間数、深夜労働時間数が掲げられていることを改めて示したものであること。

　また、賃金台帳にこれらの事項を記入していない場合や、故意に虚偽の労働時間数を記入した場合は、同法第120条に基づき、30万円以下の罰金に処されることを示したものであること。

(7)　ガイドラインの4(5)について

　労働基準法第109条において、「その他労働関係に関する重要な書類」について使用者に保存義務を課しており、始業・終業時刻等労働時間の記録に関する書類も同条にいう「その他労働関係に関する重要な書類」に該当するものであること。これに該当する労働時間に関係する書類としては、労働者名簿、賃金台帳のみならず、出勤簿、使用者が自ら始業・終業時刻を記録したもの、タイムカード等の労働時間の記録、残業命令書及びその報告書並びに労働者が自ら労働時間を記録した報告書等があること。

　なお、保存期間である3年の起算点は、それらの書類毎に最後の記載がなされた日であること。

(8)　ガイドラインの4(6)について

　人事労務担当役員、人事労務担当部長等労務管理を行う部署の責任者は、労働時間が適正に把握されているか、過重な長時間労働が行われていないか、労働時間管理上の問題点があればどのような措置を講ずべきか等について、把握、検討すべきであることを明らかにしたものであること。

(9)　ガイドラインの4(7)について

　ガイドラインの4(7)に基づく措置を講ずる必要がある場合としては、次のような状況が認められる場合があること。

ア　自己申告制により労働時間の管理が行われている場合

イ　一の事業場において複数の労働時間制度を採用しており、これに対応した労働時間の把握方法がそれぞれ定められている場合

　また、労働時間等設定改善委員会、安全・衛生委員会等の労使協議組織がない場合には、新たに労使協議組織を設置することも検討すべきであること。

2　ガイドラインの遵守のための指導等

(1)　監督指導において、ガイドラインの遵守状況について点検確認を行い、使用者がガイドラインに定める措置を講じていない場合には、所要の指導を行うこと。

(2)　自己申告制の不適正な運用等により労働時間の適正な把握が行われていないと認められる
　事業場に対しては、適切な監督指導を実施すること。また、使用者がガイドラインを遵守して
　おらず、労働基準法第32条違反又は第37条違反が認められ、かつ重大悪質な事案については、
　司法処分を含め厳正に対処すること。

3　ガイドラインの周知

　本ガイドラインについては、労働相談、集団指導、監督指導等あらゆる機会を通じて、使用者、
労働者等に幅広く周知を図ることとし、本通達発出後、集中的な周知活動を行うこと。

(1)　窓口における周知

　　労働基準監督署の窓口において、就業規則届、時間外労働・休日労働に関する協定届等各種
　届出、申告・相談等がなされた際に、別途配付するリーフレットを活用し、本ガイドラインの
　周知を図ること。

(2)　集団指導時等における周知

　　労働時間に係る集団指導、他の目的のための集団指導、説明会等の場を通じて積極的に本ガ
　イドラインの周知を図ること。

　　特に、自己申告制により労働時間の把握を行っている事業場等については、これを集団的に
　とらえ、本ガイドラインの周知を図ること。

4　その他

　平成13年4月6日付基発第339号「労働時間の適正な把握のために使用者が講ずべき措置に関す
る基準について」又は「労働時間の適正な把握のために使用者が講ずべき措置に関する基準」を
引用している通達等において、平成13年4月6日付基発第339号「労働時間の適正な把握のために
使用者が講ずべき措置に関する基準について」又は「労働時間の適正な把握のために使用者が講
ずべき措置に関する基準」とあるのは、それぞれ、平成29年1月20日付基発0120第3号「労働時間
の適正な把握のために使用者が講ずべき措置に関するガイドラインについて」又は「労働時間の
適正な把握のために使用者が講ずべき措置に関するガイドライン」と読み替えるものとすること。

労働時間の適正な把握のために使用者が講ずべき措置に関するガイドライン

1　趣旨

　労働基準法においては、労働時間、休日、深夜業等について規定を設けていることから、使用者は、労働時間を適正に把握するなど労働時間を適切に管理する責務を有している。

　しかしながら、現状をみると、労働時間の把握に係る自己申告制（労働者が自己の労働時間を自主的に申告することにより労働時間を把握するもの。以下同じ。）の不適正な運用等に伴い、同法に違反する過重な長時間労働や割増賃金の未払いといった問題が生じているなど、使用者が労働時間を適切に管理していない状況もみられるところである。

　このため、本ガイドラインでは、労働時間の適正な把握のために使用者が講ずべき措置を具体的に明らかにする。

2　適用の範囲

　本ガイドラインの対象事業場は、労働基準法のうち労働時間に係る規定が適用される全ての事業場であること。

　また、本ガイドラインに基づき使用者（使用者から労働時間を管理する権限の委譲を受けた者を含む。以下同じ。）が労働時間の適正な把握を行うべき対象労働者は、労働基準法第41条に定める者及びみなし労働時間制が適用される労働者（事業場外労働を行う者にあっては、みなし労働時間制が適用される時間に限る。）を除く全ての者であること。

　なお、本ガイドラインが適用されない労働者についても、健康確保を図る必要があることから、使用者において適正な労働時間管理を行う責務があること。

3　労働時間の考え方

　労働時間とは、使用者の指揮命令下に置かれている時間のことをいい、使用者の明示又は黙示の指示により労働者が業務に従事する時間は労働時間に当たる。そのため、次のアからウのような時間は、労働時間として扱わなければならないこと。

　ただし、これら以外の時間についても、使用者の指揮命令下に置かれていると評価される時間については労働時間として取り扱うこと。

　　なお、労働時間に該当するか否かは、労働契約、就業規則、労働協約等の定め
のいかんによらず、労働者の行為が使用者の指揮命令下に置かれたものと評価す
ることができるか否かにより客観的に定まるものであること。また、客観的に見て使
用者の指揮命令下に置かれていると評価されるかどうかは、労働者の行為が使用
者から義務づけられ、又はこれを余儀なくされていた等の状況の有無等から、個別
具体的に判断されるものであること。

　ア　使用者の指示により、就業を命じられた業務に必要な準備行為（着用を義務付
　　けられた所定の服装への着替え等）や業務終了後の業務に関連した後始末（清掃
　　等）を事業場内において行った時間

　イ　使用者の指示があった場合には即時に業務に従事することを求められており、
　　労働から離れることが保障されていない状態で待機等している時間（いわゆる「手
　　待時間」）

　ウ　参加することが業務上義務づけられている研修・教育訓練の受講や、使用者の
　　指示により業務に必要な学習等を行っていた時間

4　労働時間の適正な把握のために使用者が講ずべき措置

（1）始業・終業時刻の確認及び記録
　　　使用者は、労働時間を適正に把握するため、労働者の労働日ごとの始業・終
　　業時刻を確認し、これを記録すること。

（2）始業・終業時刻の確認及び記録の原則的な方法
　　　使用者が始業・終業時刻を確認し、記録する方法としては、原則として次のいず
　　れかの方法によること。

　ア　使用者が、自ら現認することにより確認し、適正に記録すること。

　イ　タイムカード、ICカード、パソコンの使用時間の記録等の客観的な記録を基礎
　　として確認し、適正に記録すること。

（3）自己申告制により始業・終業時刻の確認及び記録を行う場合の措置
　　　上記（2）の方法によることなく、自己申告制によりこれを行わざるを得ない場合、
　　使用者は次の措置を講ずること。

ア　自己申告制の対象となる労働者に対して、本ガイドラインを踏まえ、労働時間
　の実態を正しく記録し、適正に自己申告を行うことなどについて十分な説明を行
　うこと。

イ　実際に労働時間を管理する者に対して、自己申告制の適正な運用を含め、本
　ガイドラインに従い講ずべき措置について十分な説明を行うこと。

ウ　自己申告により把握した労働時間が実際の労働時間と合致しているか否かに
　ついて、必要に応じて実態調査を実施し、所要の労働時間の補正をすること。
　　特に、入退場記録やパソコンの使用時間の記録など、事業場内にいた時間の
　分かるデータを有している場合に、労働者からの自己申告により把握した労働時
　間と当該データで分かった事業場内にいた時間との間に著しい乖離が生じてい
　るときには、実態調査を実施し、所要の労働時間の補正をすること。

エ　自己申告した労働時間を超えて事業場内にいる時間について、その理由等を
　労働者に報告させる場合には、当該報告が適正に行われているかについて確認
　すること。
　　その際、休憩や自主的な研修、教育訓練、学習等であるため労働時間ではな
　いと報告されていても、実際には、使用者の指示により業務に従事しているなど
　使用者の指揮命令下に置かれていたと認められる時間については、労働時間と
　して扱わなければならないこと。

オ　自己申告制は、労働者による適正な申告を前提として成り立つものである。こ
　のため、使用者は、労働者が自己申告できる時間外労働の時間数に上限を設け、
　上限を超える申告を認めない等、労働者による労働時間の適正な申告を阻害す
　る措置を講じてはならないこと。
　　また、時間外労働時間の削減のための社内通達や時間外労働手当の定額払
　等労働時間に係る事業場の措置が、労働者の労働時間の適正な申告を阻害す
　る要因となっていないかについて確認するとともに、当該要因となっている場合
　においては、改善のための措置を講ずること。
　　さらに、労働基準法の定める法定労働時間や時間外労働に関する労使協定
　（いわゆる36協定）により延長することができる時間数を遵守することは当然で
　あるが、実際には延長することができる時間数を超えて労働しているにもかかわ
　らず、記録上これを守っているようにすることが、実際に労働時間を管理する者
　や労働者等において、慣習的に行われていないかについても確認すること。

（4）賃金台帳の適正な調製

　　使用者は、労働基準法第 108 条及び同法施行規則第 54 条により、労働者ごと
に、労働日数、労働時間数、休日労働時間数、時間外労働時間数、深夜労働時
間数といった事項を適正に記入しなければならないこと。

　　また、賃金台帳にこれらの事項を記入していない場合や、故意に賃金台帳に虚
偽の労働時間数を記入した場合は、同法第 120 条に基づき、30 万円以下の罰金
に処されること。

（5）労働時間の記録に関する書類の保存

　　使用者は、労働者名簿、賃金台帳のみならず、出勤簿やタイムカード等の労働
時間の記録に関する書類について、労働基準法第 109 条に基づき、3年間保存し
なければならないこと。

（6）労働時間を管理する者の職務

　　事業場において労務管理を行う部署の責任者は、当該事業場内における労働
時間の適正な把握等労働時間管理の適正化に関する事項を管理し、労働時間管
理上の問題点の把握及びその解消を図ること。

（7）労働時間等設定改善委員会等の活用

　　使用者は、事業場の労働時間管理の状況を踏まえ、必要に応じ労働時間等設
定改善委員会等の労使協議組織を活用し、労働時間管理の現状を把握の上、労
働時間管理上の問題点及びその解消策等の検討を行うこと。

３６協定届の記載例（特別条項）

（様式第９号の２（第16条第１項関係））

◆ 臨時的に限度時間を超えて労働させる場合には様式第９号の２の協定届の届出が必要です。
◆ 様式第９号の２は、
・限度時間内の時間外労働についての届出書（１枚目）と、
・限度時間を超える時間外労働についての届出書（２枚目）
の２枚の記載が必要です。

◆ ３６協定で締結した内容を協定届（本様式）に転記して届け出てください。
－３６協定届（本様式）を用いて３６協定を締結することもできます。その場合には、記名押印又は署名など労使双方の合意があることが明らかとなるような方法により締結することが必要です。
－必要事項の記載があれば、協定届様式以外の形式でも届出できます。

◆ ３６協定の届出は電子申請でも行うことができます。

労働時間の延長及び休日の労働は必要最小限にとどめられるべきであり、労使当事者はこのことに十分留意した上で協定するようにしてください。なお、使用者は協定した時間数の範囲内で労働させる場合であっても、労働契約法第５条に基づく安全配慮義務を負います。

時間外労働
休日労働
に関する協定届

【吹き出し】労働保険番号・法人番号を記載してください。

【吹き出し】この協定が有効となる期間を定めてください。１年間とすることが望ましいです。

【吹き出し】１年間の上限時間を計算する際の起算日を記載してください。その１年間においては協定の有効期間にかかわらず、起算日は同一の日である必要があります。

【吹き出し】１か月の法定労働時間を超える時間数を定めてください。①は45時間以内、②は42時間以内です。

【吹き出し】１年の法定労働時間を超える時間数を定めてください。①は360時間以内、②は320時間以内です。

【吹き出し】時間外労働と法定休日労働を合計した時間数は、月100時間未満、２～６か月平均80時間以内でなければいけません。これを労使で確認の上、必ずチェックボックスにチェックを入れてください。チェックボックスにチェックがない場合には、有効な協定届とはなりません。（チェックボックスに要チェック）

事業の種類	事業の名称	事業の所在地（電話番号）		協定の有効期間
金属製品製造業	○○金属工業株式会社　○○工場	（〒000-0000）　○○市○○町1-2-3　（電話番号：000-0000-0000）		○○○○年4月1日から1年間

労働保険番号　□□□□□-□□□□□□-□ ｜ 枝番号 ｜ 被一括事業場番号
法人番号　□□□□□□□□□□□□□

	時間外労働をさせる必要のある具体的事由	業務の種類	労働者数（満18歳以上の者）	所定労働時間（1日）（任意）	1日		1箇月（①については45時間まで、②については42時間まで）		1年（①については360時間まで、②については320時間まで）起算日○○○○年4月1日	
					法定労働時間を超える時間数	所定労働時間を超える時間数（任意）	法定労働時間を超える時間数	所定労働時間を超える時間数（任意）	法定労働時間を超える時間数	所定労働時間を超える時間数（任意）
時間外労働　①下記②に該当しない労働者	受注の集中	設計	10人	7.5時間	3時間	3.5時間	30時間	40時間	250時間	370時間
	製品不具合への対応	検査	10人	7.5時間	2時間	2.5時間	15時間	25時間	150時間	270時間
	臨時の受注、納期変更	機械組立	20人	7.5時間	2時間	2.5時間	15時間	25時間	150時間	270時間
②1年単位の変形労働時間制により労働する労働者	月末の決算事務	経理	5人	7.5時間	3時間	3.5時間	20時間	30時間	200時間	320時間
	棚卸	購買	5人	7.5時間	3時間	3.5時間	20時間	30時間	200時間	320時間

	休日労働をさせる必要のある具体的事由	業務の種類	労働者数（満18歳以上の者）	所定休日（任意）	労働させることができる法定休日の日数	労働させることができる法定休日における始業及び終業の時刻
休日労働	受注の集中	設計	10人	土日祝日	1か月に1日	8:30～17:30
	臨時の受注、納期変更	機械組立	20人	土日祝日	1か月に1日	8:30～17:30

上記で定める時間数にかかわらず、時間外労働及び休日労働を合算した時間数は、1箇月について100時間未満でなければならず、かつ2箇月から6箇月までを平均して80時間を超過しないこと。☑（チェックボックスに要チェック）

【吹き出し】事業場（工場、支店、営業所等）ごとに協定してください。

【吹き出し】時間外労働をさせる必要のある具体的事由ごとに協定してください。

【吹き出し】業務の範囲を細分化し、明確に定めてください。

【吹き出し】対象期間が3か月を超える1年単位の変形労働時間制が適用される労働者については、②の欄に記載してください。

【吹き出し】事由は具体的に定めてください。

【吹き出し】1日の法定労働時間を超える時間数を定めてください。

【吹き出し】1か月の法定労働時間を超える時間数を定めてください。①は45時間以内、②は42時間以内です。

【１枚目（表面）】

様式第9号の2（第16条第1項関係）（裏面）

（記載心得）

1 「業務の種類」の欄には、時間外労働又は休日労働をさせる必要のある業務を具体的に記入し、労働基準法第36条第6項第1号の健康上特に有害な業務について協定をした場合には、当該業務を他の業務と区別して記入すること。なお、業務の種類を記入するに当たっては、業務の区分を細分化することにより当該業務の範囲を明確にしなければならないことに留意すること。

2 「労働者数（満18歳以上の者）」の欄には、時間外労働又は休日労働をさせることができる労働者の数を記入すること。

3 「延長することができる時間数」の欄の記入に当たっては、次のとおりとすること。時間数は労働基準法第32条から第32条の5まで又は第40条の規定により労働させることができる最長の労働時間（以下「法定労働時間」という。）を超える時間数を記入すること。なお、本欄に記入する時間数にかかわらず、時間外労働及び休日労働を合算した時間数が1箇月について100時間以上となった場合、及び2箇月から6箇月までを平均して80時間を超えた場合には労働基準法違反（同法第119条の規定により6箇月以下の懲役又は30万円以下の罰金）となることに留意すること。

(1) 「1日」の欄には、法定労働時間を超えて延長することができる時間数であって、1日についての延長することができる限度となる時間数を記入すること。なお、所定労働時間を超える時間数についても協定する場合においては、所定労働時間を超える時間数を併せて記入することができる。

(2) 「1箇月」の欄には、法定労働時間を超えて延長することができる時間数であって、「1年」の欄に記入する「起算日」において定める日から1箇月ごとについての延長することができる限度となる時間数を45時間（対象期間が3箇月を超える1年単位の変形労働時間制により労働する者については、42時間）の範囲内で記入すること。なお、所定労働時間を超える時間数についても協定する場合においては、所定労働時間を超える時間数を併せて記入することができる。

(3) 「1年」の欄には、法定労働時間を超えて延長することができる時間数であって、「起算日」において定める日から1年についての延長することができる限度となる時間数を360時間（対象期間が3箇月を超える1年単位の変形労働時間制により労働する者については、320時間）の範囲内で記入すること。なお、所定労働時間を超える時間数についても協定する場合においては、所定労働時間を超える時間数を併せて記入することができる。

4 ②の欄は、労働基準法第32条の4の規定による労働時間により労働する労働者（対象期間が3箇月を超える1年単位の変形労働時間制により労働する者に限る。）について記入すること。なお、この欄に記入する労働者の場合には、③の欄に記入する延長することができる時間数の上限は①の欄の労働者よりも短い（1箇月42時間、1年320時間）ことに留意すること。

5 「労働させることができる法定休日の日数」の欄には、労働基準法第35条の規定による休日（1週1休又は4週4休であることに留意すること。）に労働させることができる日数を記入すること。

6 「労働させることができる法定休日における始業及び終業の時刻」の欄には、労働基準法第35条の規定による休日であって労働させることができる日の始業及び終業の時刻を記入すること。

7 労働基準法第36条第6項第2号及び第3号の要件を遵守する趣旨のチェックボックスについて、「2箇月から6箇月まで」とは、起算日をまたぐケースも含め、連続した2箇月から6箇月までの期間を指すことに留意すること。また、チェックボックスにチェックがない場合には有効な協定とはならないことに留意すること。

8 協定については、労働者の過半数で組織する労働組合がある場合はその労働組合と、労働者の過半数で組織する労働組合がない場合は労働者の過半数を代表する者と協定すること。なお、労働者の過半数を代表する者は、労働基準法施行規則第6条の2第1項の規定により、労働基準法第41条第2号に規定する監督又は管理の地位にある者でなく、かつ、同法に規定する協定等をする者を選出することを明らかにして実施される投票、挙手等の方法による手続により選出された者であって、使用者の意向に基づき選出されたものでないこと。これらの要件を満たさない場合には、有効な協定とはならないことに留意すること。

9 本様式をもって協定とする場合においても、協定の当事者たる労使双方の合意があることが、協定上明らかとなるような方法により締結するよう留意すること。

10 本様式は、記入すべき部分が足りない場合には同一様式を使用して差し支えないこと。

(備考)

労働基準法施行規則第24条の2第4項の規定により、労働基準法第38条の2第2項の協定（事業場外労働に関する協定）の内容を本様式に付記して届け出る場合においては、事業場外労働の対象業務については他の業務の当該欄には当該業務の遂行に通常必要とされる時間を括弧書きした上で、「所定労働時間」の欄には事業場外労働の対象とされる時間を括弧書きすること。また、「協定の有効期間」の欄には事業場外労働を含む協定の有効期間を括弧書きすること。

2枚目（裏面）

様式第9号の2（第16条第1項関係）

時間外労働
休日労働　に関する協定届（特別条項）

臨時的に限度時間を超えて労働させることができる場合	業務の種類	労働者数（満18歳以上の者）	1日（任意）延長することができる時間数 法定労働時間を超える時間数	1箇月（時間外労働及び休日労働を合算した時間数。100時間未満に限る。）限度時間を超えて労働させることができる回数	延長することができる時間数及び休日労働の時間数	法定労働時間を超える時間数と休日労働の時間数を合算した時間数	限度時間を超えた労働に係る割増賃金率	1年（時間外労働のみの時間数。720時間以内に限る。）起算日（年月日）OOOO年4月1日 延長することができる時間数	法定労働時間を超える時間数	限度時間を超えた労働に係る割増賃金率
突発的な仕様変更	設計	10人	6時間 / 6.5時間	4回	60時間	70時間	35%	550時間	670時間	35%
製品トラブル・大規模なクレームへの対応	検査	10人	6時間 / 6.5時間	3回	60時間	70時間	35%	500時間	620時間	35%
機械トラブルへの対応	機械組立	20人	6時間 / 6.5時間	3回	55時間	65時間	35%	450時間	570時間	35%

限度時間を超えて労働させることができる場合における手続　労働者代表者に対する事前申し入れ

限度時間を超えて労働させる労働者に対する健康及び福祉を確保するための措置
（該当する番号）①、③、⑩　（具体的内容）対象労働者への医師による面接指導の実施、対象労働者に11時間の勤務間インターバルを設定、職場での時短対策会議の開催

上記で定める時間数にかかわらず、時間外労働及び休日労働を合算した時間数は、1箇月について100時間未満でなければならず、かつ2箇月から6箇月までを平均して80時間を超過しないこと。 ☑（チェックボックスに要チェック）

協定の成立年月日　OOOO年　3月　12日

協定の当事者である労働組合（事業場の労働者の過半数で組織する労働組合）の名称又は労働者の過半数を代表する者の　職名　検査課主任　氏名　山田花子

協定の当事者（労働者の過半数を代表する者の場合）の選出方法（　投票による選挙　）

上記協定の当事者である労働者の過半数を代表する者が、事業場の全ての労働者の過半数を代表する者であること。 ☑（チェックボックスに要チェック）

上記労働者の過半数を代表する者が、労働基準法第41条第2号に規定する監督又は管理の地位にある者でなく、かつ、同法に規定する協定等をする者を選出することを明らかにして実施される投票、挙手等の方法による手続により選出された者であって使用者の意向に基づき選出されたものでないこと。 ☑（チェックボックスに要チェック）

OOOO年　3月　15日

使用者　職名　工場長　氏名　田中太郎

○○　労働基準監督署長殿

様式第9号の2（第16条第1項関係）（裏面）

（記載心得）

1 労働基準法第36条第1項の協定において同条第5項に規定する事項に関する定めをする場合における本様式の記入に当たっては、次のとおりとすること。

(1) 「臨時的に限度時間を超えて労働させることができる場合」の欄には、当該事業場における通常予見することのできない業務量の大幅な増加等に伴い臨時的に限度時間を超えて労働させる必要がある場合をできる限り具体的に記入すること。なお、業務の都合上必要な場合、業務上やむを得ない場合等の恒常的な長時間労働を招くおそれがあるものを記入することは認められないことに留意すること。

(2) 「業務の種類」の欄には、時間外労働又は休日労働をさせる必要のある業務を具体的に記入し、労働基準法第36条第6項第1号の健康上特に有害な業務について協定をした場合には、当該業務を他の業務と区別して記入すること。なお、業務の種類を細分化することにより当該業務の範囲を明確にしなければならないことに留意すること。

(3) 「労働者数（満18歳以上の者）」の欄には、時間外労働又は休日労働をさせることができる労働者の数を記入すること。

(4) 「起算日」の欄には、本様式における「時間外労働・休日労働に関する協定届」の起算日と同じ年月日を記入すること。

(5) 「延長することができる時間数及び休日労働の時間数」の欄には、労働基準法第32条から第32条の5まで又は第40条の規定により労働させることができる最長の労働時間（以下「法定労働時間」という。）を超える時間数と休日労働の時間数を合算した時間数であって、1日、1箇月及び1年のそれぞれの期間について、延長することができる時間数又は休日労働の時間数を併せて記入すること。なお、所定労働時間を超える時間数の記入については任意であること。
「1日」にあっては、起算日において定める1日についての延長することができる限度となる時間数を記入すること。なお、これらの欄に記入する時間数にかかわらず、時間外労働及び休日労働を合算した時間数が1箇月について100時間以上となった場合、及び2箇月から6箇月までを平均して80時間を超えた場合には労働基準法違反（同法第119条の規定により6箇月以下の懲役又は30万円以下の罰金）となることに留意すること。
「1年」にあっては、起算日において定める1年についての延長することができる限度となる時間数を720時間の範囲内で記入すること。なお、この場合において、所定労働時間を超える時間数を併せて記入する場合には、所定労働時間を超える時間数について月45時間及び360時間（対象期間が3箇月を超える1年単位の変形労働時間制により労働させる場合は42時間及び320時間）の範囲内で記入すること。

(6) 「限度時間を超えて労働させることができる回数」の欄には、限度時間（1箇月45時間（対象期間が3箇月を超える1年単位の変形労働時間制により労働させる場合は42時間））を超えて労働させることができる回数を6回の範囲内で記入すること。

(7) 「限度時間を超えて労働させる場合における割増賃金の率」の欄には、限度時間を超える時間外労働に係る割増賃金の率を記入すること。なお、当該割増賃金の率は、法定割増賃金の率を超える率とするよう努めること。

(8) 「限度時間を超えて労働させる場合における手続」の欄には、協定の締結当事者間における手続として、「協議」、「通告」等具体的な内容を記入すること。

(9) 「限度時間を超えて労働させる労働者に対する健康及び福祉を確保するための措置」の欄には、以下の番号を「（該当する番号）」に記入した上で、その具体的な内容を「（具体的内容）」に記入すること。
① 労働時間が一定時間を超えた労働者に医師による面接指導を実施すること。
② 労働基準法第37条第4項に規定する時刻の間において労働させる回数を1箇月について一定回数以内とすること。
③ 終業から始業までに一定時間以上の継続した休息時間を確保すること。
④ 労働者の勤務状況及びその健康状態に応じて、代償休日又は特別な休暇を付与すること。
⑤ 労働者の勤務状況及びその健康状態に応じて、健康診断を実施すること。
⑥ 年次有給休暇についてまとまった日数連続して取得することを含めてその取得を促進すること。
⑦ 心とからだの健康問題についての相談窓口を設置すること。
⑧ 労働者の勤務状況及びその健康状態に配慮し、必要な場合には適切な部署に配置転換をすること。
⑨ 必要に応じて、産業医等による助言・指導を受け、又は労働者に産業医等による保健指導を受けさせること。
⑩ その他

2 労働基準法第36条第6項第2号及び第3号の要件を遵守する趣旨のチェックボックスについて、「2箇月から6箇月まで」とは、起算日をまたぐケースも含め、連続した2箇月から6箇月までの期間を指すこと。また、チェックボックスにチェックがない場合には有効な協定とはならないことに留意すること。

3 協定については、労働者の過半数で組織する労働組合がある場合はその労働組合と協定すること。なお、労働者の過半数で組織する労働組合がない場合は労働者の過半数を代表する者と協定すること。なお、労働者の過半数を代表する者は、労働基準法施行規則第6条の2第1項の規定により、労働基準法第41条第2号に規定する監督又は管理の地位にある者でなく、かつ、同法に規定する協定等をする者を選出することを明らかにして実施される投票、挙手等の方法による手続により選出された者であって、使用者の意向に基づき選出されたものでないこと。これらの要件を満たさない場合には、有効な協定とはならないことに留意すること。また、これらの要件を満たしていても、当該要件を満たした選出手続が適正に行われていないことが疑われる場合には、協定の当事者たる労働者の過半数を代表する者の選出にあたってはその要件を満たさないこととなることに留意すること。

4 本様式をもって協定とする場合においても、協定の当事者たる労使双方の合意があることが、協定上明らかとなるような方法により締結するよう留意すること。

5 本様式で記入部分が足りない場合は同一様式を使用することとして差し支えないこと。

（備考）

1 労働基準法第38条の4第5項の規定により、労使委員会が設置されている事業場において、本様式を労使委員会の決議として届け出る場合においては、委員の5分の4以上の多数による議決により行われたものである旨、委員会の委員数、委員の氏名を記入した用紙を別途提出すること、とあるのは「労使委員会の決議」と、「協定の当事者である労働組合」とあるのは「委員会の委員の半数について任期を定めて指名した者（労働者の過半数を代表する者）の選出方法」とあるのは「委員会の委員の半数について任期を定めて指名した者（労働者の過半数を代表する者）の選出方法」と読み替えるものとする。なお、委員の半数の指名については、労働者の過半数で組織する労働組合がある場合においてはその労働組合、労働者の過半数で組織する労働組合がない場合においては労働者の過半数を代表する者の推薦に基づき指名するものであって、これらの者の推薦に基づき指名する委員の選出方法とあるのは、委員会の委員の半数について任期を定めて指名した者（労働者の過半数を代表する者）とあるのは「委員会の委員の半数について任期を定めて指名した者（労働者の過半数を代表する者）」と読み替えるものとすること。

2 労働時間等設定改善委員会が設置されている事業場において、本様式を労働時間等設定改善委員会の決議として届け出る場合においては、委員の5分の4以上の多数による議決により行われたものである旨、委員会の委員数、委員の氏名を記入した用紙を別途提出すること、又は、委員会の委員の半数について任期を定めて指名した労働組合（労働者の過半数で組織する労働組合）の選出方法、委員会の委員の半数について任期を定めて指名した者（労働者の過半数を代表する者）の選出方法を記入した用紙を別途提出することとし、本様式中「協定」とあるのは「労働時間等設定改善委員会の決議」と読み替えるものとする。なお、委員の半数の指名については、労働者の過半数で組織する労働組合がある場合においてはその労働組合、労働者の過半数で組織する労働組合がない場合においては労働者の過半数を代表する者の推薦に基づき指名するものであり、労働者の過半数を代表する者は、推薦に基づき指名する労働組合とあるのは、労働者の過半数で組織する労働組合がない場合においては労働者の過半数を代表する者とし、推薦に基づき組織する労働組合の氏名を記入すること。

イメージ

（一般労働者用；常用、有期雇用型）

労働条件通知書

年　　月　　日

＿＿＿＿＿＿　殿

事業場名称・所在地
使 用 者 職 氏 名

契約期間	期間の定めなし、期間の定めあり（　　年　月　日〜　　年　月　日）
	※以下は、「契約期間」について「期間の定めあり」とした場合に記入 1　契約の更新の有無 ［自動的に更新する・更新する場合があり得る・契約の更新はしない・その他（　　　）］ 2　契約の更新は次により判断する。 　　・契約期間満了時の業務量　　　・勤務成績、態度　　　　・能力 　　・会社の経営状況　・従事している業務の進捗状況 　　・その他（　　　　　　　　　　　　　　　　　　　　　　　　　） 3　更新上限の有無（無・有（更新　　回まで／通算契約期間　　年まで））
	【労働契約法に定める同一の企業との間での通算契約期間が5年を超える有期労働契約の締結の場合】 　本契約期間中に会社に対して期間の定めのない労働契約（無期労働契約）の締結の申込みをしたときは、本契約期間の末日の翌日（　　年　月　日）から、無期労働契約での雇用に転換することができる。この場合の本契約からの労働条件の変更の有無（　　無　・　有（別紙のとおり）　）
	【有期雇用特別措置法による特例の対象者の場合】 　無期転換申込権が発生しない期間：　Ⅰ（高度専門）・Ⅱ（定年後の高齢者） 　　Ⅰ　特定有期業務の開始から完了までの期間（　　年　　か月（上限10年）） 　　Ⅱ　定年後引き続いて雇用されている期間
就業の場所	（雇入れ直後）　　　　　　　　　　　　（変更の範囲）
従事すべき 業務の内容	（雇入れ直後）　　　　　　　　　　　　（変更の範囲） 【有期雇用特別措置法による特例の対象者（高度専門）の場合】 ・特定有期業務（　　　　　　　　　　　開始日：　　　　完了日：　　　　）
始業、終業の 時刻、休憩時 間、就業時転 換（(1)〜(5) のうち該当す るもの一つに ○を付けるこ と。）、所定時 間外労働の有 無に関する事 項	1　始業・終業の時刻等 　(1)　始業（　　時　　分）終業（　　時　　分） 　【以下のような制度が労働者に適用される場合】 　(2)　変形労働時間制等；（　　）単位の変形労働時間制・交替制として、次の勤務時間 　　　の組み合わせによる。 　┌始業（　時　分）終業（　時　分）（適用日　　　　　） 　├始業（　時　分）終業（　時　分）（適用日　　　　　） 　└始業（　時　分）終業（　時　分）（適用日　　　　　） 　(3)　フレックスタイム制；始業及び終業の時刻は労働者の決定に委ねる。 　　　　　（ただし、フレキシブルタイム（始業）　時　分から　　時　分、 　　　　　　　　　　　　　　　　　（終業）　時　分から　　時　分、 　　　　　　　　　コアタイム　　　　　　時　分から　　時　分） 　(4)　事業場外みなし労働時間制；始業（　時　分）終業（　時　分） 　(5)　裁量労働制；始業（　時　分）終業（　時　分）を基本とし、労働者の決定に委ね 　　　る。 　○詳細は、就業規則第　条〜第　条、第　条〜第　条、第　条〜第　条 2　休憩時間（　　）分 3　所定時間外労働の有無（　有　,　無　）
休　　日	・定例日；毎週　　曜日、国民の祝日、その他（　　　　　　　　　） ・非定例日；週・月当たり　　日、その他（　　　　　　　　　） ・1年単位の変形労働時間制の場合−年間　　日 ○詳細は、就業規則第　条〜第　条、第　条〜第　条

休　　暇	1　年次有給休暇　6か月継続勤務した場合→　　　　　　　　　日 　　　　　　　　継続勤務6か月以内の年次有給休暇　（有・無） 　　　　　　　　→　　か月経過で　　日 　　　　　　　　時間単位年休（有・無） 2　代替休暇（有・無） 3　その他の休暇　有給（　　　　　　　　）　無給（　　　　　　　） ○詳細は、就業規則第　条〜第　条、第　条〜第　条
賃　　金	1　基本賃金　イ　月給（　　　　　　円）、ロ　日給（　　　　　円） 　　　　　　ハ　時間給（　　　　円）、 　　　　　　ニ　出来高給（基本単価　　　円、保障給　　　円） 　　　　　　ホ　その他（　　　　円） 　　　　　　ヘ　就業規則に規定されている賃金等級等 　　　　　　┌──────────────────────────┐ 　　　　　　└──────────────────────────┘ 2　諸手当の額又は計算方法 　　　　　　イ（　　手当　　　円　／計算方法：　　　　　　　） 　　　　　　ロ（　　手当　　　円　／計算方法：　　　　　　　） 　　　　　　ハ（　　手当　　　円　／計算方法：　　　　　　　） 　　　　　　ニ（　　手当　　　円　／計算方法：　　　　　　　） 3　所定時間外、休日又は深夜労働に対して支払われる割増賃金率 　　　　　　イ　所定時間外、法定超　月60時間以内（　　　）％ 　　　　　　　　　　　　　　　　　　月60時間超　（　　　）％ 　　　　　　　　　　　　　　所定超　（　　　）％ 　　　　　　ロ　休日　法定休日（　　）％、法定外休日（　　　）％ 　　　　　　ハ　深夜（　　　）％ 4　賃金締切日（　　　）－毎月　日、（　　　）－毎月　日 5　賃金支払日（　　　）－毎月　日、（　　　）－毎月　日 6　賃金の支払方法（　　　　　　　　　） ┌─────────────────────────────┐ │ 7　労使協定に基づく賃金支払時の控除（無 ， 有（　　　））│ │ 8　昇給（　有（時期、金額等　　　　　　　）， 無　）│ │ 9　賞与（　有（時期、金額等　　　　　　　）， 無　）│ │10　退職金（　有（時期、金額等　　　　　　　）， 無　）│ └─────────────────────────────┘
退職に関する事項	1　定年制　（　有　（　　歳）， 無　） 2　継続雇用制度（　有（　　歳まで）， 無　） 3　自己都合退職の手続（退職する　　日以上前に届け出ること） 4　解雇の事由及び手続 　　　　〔　　　　　　　　　　　　　　　　　　　　　　　〕 ○詳細は、就業規則第　条〜第　条、第　条〜第　条
そ　の　他	・社会保険の加入状況（　厚生年金　健康保険　厚生年金基金　その他（　　　）） ・雇用保険の適用（　有　， 無　） ・雇用管理の改善等に関する事項に係る相談窓口 　　部署名　　　　　　　担当者職氏名　　　　　　　（連絡先　　　　　　　） ・その他〔　　　　　　　　　　　　　　　　　　　　　　　　〕 ┌─────────────────────────────────┐ │※以下は、「契約期間」について「期間の定めあり」とした場合についての説明です。│ │　労働契約法第18条の規定により、有期労働契約（平成25年4月1日以降に開始するもの）の│ │契約期間が通算5年を超える場合には、労働契約の期間の末日までに労働者から申込みをす│ │ることにより、当該労働契約の期間の末日の翌日から期間の定めのない労働契約に転換され│ │ます。ただし、有期雇用特別措置法による特例の対象となる場合は、この「5年」という期│ │間は、本通知書の「契約期間」欄に明示したとおりとなります。│ └─────────────────────────────────┘

以上のほかは、当社就業規則による。就業規則を確認できる場所や方法（　　　　　　　　　）

働き方改革推進支援センター連絡先一覧

名称	住所	電話番号
北海道働き方改革推進支援センター	札幌市中央区北1条西3丁目3-33 リープロビル3階	0800-919-1073
青森働き方改革推進支援センター	青森市本町5丁目5-6 青森県社会保険労務士会館	0800-800-1830
岩手働き方改革推進支援センター	盛岡市肴町4-5 カガヤ肴町ビル3階	0120-664-643
宮城働き方改革推進支援センター	仙台市宮城野区原町1-3-43 アスク原町ビル201	0120-97-8600
秋田働き方改革推進支援センター	秋田市大町3-2-44 大町ビル3階	0120-695-783
山形働き方改革推進支援センター	山形市香澄町3-2-1 山交ビル4階	0800-800-3552
福島働き方改革推進支援センター	福島市御山字三本松19-3	0120-541-516
茨城働き方改革推進支援センター	水戸市三の丸2丁目2-27 リバティ三の丸2階	0120-971-728
栃木働き方改革推進支援センター	宇都宮市宝木本町1140-200	0800-800-8100
群馬働き方改革推進支援センター	前橋市新前橋町26-9 八兵衛ビル3階	0120-486-450
埼玉働き方改革推進支援センター	さいたま市大宮区吉敷町1-103 大宮大鷹ビル404号	0120-729-055
千葉働き方改革推進支援センター	千葉市中央区中央4-13-10 千葉県教育会館7階	0120-174-864
東京働き方改革推進支援センター	港区虎ノ門1-16-8 虎ノ門石井ビル4階	0120-232-865
神奈川働き方改革推進支援センター	横浜市中区尾上町5-80 神奈川中小企業センタービル12階	0120-910-090
新潟働き方改革推進支援センター	新潟市中央区東大通2丁目2番18号 タチバナビル4階3-B	0120-009-229
働き方改革推進支援センター富山	富山市赤江町1番7号 富山県中小企業研修センター4階	0800-200-0836
石川働き方改革推進支援センター	金沢市西念4丁目24-30 金沢M.Gビル3階	0120-319-339
ふくい働き方改革推進支援センター	福井市西木田2丁目8-1 福井商工会議所ビル1階	0120-14-4864
山梨働き方改革推進支援センター	中巨摩郡昭和町河西1232-1 2階	0120-755-455
長野働き方改革推進支援センター	長野市中御所岡田町215-1 フージャース長野駅前ビル3階	0120-088-703
ぎふ働き方改革推進支援センター	岐阜市神田町6丁目12番地 シグザ神田5階	0120-226-311
静岡働き方改革推進支援センター	静岡市葵区伝馬町18-8 アミイチビル2階	0800-200-5451
愛知働き方改革推進支援センター	名古屋市千種区千種通7-25-1 サンライズ千種3階	0120-006-802
三重働き方改革推進支援センター	津市栄町2-209 セキゴン第二ビル2階	0120-111-417
滋賀働き方改革推進支援センター	大津市中央3-2-1 セザール大津森田ビル1階	0120-100-227
京都働き方改革推進支援センター	京都市中京区泉正寺町328 西川ビル4階	0120-417-072
大阪働き方改革推進支援・賃金相談センター	大阪市北区天満2-1-30 大阪府社会保険労務士会館5階	0120-068-116
兵庫働き方改革推進支援センター	神戸市中央区八幡通3-2-5 IN東洋ビル6階	0120-79-1149
奈良働き方改革推進支援センター	奈良市西木辻町343番地1 奈良県社会保険労務士会館	0120-414-811
和歌山働き方改革推進支援センター	和歌山市北出島1丁目5番46号	0120-547-888
働き方改革サポートオフィス鳥取	鳥取市富安1丁目152番地 SGビル2階201号室	0800-200-3295
島根働き方改革推進支援センター	松江市末次本町46 松江京町RGBビル502	0120-514-925
岡山働き方改革推進支援センター	岡山市北区厚生町3-1-15 岡山商工会議所ビル8階801号室	0120-947-188
広島働き方改革推進支援センター	広島市中区基町11-13 合人社広島紙屋町アネクス4階	0120-610-494
働き方改革サポートオフィス山口	山口市吉敷下東3丁目4-7 リアライズIII	0120-172-223
徳島働き方改革推進支援センター	徳島市南末広町5-8-8 徳島経済産業会館2階徳島社会保険労務士会内	0120-967-951
香川働き方改革推進支援センター	高松市寿町2-2-10 高松寿町プライムビル2階	0120-000-849
愛媛働き方改革推進支援センター	松山市大手町2丁目5-7 愛媛県法人会連合会会館別館1階	0120-005-262
高知働き方改革推進支援センター	高知市南はりまや町2丁目3-10 ア・ラ・モードはりまや103号	0120-899-869
福岡働き方改革推進支援センター	福岡市博多区博多駅南1-7-14 BOIS博多305	0800-888-1699
佐賀働き方改革推進支援センター	佐賀市白山2-1-12 佐賀商工ビル	0120-610-464
長崎働き方改革推進支援センター	長崎市五島町3-3 プレジデント長崎2階	0120-168-610
熊本働き方改革推進支援センター	熊本市中央区紺屋町2丁目8-1 熊本県遺族会館2-7	0120-041-124
大分働き方改革推進支援センター	大分市府内町1丁目4-16 河電ビル203	0120-450-836
みやざき働き方改革推進支援センター	宮崎市橘通東2丁目9-14 トライスター本町通りビル302	0120-975-264
鹿児島働き方改革推進支援センター	鹿児島市鴨池新町6-6 鴨池南国ビル11階	0120-221-255
沖縄働き方改革推進支援センター	那覇市泉崎1-20-1 カフーナ旭橋A街区（那覇オーパ3階）	0120-420-780

2023年版　日本の労働経済事情
－人事・労務担当者が知っておきたい基礎知識－

著　者
一般社団法人 日本経済団体連合会事務局

発　行
2023年7月14日　第1刷

発行者
大下　正
発行所
経団連出版

〒100-8187　東京都千代田区大手町1-3-2
経団連事業サービス
電話　編集03-6741-0045　販売03-6741-0043

表紙デザイン
池上 幸一
印刷所
そうめいコミュニケーションプリンティング

ISBN978-4-8185-1950-3 C2034